铁路培训管理信息化应用

赵会军　朱　旋　罗昭林◎编著

中国铁道出版社有限公司

2 0 2 5 年·北　京

内 容 简 介

本书是指导铁路企业职工培训管理人员掌握信息化应用，以推动培训管理创新的实用图书。全书共13章内容，介绍了铁路培训管理基本概念、培训管理信息化理论基础、培训管理信息化规划、培训管理服务平台、培训计划信息化、在线教学、混合教学、在线考试、实作培训信息化、培训评估信息化、人工智能的影响、信息技术接受和使用、培训管理数智化转型路径等，探索了构建铁路培训管理信息化应用理论体系。

本书适用于铁路企业从事职工培训相关工作的人员学习参考。

图书在版编目（CIP）数据

铁路培训管理信息化应用 / 赵会军，朱旋，罗昭林编著. -- 北京 ：中国铁道出版社有限公司，2025. 5.

ISBN 978-7-113-32027-0

Ⅰ. F532. 6-39

中国国家版本馆 CIP 数据核字第 2024SJ6513 号

书　　名：铁路培训管理信息化应用

作　　者：赵会军　朱　旋　罗昭林

责任编辑：李曦琳　　**编辑部电话：**(010)51892548

封面设计：郑春鹏

责任校对：安海燕

责任印制：高春晓

出版发行：中国铁道出版社有限公司(100054，北京市西城区右安门西街8号)

网　　址：https://www.tdpress.com

印　　刷：河北宝昌佳彩印刷有限公司

版　　次：2025年5月第1版　2025年5月第1次印刷

开　　本：880 mm×1 230 mm 1/32　**印张：**9.5　**字数：**246千

书　　号：ISBN 978-7-113-32027-0

定　　价：65.00元

前言

如同中国铁路庞大的路网和运输服务体系，铁路职工培训也一样规模庞大、管理复杂、需求多样。依靠信息技术驱动引领，加快实现铁路职工培训变革，成为铁路职工培训高质量发展的必然路径。然而，在铁路培训领域，如何充分挖掘信息技术赋能潜力并应用，尚缺乏系统的理论和方法作指导。鉴于此，本书在若干课题研究和铁路局集团公司实践应用基础上，力图形成一套铁路职工培训管理信息化方法体系和应用指南。

本书共13章内容，介绍了铁路培训管理基本概念、培训管理信息化理论基础、培训管理信息化规划、培训管理服务平台、培训计划信息化、在线教学、混合教学、在线考试、实作培训信息化、培训评估信息化、人工智能的影响、信息技术接受和使用、培训管理数智化转型路径等，探索了构建铁路培训管理信息化应用理论体系。

本书由赵会军、朱旋、罗昭林编著，胡召华、刘维新、吕天航、成腾、张雄辉、吴娟、张雪芳、刘娅楠、周涛、郭震震、付纯菲、殷明参与了编写工作。本书编写过程中参阅借鉴了国内外部分研究成果，引用了部分专家学者的观点，并得到许多铁路培训管理领域相关领导、同事和专家的大力支持，在此一并表示感谢。

本书适用于铁路企业从事培训相关工作的人员学习参考。希望本书能成为铁路培训管理工作人员日常工作的帮手，也希望能够抛砖引玉，共同推动铁路培训管理理论创新、应用创新、制度创新，为铁路人才能力建设提供有力支持。

由于时间仓促、水平所限，书中难免还存在不足和疏漏，恳请各位读者批评指正。

作　者

2025 年 4 月

目录

第一章　绪　　论

第一节　铁路培训管理基本概念与主要内涵

一、基本概念

铁路培训是铁路人力资源能力建设的主要途径，也是铁路人力资源建设活动的重要构成。随着铁路企业改革发展纵深推进，多层级协同的现代化铁路培训管理体系逐渐成形。

铁路培训管理是以提高职工工作效率和绩效、促进组织发展为导向，通过科学合理的计划、组织、指挥、协调和控制手段，系统性实施的职工教育培训活动，可有效提升职工知识、技能、态度和素质。

二、主要内涵

作为铁路运输生产经营体系的基础构成，铁路培训管理与运输生产经营高度耦合。如同铁路复杂的路网和运输生产经营体系，铁路职工培训管理在实践中统分结合、多级联动、内外协同、流程多样、构成复杂。铁路职工培训管理活动构成如图 1-1 所示。

参与铁路培训管理活动的主体分为国铁集团[①]级、铁路局集团公司级、站段级、车间级、班组级、职工个人以及铁路培训基地、外部培训机构、设备厂商等。铁路职工培训管理职责包括培训计划、

① 中国国家铁路集团有限公司，下同。

组织、指挥、控制、协调等过程,不同层级、不同类型参与主体根据其承担的培训职责开展相应的培训管理活动。

铁路培训内容类型可以分为理论培训和实作培训,从培训性质角度可以划分为资格性培训和适应性培训,其中资格性培训多以脱产培训形式开展,适应性培训则以脱产培训、半脱产培训、师带徒、非脱产自学等多种形式开展。

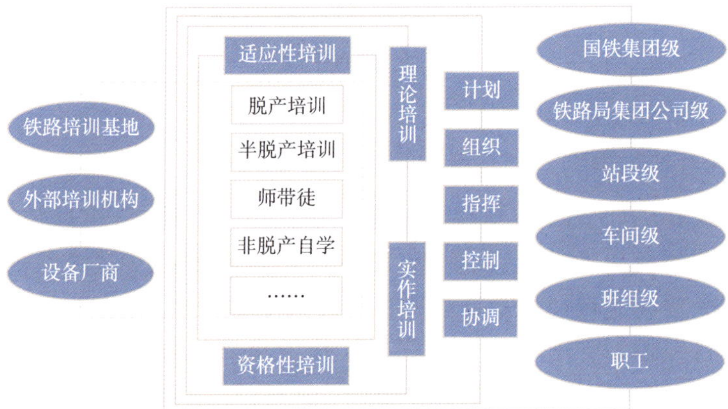

图 1-1　铁路职工培训管理活动构成

第二节　铁路培训管理信息化基本概念与主要内涵

一、基本概念

广义的信息化通常指工业化与信息技术深度融合,带动社会生产力发展,增强竞争力,实现信息智能工具在国民经济中的广泛应用。聚焦铁路企业,铁路培训管理信息化是以现代信息技术赋能铁路培训管理全要素、全流程、全场景,促进培训管理、培训教学、培训服务等模式变革、方式变革、手段变革,进而提升效率和质量,以实现铁路职工培训管理高质量可持续发展。

从概念上，铁路培训管理信息化的核心是促进培训管理创新。但是，在实现路径上，只强调信息技术的单向赋能是不够的，因为从更长的历史过程来看，企业培训管理受哲学、心理学、社会学、管理学等诸多因素影响，也在不断演进发展以更符合社会和企业发展规律。从企业角度上，铁路培训管理理念创新也会带动铁路培训管理信息化发展。因此，以信息化促进培训管理创新，以培训管理创新带动信息化，才是铁路培训管理信息化的本质体现。

二、主要内涵

铁路培训管理信息化的内涵包括信息化目标、实现信息化的技术手段、信息化涉及的对象、信息化支持的对象、信息化所实现的功能、信息化组成、信息化过程等。铁路培训管理信息化范畴如图 1-2 所示。

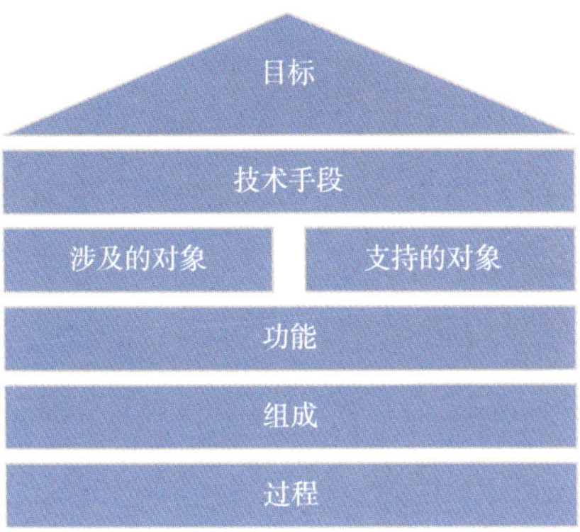

图 1-2 铁路培训管理信息化范畴

信息化目标包括直接目标和间接目标。直接目标是提高职工培训学习目标达成的效率、效果和可持续性，间接目标是提高铁路企业人力资源支撑能力、提高铁路企业市场竞争力。

实现信息化的技术手段丰富多样，涵盖互联网、云计算、大数据、物联网、人工智能等各类信息技术。根据不同的业务场景，以功能、性能、可持续性等为导向，可融合运用多种信息技术来构建最佳解决方案。

信息化涉及的对象不仅是各级人事、培训管理部门，所有职能、业务部门都有涉及。根据职责分工不同，各级人事、培训管理等部门或单位，通常可能是主管部门角色、主办部门角色、承办机构角色中的一种或者多种。

信息化支持的对象不仅包括铁路企业职能、业务部门以及职工个人，而且包括高层领导，也就是说培训管理操作层、培训管理决策层、铁路企业战略层都是铁路职工培训管理信息化支持的对象。

信息化所实现的功能本质上体现在对培训管理相关信息的采集、传输、加工、存储、更新和维护。关于铁路培训管理信息化功能将在第三章进一步阐述。

在铁路企业信息化规划和应用体系之下，铁路培训管理信息化组成包括各类用户、铁路信息基础设施、专用教学设施设备、平台及应用软件、通用软件、终端设备等。

信息化过程是信息技术与铁路培训管理业务的融合与创新经过，对铁路培训管理信息化过程的正确认识是其取得成功的关键。铁路培训管理信息化不仅仅是传统培训管理业务的电子化，更为关键的是信息技术对传统培训管理模式、方式的重构与变革。

第二章　培训管理信息化理论基础

第一节　学习理论

一、理论观点

1. 行为主义学习理论

行为主义理论强调行为是由特定的刺激产生引起的反应，即特定的刺激会导致特定的反应，主要关注可观察的行为和外部环境因素对行为的影响。行为主义学习理论认为学习是对特定刺激的反应，教学过程就是不断重复强化的过程。

2. 认知主义学习理论

认知主义学习理论认为学习不是简单地由外部刺激引起的反应，而是职工内部信息加工的过程，其核心观点包括：

(1)学习过程类似于信息的输入、存储、处理和输出过程；

(2)学习是学员主动构建知识的过程；

(3)学员已有的知识和经验构成其认知结构，学习基于其认知结构之上；

(4)认知主义强调学员对自己认知过程了解和控制的重要性。

3. 建构主义学习理论

建构主义认为学习是构建自己主观现实的过程，即职工创造自己对现实的解释。建构主义学习理论认为职工并不是“一张白纸”，其将自己的理解、经验和文化因素带入学习体验中，通过情境化过程发展形成自己的知识。建构主义模式的基础是学习资源观、教师角色发生转变，教师从传授知识的专家转变为资源和指导者，传统学习观(认知和行为)和资源学习观的区别见表 2-1[1]。

表 2-1 传统学习与基于资源的学习对比

传统学习	基于资源的学习
教师是专家	教师作为促进者/指导者
教科书是主要来源	多种来源/媒体
以事实为主	以问题为主
被封装的信息	发现信息
强调产出	强调过程
定量评估	定性/定量评估

4. 成人学习理论

与未走上工作岗位的学生不同，成人学习的特点为：

(1)成人以现有的知识和生活经验为基础，根据个人兴趣、愿望和需求寻求持续学习。

(2)成人的培训需求目的性很强，对自己缺什么知识技能或者想学什么知识技能具有较为清晰的目标。

(3)成人倾向于在学习的过程中自己解决问题，以便让所学知识技能更具有实用性或者转化为个人的生产力。

(4)成人教育的“教师”角色多元化，包括但不限于同行专家、上级领导、年长前辈、专职教师等。

成人学习通常会面临工作、生活与学习之间的矛盾，职业发展迷茫导致学习动力匮乏，供需不匹配导致学习流于形式等障碍。

(1)面临工作、生活与学习之间的矛盾。

据国外有关调查，员工每周只有 5%的工作时间愿意花在培训上，也就是说成年人通常倾向于工作和生活的其他优先事项，导致其没有充分的时间、面临嘈杂的学习环境、需要照顾家庭等，使其无法专注于培训。

(2)对职业发展迷茫导致学习动力匮乏。

如果成年人在工作中感觉不到自己的价值，或者找不到自己的角色定位，那么对培训的兴趣往往是很低的，甚至可能根本不明白为什么企业要让其参与培训。为此，有必要向员工表明培训对其在单位的成长和发展很重要，并会对整体业务绩效产生影响。

(3)供需不匹配导致学习流于形式。

这与“对我有什么好处”的质疑是一样的。成熟的职工想知道新信息将如何帮助其生活或工作。如果培训的目的不够具体，没有针对受众的学习需求，则培训很可能流于形式，没有意义。

为了探索成人学习规律，许多专家学者构建了不同的成人学习理论框架。这些理论框架从不同角度揭示了成人学习的一些特定方面。部分成人学习理论的观点及适用场景见表 2-2。

表 2-2　成人学习理论对比

理论	观　　点	适用场景
变革性学习[2]	信仰和期望塑造了个人的世界观； 通过理性的分析过程，个人可以有意识地改变旧的观念并实施新的想法	复杂的分析过程； 形势分析； 长期个人成长
体验式学习[3]	个人在实践中学习； 将个人置于学习过程的中心； 学习是通过积极的实践和反思过程发生的	机械技能； 领导能力； 流程改进； 系统思维
自主学习[4]	个人完全掌握学习过程的过程，以诊断学习需求、识别资源、实施学习并评估其结果	标准化知识； 在线学习； 自我驱动型职工

续上表

理论	观　　点	适用场景
项目学习[5]	个人需要对现实世界的问题进行积极调查； 通过探究、批判性思维、解决问题、协作和沟通的过程，让个人在整个过程中有发言权	项目管理； 流程改进； 软件和技术研发
行动学习[6]	学习源于实际问题； 行动后需要系统反思，将经验转化为知识	团队建设； 填补现有知识空白； 评估学习需求

5. 学习迁移理论

学习迁移是指职工将培训期间所获得的知识、技能、态度、行为等应用到工作实践中的过程。成功的学习迁移主要体现在职工能够有效地运用新获得的知识和技能来解决实际问题并提高工作绩效。影响培训学习迁移效果的因素主要包括：

(1)培训设计。培训计划的设计对培训的转移有重大影响。相关、实用且设计合理的培训更有可能转移到工作中。

(2)学员特征。学员自身的特征，例如其先前知识和经验、动机和学习风格，也会影响培训的转移。

(3)工作环境。工作环境(包括员工可获得的支持和资源)会影响培训的迁移，通过鼓励和强化新技能的支持性工作环境可以提高培训的迁移水平。

(4)培训评估。评估培训计划的有效性有助于确定未发生培训迁移的领域，并能够进行调整以改进未来的培训计划。

二、应用启示

综合各种学习理论观点，在铁路培训管理中应该注意以下 9 个方面策略的运用。

(1)营造合适的学习氛围。通过外部环境条件来刺激引发学习行为例如，通过建设专用的培训教室等学习环境，提高职工参与学习的积极性和主动性。

(2)引入自主学习和游戏化。自主学习允许学员控制自己的学习过程，增强学习主动性和积极性。游戏化设计将类似游戏的元素融入学习体验中，例如积分、成就、等级等，以使其更具吸引力和趣味性。

(3)增加教学过程的互动性。引导职工通过团队任务、讨论和解决实践问题等积极参与学习过程。这种积极参与可以增强职工对知识等信息的理解和记忆。

(4)尽可能把握职工能力水平。通过培训前预习测试、收集现场问题、发放问卷等方式，尽可能掌握职工的知识技能水平、认知水平乃至学习风格，便于有针对性地开展课程设计。

(5)尽可能促进学员对知识的理解。当教学内容较多时，尽可能按照一定的层次或逻辑模块化呈现，防止职工认知速度跟不上教学内容输出速度。另外，课程内容尽可能多使用图表、概念模型等呈现，以促进职工对知识的理解。

(6)鼓励学员主动探索分析。鼓励职工之间交流沟通，同时鼓励职工探索分析问题解决方案等，促进职工对信息的深度处理和更高层次的认知领悟。

(7)设置多元化在线学习活动。在线学习应该以多种模式或方式开展，以尽可能匹配职工的认知水平和学习风格，例如提供不同的学习路径、完全自主学习和有监督的集中学习相结合等。

(8)通过学习策略激发或保持职工动机。需要通过组织文化建设、表彰等方式激励学员内部动机，或者通过教师指导、绩效挂钩等方式解决学员学习的外部动机。

(9)课程内容与现场实际能够有效联系起来。通过教学策略应将学习内容与学员工作场景、经历等联系起来，以便学员能够结合自己的经历更好地理解和记忆相关知识。

在网络培训尤其是在线自学方式中，根据行为主义学习理念，提高学习效率需要注重以下几方面的问题[7]。

(1)培训内容应分解为模块化的教学步骤,步骤之间按照一定的规则以演绎的方式逐步展开,给出正确的例子以帮助职工加强理解,同时也应该给出反面示例以帮助职工掌握概念边界。

(2)建立明确的课程模块关系或知识地图以便于学员掌控学习进度,课程模块之间按照由易到难的顺序递进,以帮助职工能够按照自身对课程内容的掌握程度有效推进学习进度,不至于突然感觉太难而无从下手,或者感觉太容易而失去学习兴趣。

(3)为了最大限度地提高学习效率,学习过程中可以根据课程知识点穿插进行诊断性测试,同时尽可能允许职工跳过其已经熟练掌握的内容,其目的是给予职工足够的学习过程控制权,尽可能激发或保留其学习动机。

(4)正式学习开始之前,尽可能通过课前测验等方式,让培训管理者或老师、职工了解其对相关课程内容的掌握程度,同时在学习过程中,应该通过频繁的复习来提高职工对相关内容的熟练程度,对于学习周期较长的培训应该在中期等时间点进行检查测试。

第二节　教学设计理论

一、理论观点

1. ADDIE 教学设计模型

ADDIE 模型是企业培训领域应用较多的教学设计模型,其核心包括分析、设计、开发、实施、评价五个阶段,通过有序衔接,为确定培训需求、设计和开发培训项目,实施和评估培训提供了一种系统化流程,能够有效避免教育培训工作的片面性、盲目性并实现循环改进。ADDIE 模型分为三层,ADDIE 教学设计框架如图 2-1 所示。外层为质量提升系统,中层为组织功能系统,包括指导与控制、支持、传输、执行与监督四部分,内层为教学系统,包括分析、设计、开发、实施、评估五个部分。

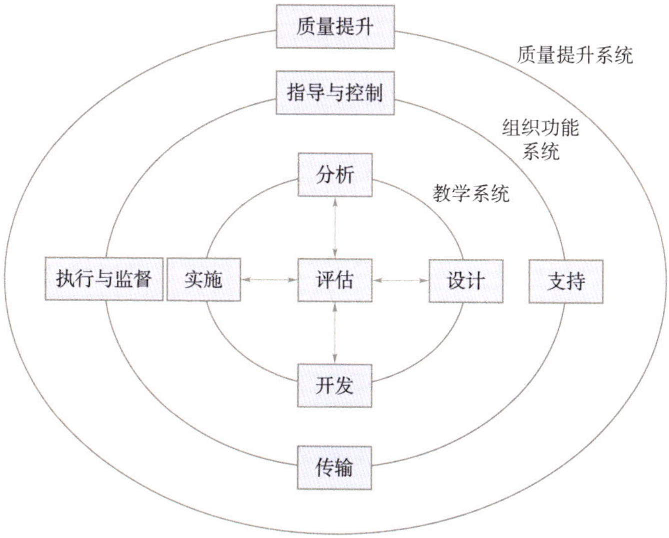

图 2-1 ADDIE 教学设计框架

2. 胜任力模型

美国著名心理学家麦克利兰于 1973 年提出了著名的“冰山模型”,将个体素质划分为表面的“冰山以上部分”和深藏的“冰山以下部分”。基于冰山模型,麦克利兰教授提出了胜任力概念,将组织当中特定的工作岗位所要求的与高绩效相关的一系列胜任特征的总和称为胜任力模型[8]。这种胜任特征如同冰山,露出来的部分仅代表表层的特征如技能、知识、社会角色、自我形象等,容易被感知但是往往不能预测人员能否有卓越表现,而处在冰山以下的深层胜任特征,如动机等却往往决定着人员的行为表现。

3. 职业发展路径或通道

职业发展路径或通道是指员工在职业生涯中经历的一系列工作或职位,代表一个人在职业生涯中可能经历的各个阶段和职位。常见的职业路径有两种:一种是直线型职业通道,例如将职业通道分为管理、工程等多个序列;一种是网络型职业通道,即不同职业序列之间可以横向交流,使得员工有足够的机会来发挥个人潜能,也有利于组织内部不同单位之间的人才交流，促进人才更好成长。

任职资格是企业职业发展通道中最核心的要素，包括胜任特定工作岗位所需要的教育、经验、培训、认证、技能或其他属性，通常是企业开展岗位资格性培训的目标依据。基于任职资格体系的职业发展规划，员工在职业发展的道路上可以选择不同的发展通道。员工通过任职资格评价，能够清楚地认识到自己在知识、能力、行为表现等方面的优势与不足，明确下一步改进的方向，从而可以有针对性地学习与提高，促进个人绩效改善。

4. 绩效技术模型

根据国际绩效改进协会（International Society for Performance Improvement，ISPI）的定义，人类绩效技术（human performance technology，HPT）是一种系统化的方法，用于识别绩效改进机会，并通过综合干预措施提升组织及个人的绩效表现。ISPI-HPT 模型[9]分为五个阶段，如图 2-2 所示。第一阶段是绩效分析，以明确需求或机会，包括组织分析、环境分析、差距分析。第二阶段是原因分析，以找出绩效分析背后的“为什么”。第三阶段为干预措施的选择、设计和开发，包括学习、教育培训等。第四阶段为干预实施和变革管理。第五阶段是评估，包括形成性评估、总结性评估、确认性评估和元评估。

二、应用启示

综合各种教学设计理论观点，在铁路培训管理中应该注意以下四个方面策略的运用。

1. 结构化的教学框架可以帮助铁路培训管理相关部门和教师更有效地实施培训教学。例如，ADDIE 模型通过结构化的方式确定教学目标，并确保所采用的教学策略和资源能够有效地达到这些目标，为教师更有效地规划、准备和实施课程提供了一套全面、系统的方法论，也为培训管理相关部门提高培训组织、服务、管理效率和质量提供路径框架。

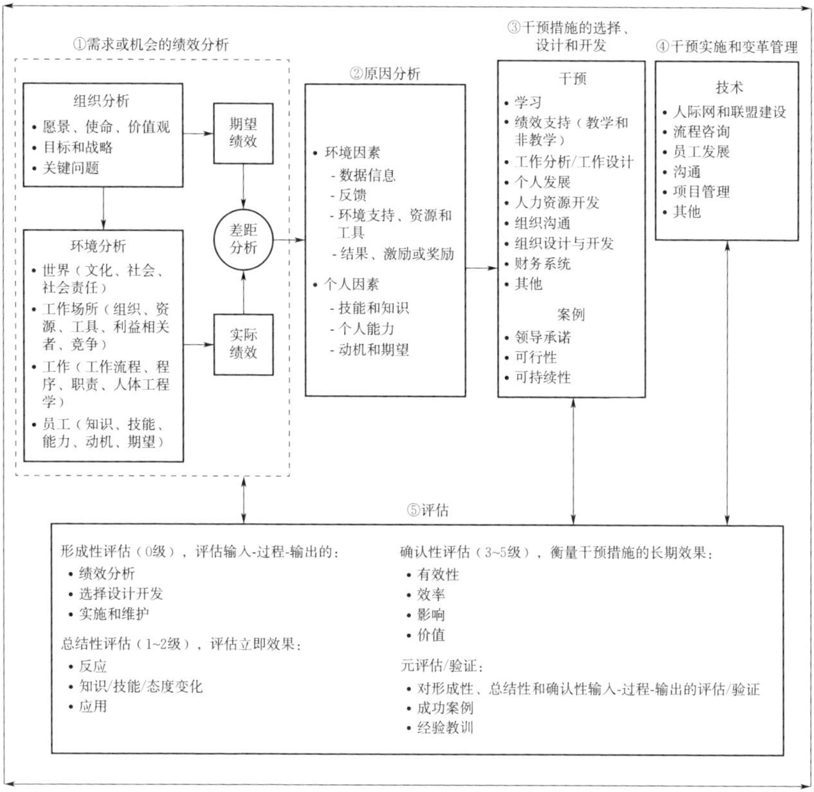

图 2-2　绩效技术模型

2. 通过胜任力模型应用提高铁路培训计划的精准性和个性化水平。胜任力模型能够帮助铁路培训管理部门识别出对于特定岗位最重要的技能、知识、特质等，以使得培训计划更加精准，也可以针对不同职工的个人特质和技能水平制定个性化培训计划，从而提高培训的针对性和有效性。胜任力模型还提供了一个衡量培训效果的标准，可以帮助铁路企业完善培训评估指标和标准，以更加准确反映培训目标达成情况。

3. 任职资格体系可以为铁路培训计划和教学提供基础路径。任职资格规定了职工从事特定岗位工作的“门槛”，为培训计划制定和培训内容开发提供大纲性参考。面向职工个人提供在线学习、在线练习、自主训练等方式时,相关知识、技能的先后关系也可以依据任职资格体系来设定。

4. 绩效差距分析能够帮助铁路培训提高培训的及时性和针对性。外部环境、企业战略等变化可能会导致职工能力素质的新变化。通过绩效技术模型可以帮助培训管理部门跟踪和掌握最新的培训要求,进而完善制定培训计划,提高教师备课效率和质量。从组织角度,开展绩效差距分析还可以帮助铁路企业评估培训效果。

第三节　信息系统开发方法

一、系统规划方法

信息系统规划是开展培训管理信息化应用的前提。培训管理信息化的最终目的是赋能培训管理业务发展。考虑到铁路培训管理业务涉及不同的用户需求,有必要从初始阶段就明确培训管理信息系统的定位、目标、构成和实施计划。据此,培训管理信息系统规划可以分为定义培训业务战略、识别培训信息系统目标、识别培训信息系统构成和制定培训信息系统实施计划等四个阶段,如图 2-3 所示。

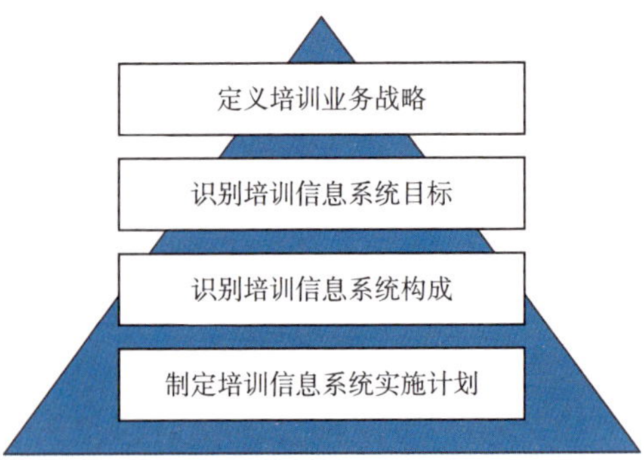

图 2-3　培训管理信息系统规划的四个阶段

1. 定义培训业务战略

铁路培训管理体系是一项管理层级、内容分类、实施操作等都较为复杂的系统工程。为了最大程度发挥铁路培训对人员赋能支撑作用,铁路企业需要明确培训业务在可预见的未来要努力实现的目标和使命。通过战略解构、人才能力分析、财务分析等,铁路企业可以制定培训业务发展方向和途径的路线图,为培训管理信息系统规划提供方向指导。

2. 识别培训信息系统目标

为了支撑培训业务战略的实现,需要考虑提高每一项培训工作的信息化和智能化水平。总体来看,铁路培训管理信息系统的目标是充分发挥智能化和信息系统的作用,为培训提供全方位支撑,进而为铁路企业人力资源战略乃至企业发展战略提供最大支撑。

3. 识别培训信息系统构成

为了实现培训管理信息系统目标,对其构成组件进行定义至关重要。通常来讲,铁路培训管理信息系统的构成组件包括硬件、软件及其依赖关系、技术性要求和项目进度表,其中,为了保障软硬件之间、软件与其他软件之间的逻辑关系科学合理,需要注重业务架构、系统架构的梳理与设计。

4. 制定培训信息系统实施计划

在明确铁路培训管理信息系统技术和组件之后,制定培训管理信息系统开发计划,包括立项、等保定级、需求分析、技术方案编制等,有序推进系统开发、测试、试运行、正式运行和运维,实现系统目标。另外,在此阶段还需要考虑系统各个模块的预算分配以及资金需求等。由于铁路企业本身对于信息系统开发过程有明确的规范,在此不再赘述。

需要注意的是,由于企业管理理念、发展目标、信息化认知等因素可能发生变化,培训管理信息系统规划过程中相应可能也会存在或出现一些挑战，例如：

(1)管理者之间的理念冲突。由于不同业务背景和信息化经验的管理者对于信息化、智能化的认知角度或深度可能存在一定的差异，当管理者发生变化时，有可能会面临管理理念差异甚至冲突，导致信息系统规划调整或者终止。

(2)企业发展目标的变化。受外部环境等因素影响，企业发展目标可能会阶段性调整，由此也可能会带来信息系统规划目标的调整。

(3)管理者对信息化感到自满。当管理者对信息系统的应用价值和应用规律不足时，容易对当前已经完成的信息系统建设感到自满，导致信息系统规划停滞不前。

针对这些挑战，根据信息系统目标对各子系统进行彻底细分，循序渐进推进信息系统目标实现，有助于将风险降到最低，同时高层管理者的推动、反馈与协调，可以显著减少信息系统实施过程中的负面因素。

二、流程优化方法

信息系统设计离不开业务流程优化，业务流程优化的主要方法是业务流程重组(business process reengineering，BPR)。BPR是一种战略管理方法，核心是利用先进技术以及现代管理手段对业务流程进行优化重构，达到提高业务绩效、效率和效益的目的。这种重组强调以业务流程为中心，以快速响应和满足客户需求、提高客户满意度为目标，对现有业务流程进行根本上的反思和优化设计。根据BPR思想，其实施结构由理念重构、流程优化、职能优化和组织优化四个层次构成，如图2-4所示。

1. 理念重构

理念重构要求企业重新思考其核心价值和使命，以及如何通过流程优化来更好地实现其核心价值和使命。理念重构的重点是对企业文化和领导及员工思维方式的彻底转变，例如从传统的、行

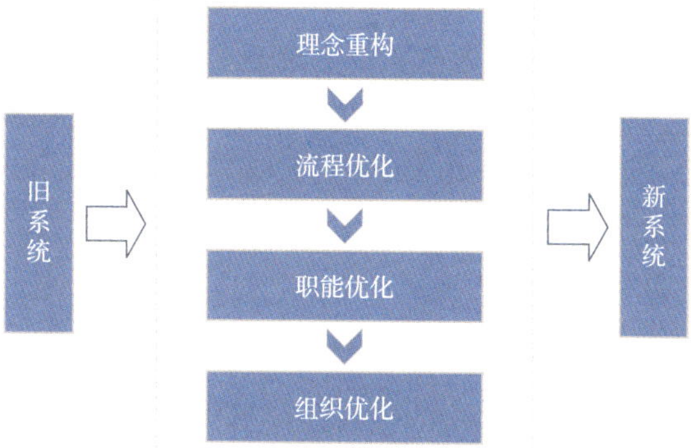

图 2-4　BPR 实施体系结构

政命令导向的思维转变为以用户为中心、以流程为导向的思维。

2. 流程优化

流程优化涉及对现有业务流程的分析梳理和重新设计，包括流程简化、消除非价值增值环节、流程自动化等优化与改造。流程优化的目的通常包括提高效率、降低成本、缩短响应时间、提升用户满意度。

3. 职能优化

职能优化是流程优化后推进实施的重要一环，一般涉及重新定义部门职责、岗位角色和职责，以及相关岗位如何更好地支持整体业务流程。职能优化一般包括部门合并、调整业务汇报关系、重新分配业务资源等。

4. 组织优化

职能优化的同时有可能需要对其他的组织架构进行优化，例如，建立跨职能部门。另外，组织文化的调整是必不可少的，理念重构带来的思维方式变革和流程优化带来的快速响应、主动服务等文化，都需要通过组织文化调整等优化活动加以巩固和执行。

三、系统实施步骤

系统实施步骤一般包括定义系统目标、制定实施策略、组建研发团队、制定实施进度表、推进系统研发、初始化配置和数据迁移、制定用户参与计划、准备并发布内容、提供用户帮助、试运行、正式运行和跟踪反馈。

1. 定义系统目标

明确系统建设的着力点，即需要解决的具体问题或痛点。对于培训管理系统来讲，一些常见的问题或痛点包括：

(1)为各类学习资源提供存储和共享枢纽，例如视频课件、电子教材、练习题库、课程资料等。

(2)职工可以完成考试、练习和评估等，尽可能实时获得评分。

(3)可以自动绘制职工的历史表现图表，能够与其他职工进行比较，并提供定制化的学习路径，以帮助职工达到培训目标。

(4)基于人工智能辅助，根据职工先前的学习经历、岗位角色、行为表现及弱点、优势等，对职工进行画像评估，并为其建议学习路径和资源。

(5)可以绘制培训项目的历史表现图表，提供培训项目质量评价结果。

(6)基于人工智能辅助，为培训项目实施提供课表编制、资源自动匹配等。

2. 制定实施策略

明确实施策略才能有效制定行动方案，通常需要考虑企业内外部资源情况和能力情况，确定实施前的一些关键问题，包括：

(1)系统建设的技术团队如何选择，是选择铁路企业自有的信息技术团队，还是选择外部专门从事这一类信息化研发的团队，分析各自利弊，明确开发模式。

(2)资源的来源与使用范畴，例如课程、试题、教学设备等，是否都是数据可控的，或者需要哪些外部单位予以怎样的配合，例如教学设备供应商、咨询机构等。

(3)所受的制约或者行业规范，例如培训规范、数据规范等要求。

(4)实施计划，包括研发团队建设、信息基础设施准备、运维计划等。

3. 组建研发团队

研发团队需要包括来自技术供应方和组织内部的技术、业务、管理和必要的科研人员，技术、科研等人员建议从项目一开始就参与进来，这样做的好处有：

(1)帮助项目组提出有效的实施策略。

(2)帮助业务、管理等人员了解信息系统的基本规律。

(3)明确项目质量指标、风险防控因素等，提高项目管理水平。

(4)便于集成和应用第三方的一些组件或者源代码。

(5)有利于创建完整的进度表，确定里程碑，跟踪系统研发、部署的进度。

(6)提高培训业务流程优化与改进水平。

(7)研发团队及早达成共识，形成工作合力。

4. 制定实施进度表

受制于需求、资源、管理等不确定性，信息系统研发过程中可能会出现各种意外情况，例如需求分析不足、部分利益相关者的反对、缺少推动力等，因此建议制定详细的高层领导支持的实施路线图，为任务日程上的每项子任务分配时间窗口，这样在实施过程中可以及时审视项目执行是否偏离目标、是否产生了延误等。

5. 推进系统研发

按照实施进度计划，选择合理的技术路线，有序推进系统研发，过程中需要注意业务流程优化和研用协同的问题。

(1)开展业务流程优化。很多时候，研发团队为了赶进度，在没有完成业务流程优化之前就匆忙启动开发工作，这种做法看似加快了启动速度，但实际上在后期可能会由于需求定义不准确或者发现了更好的需求实现方式等带来开发返工，进而导致更多的时间浪费。

（2）在高层领导推动下定期组织主要用户和研发团队进行沟通交流。研发团队向主要用户详细介绍完成的或者存在不确定性的功能进展，听取主要用户的意见和建议，确认或者改进相关功能，逐步建立迭代扩展的研发逻辑。

6. 初始化配置和数据迁移

系统功能研发实现后，需要对系统进行初始化配置和数据迁移，例如历史的纸质文档、电子文档甚至老的培训管理系统，需要向新平台迁移。

（1）整理初始化需要的配置信息，例如课程分类、知识项点等，将这些信息在线下标准化以后在系统中进行配置。

（2）将现有培训管理系统的功能和数据源映射到新平台的相关位置。

（3）对各个功能进行具体测试，包括系统在不同终端设备的兼容性等。

（4）对于需要数据采集的内容或功能，例如来自考勤、报到等设备的数据，检查其数据完整性等。

7. 制定用户参与计划

需要制定一个积极主动的计划，让各级培训管理者乃至普通职工等目标受众了解培训管理系统的运行方式，并逐渐形成使用习惯。用户参与计划可以包括：

（1）通过频繁地使用培训系统，帮助管理用户快速熟悉系统和养成使用习惯。

（2）举办系统使用技能大赛，激励和引导教师、教务人员等熟悉系统、使用系统并参与系统改进优化。

（3）将系统与铁路企业其他常用的系统进行用户登录集成，例如可以将培训管理系统嵌入到铁路企业办公系统中，以降低使用门槛。

(4)通过短信、邮件等对普通用户的在线学习、考试、参与培训等进行提醒。

(5)通过排行榜、奖励等强化用户使用动机。

(6)设定明确的每周、每月学习目标。

8. 准备并发布内容

按照系统容许的格式,发布教学、服务、管理等各类资料,为试运行做好最后的准备。

(1)需要明确新系统应该支持哪些内容格式,对不兼容的材料格式进行必要的转换。新系统支持的格式应该符合主流趋势。

(2)随机访问新系统中的一些高频功能,例如课程、练习等,检查发布内容的可访问性等。

(3)对于涉及与其他系统或者设备进行数据交换的,应该确认来自其他系统或设备的数据传输正常。

9. 提供用户帮助

通过在线、电话或者邮件方式,为用户提供使用帮助,减少用户对系统使用的抵触情绪,提高使用意愿等。

(1)在访问界面中嵌入帮助文档、操作指南等。

(2)通过系统提供的导航功能,向用户展示各项功能的运行逻辑。

(3)通过工具提示和用户体验(user experience,UX)热点提供上下文提示和操作技巧。

(4)以用户喜欢或者易于接受的交流方式提供自动化帮助,例如采用训练以后的人工智能客服。

(5)为用户提供可以选择的免费培训。

10. 试运行

完成系统部署以后,在生产环境下进行测试,需要仔细观察所有的关键功能,例如:

(1)用户访问:用户是否可以便捷登录账户。

(2)学习功能:视频课件播放加载速度如何?是否不停地缓冲?有没有解决方案?互动直播功能是否卡顿?

(3)管理功能:各类管理角色的用户是否可以查看到完整、准确的数据?数据统计分析是否准确?速度如何?

(4)插件集成:第三方插件或者与外部系统的数据交换 API 是否按计划运行?

(5)信息基础设施:服务器、网络、存储等资源占用情况如何?还有多大的能力空间?是否有能力拓展方案?

试运行阶段本质上是一个测试和反馈循环阶段,通常是向一小群用户开放系统,不断发现错误、修复错误,直到准备好发布。

11. 正式运行

试运行结束且没有出现任何问题后,就可以正式上线运行了。当然,铁路企业对于信息化建设过程还有专门的规定,应该完整执行相关规定。为了促进系统使用,建议通过适当的沟通渠道(如电子邮件、系统提醒、宣传等)提醒职工了解新的培训学习和管理技术。

12. 跟踪反馈

正式上线以后,需要通过调查和跟进反馈了解各类用户培训管理系统的体验和看法,可以采用类似于培训评估反馈的方式,及时获取相关信息,例如:

(1)以 1~7 分为标准,请用户评价使用系统的难易程度。

(2)用户认为可以对系统进行哪些改进?

(3)在使用系统过程中,用户遇到的最大问题是什么?

四、常见开发方法

信息系统开发方法(information system development methodology, ISDM)是指导信息系统创建和维护的框架和流程。

1. 瀑布模型

瀑布模型是一种线性顺序的系统开发方法，其将开发过程严格分为多个阶段，例如需求分析、系统设计、实现、测试、部署、维护等阶段，要求每个阶段必须100%完成才能进入下一阶段，如同瀑布单向流动。

优点：适合经验较少的项目团队或成员变动较大的团队，进度可衡量，节省资源。

缺点：不灵活、速度慢、成本高、直到系统测试才发现问题、难以响应变化、加大了用户和开发人员之间的差距。

2. 原型开发法

原型开发方法是一种迭代式的信息系统开发方法，通过快速构建系统的简化版本（原型），让用户及早参与测试和反馈，逐步完善需求与设计，直到原型发展到满足用户要求的程度。原型开发方法试图通过将大型项目分解为较小的部分来降低风险。

优点：提高用户参与系统开发和项目利益相关者之间的沟通，鼓励反馈和灵活的设计。

缺点：如审批流程和控制不严格，可能导致系统设计不良、错误的预期、成本和时间增加。

3. 快速应用程序开发

快速应用程序开发（rapid application development，RAD）是一种迭代模型，主要侧重于以相对较低的投资成本快速开发和交付系统。它通常强调满足业务需求，用户必须全程深度参与。与原型开发方法不同，RAD通过减少前期规划、强调灵活协作和依赖自动化工具、组件复用等，大幅缩短开发周期。

优点：可以以较低的成本（时间、资金、精力）开发系统，用户感觉参与度高，并可以根据用户反馈快速更改系统设计。

缺点：可能导致整体系统质量下降（包括重用性、可扩展性等），存在功能蔓延的危险（超出项目初始范围的额外功能），需要大量用户参与。

4. 增量开发法

增量开发方法是一种将系统划分为多个功能模块(增量),按优先级分阶段开发、集成和交付的开发方法。每个增量通常都是一个可独立运行的功能子集,最终通过集成叠加形成完整系统。增量开发的具体实现过程中通常会使用到瀑布开发、原型开发等方法,例如:

(1)对于系统的不同部分使用一系列小型瀑布,其中瀑布开发的所有阶段都已完成,然后才进入下一个增量。

(2)在进行系统增量的小型瀑布开发之前,定义总体需求。

(3)瀑布模型一直延续到迭代原型设计阶段,直到最终系统完成。

优点:从以前的增量中学习,可以逐步实施,以便可以监控增量变化。

缺点:难度较高的开发可能会被延后,如果使用小型瀑布,可能会忽视项目整体。

第四节 信息技术采纳模型

一、理论进展

信息技术采纳模型用于解释和预测个体或组织对信息技术的使用意愿和使用行为。与其他信息系统相似,用户对信息系统的接受和使用是铁路培训管理信息化应用的基石。

1. 技术接受模型

技术接受模型(technology acceptance model,TAM)由美国学者 Davis 于 1989 年根据理性行为理论(theory of reasoned action,TRA)发展而来[10],是信息系统/计算机技术应用研究领域中广泛认可和使用的行为模型之一。根据 TAM 模型,用户对信息技术的接受和使用主要受用户的感知有用性和感知易用性这两个因素影响。感知有用性是指用户认为使用某项信息技术将提高其工作绩效的程度。感知易用性是指用户认为使用某项信息技术的容易程度。用户的感知易用性也会直接影响用户的感知有用性。系统特性、用户特征、组织环境等因素也会影响用户的感知有用性和感知易用性。

2. 技术接受和使用统一模型

Venkatesh 等学者在 2003 年提出技术接受和使用统一模型(unified theory of acceptance and use of technology,UTAUT)[11]，其初衷是统一和扩展此前关于技术接受和使用的研究,以构建一个更全面、更强大的用户技术接受和使用理论框架,该模型因其较高的解释力而广受欢迎。根据 UTAUT 模型,影响用户技术接受和使用的因素主要有绩效期望、努力期望、社会影响和便利条件。绩效期望是指用户认为使用信息技术将提高其工作绩效的程度。努力预期是指使用信息技术的难易程度,由感知易用性和复杂性构成。社会影响是指用户觉得其他对自己有重要影响的人认为用户应该使用该信息技术的程度。便利条件是指用户认为组织和信息基础设施对使用系统的支持程度。此外,用户的年龄、性别、经验水平、自愿性程度等也可能会影响用户对信息技术的接受和使用。

3. 信息系统成功模型

如何评价信息系统成功与否是企业信息系统应用中人们经常关注的问题。DeLone 和 McLean[12] 于 1992 年提出了信息系统成功模型(information system success model),2003 年又进一步做了改进,是广泛认可的衡量信息系统性能的理论框架之一。根据信息系统成功模型,影响信息系统成功的因素分为信息质量、系统质量、服务质量、系统使用、用户满意度和净收益。信息质量主要指信息系统所提供信息的准确性、相关性、易理解性等。系统质量指系统的可靠性、响应速度、易用性等。服务质量指后台服务或技术支持的响应速度、可靠性、专业性等。系统使用指系统的使用频率和深度或广度。用户满意度指用户对信息系统的主观评价。净收益指个人和组织通过信息系统获取好处，如绩效提升、成本降低等。

二、应用启示

信息技术采纳模型可以为铁路培训管理信息化需求分析、信息系统设计、功能规划、风险评估、迭代开发、用户培训与支持等提供支持。

(1)建立更加完善的需求分析机制。通过了解不同用户群体在技术采纳生命周期中的位置，研发团队可以更准确地识别和定义用户需求，例如，一些新增功能可以在注重技术先进性、喜欢实验性功能的用户群体中先试先用。

(2)强化以用户为中心的系统设计。技术采纳模型可以帮助研发团队在设计过程中以用户为中心，确保系统的感知有用性和易用性，从而提高用户的接受度。

(3)健全用户培训和支持机制。采纳模型指导研发团队开发有效的用户培训材料和技术支持文档，以帮助用户克服对新系统的抵触情绪，提高使用意愿。

(4)完善信息系统应用风险评估。技术采纳模型可以帮助培训管理者和研发团队识别可能影响信息系统成功采纳的风险因素，如培训、技术支持、社会影响、便利条件等，从而提前制定应对策略。

(5)更好地进行迭代开发。技术采纳模型可以帮助研发团队持续监测和评估信息系统的使用情况，不断收集用户反馈，并进行必要的调整和优化。

总之，信息技术采纳模型为信息系统研发提供了理论基础和指导框架，帮助研发团队更有效地开发出符合用户需求、易于被用户接受的功能。

第三章　培训管理信息化规划

第一节　铁路培训管理业务流程

一、运作模型

如第一章所述，铁路培训管理体系本身是一项复杂而庞大的系统工程。以信息化促进铁路培训管理创新、以铁路培训管理创新带动信息化，都需要先摸清铁路培训管理活动的基本运作规律。不考虑培训管理职责分工，如同运输生产等其他业务，铁路培训管理的运作过程也是一个有输入、处理和输出的系统性过程，这个过程是铁路培训管理活动的基座，对这个过程进行明确的定义是铁路培训管理信息化应用的前提。

铁路培训管理运作过程符合现代教育培训的基本规律，同时又与铁路企业自身的管理体制密切相关。按照培训管理活动的基本构成和流程关系，将铁路培训管理运作过程分为计划（Plan）、资源准备（Resource Preparation）、实施（Implementation）、行政支持（Administrative Support）、监督（Supervision）五大过程，这五大过程及其相互关系构成了铁路培训管理运作模型，简称为 PRIAS 模型，如图 3-1 所示。PRIAS 模型也是铁路培训管理业务的顶层架构。

计划（P）是指针对培训目标、供需情况和组织实施，进行培训目标规划、培训资源计划、组织实施计划等，包括培训需求分析、培训内容规划、培训项目规划等铁路培训管理活动中的统筹性活动。

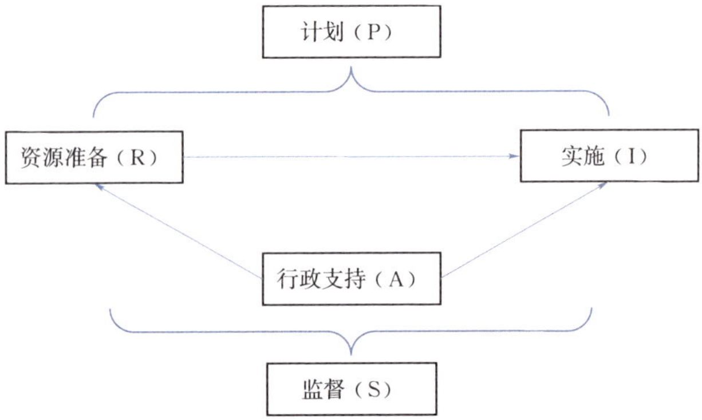

图 3-1　铁路培训管理运作模型(PRIAS 模型)

资源准备(R)是指对培训所需要的师资、设施、设备等基础条件的准备,这些培训资源根据培训规划和计划执行需要,分布在铁路局集团公司、站段、车间和培训基地等不同部门或单位,也可能会通过租赁等方式使用外部条件。

实施(I)是指培训项目的具体实现过程,包括培训报名、报到、教学、生活支持等,其前提条件是资源准备(R),受计划(P)指挥和约束,是铁路培训管理的核心活动。

行政支持(A)是指兑现培训计划或培训项目实施所需要的行政性支持,包括人力资源支持、财务支持、物资采购支持、办公事务支持等,对于任何企业来讲,行政支持都是培训管理不可或缺的关键支持。

监督(S)是指对培训目标达成情况的检查、确认和对培训过程问题的发现与改进,是推动铁路培训管理质量提升的关键过程。

二、优化步骤

为了保证铁路职工培训的结构性、完整性和拓展性,将培训管理运作过程按照流程进行逐级分解,直至达到可以执行的细节。这里依次考虑流程定义、流程配置、流程元素及流程元素的进一步分解等层次,制定铁路培训管理流程优化步骤,如图 3-2 所示。流程定义明确培训的业务环节，流程配置明确各个业务环节的实现过程，流程元素明确实现各个过程所需要的能力，对流程元素的进一步分解则是从最佳实践角度将所需能力细化为可执行的操作以及必要的实践案例。

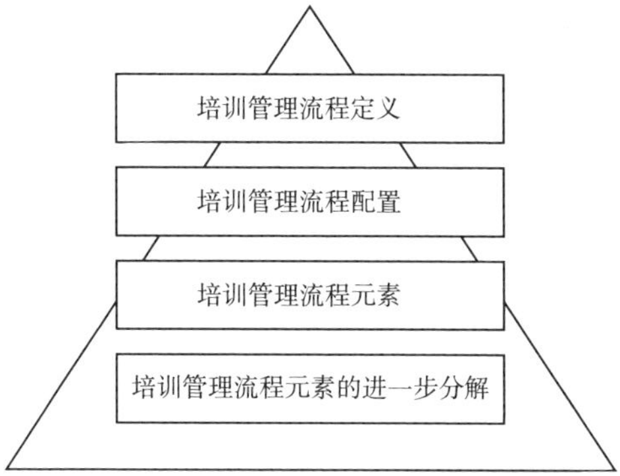

图 3-2　基于流程分解的培训管理流程优化步骤

三、流程定义

按照本节定义的铁路培训管理运作模型，铁路培训管理划分为计划(P)、资源准备(R)、实施(I)、行政支持(A)和监督(S)五大流程，这五大流程之间通过协同运作，实现培训管理目标。

计划(P)流程是整个铁路培训管理活动的起点，对培训目标、过程、结果及所需要的其他相关支持进行系统性规划和监督。资源准备(R)、实施(I)、行政支持(A)和监督(S)都在计划(P)指导下执行。

资源准备(R)流程是铁路培训管理的条件准备过程，对培训专兼职师资队伍、教材资料、教学设施、教学设备、配套生活设施等进行配置与管理。资源准备(R)受到计划(P)、监督(S)的管控和行政支持(A)的支持，对实施(I)提供支持。

实施(I)流程是铁路培训管理的核心活动过程，通过调用资源和对教学本身进行分析、设计、开发、实施、评估等实现培训目标。

实施(I)受到计划(P)、监督(S)的管控和资源准备(R)、行政支持(A)的支持。

行政支持(A)流程是对培训计划执行过程的管理性支持过程，包括人力资源、财务预算、物资采购、学员学习时间安排、办公事务支持等。行政支持(A)有可能会影响计划(P)、资源准备(R)、实施(I)的运作，例如，财务预算不足可能会直接影响计划规模等。

监督(S)流程是对培训管理运行过程进行检查和改进提升的过程，以保证培训管理处于有序的、有组织的、持续不断的创造性过程之中，包括培训过程记录、培训计划检查、问题发现与改进等。监督(S)的主要依据是计划(P)。

四、流程配置

1. 计划(P)

计划(P)流程主要包括培训需求分析和培训计划确定两类活动。据此，将计划(P)流程类别与配置划分为培训需求分析(DA)和培训计划确定(PC)，见表 3-1。

表 3-1　计划(P)流程下的流程类别与配置

培训需求分析(DA)	培训计划确定(PC)
DA1(培训对象分析)； DA2(培训内容分析)	PC1(培训目标设定)； PC2(培训计划生成)

(1)培训需求分析(DA)，涉及对培训对象分析和培训内容分析。通过培训对象分析明确哪些人员需要培训。通过培训内容分析明确组织应该开展哪些方面培训。培训需求分析是培训计划生成和培训持续改进的重要依据。

(2)培训计划确定(PC)，涉及培训目标设定和培训计划生成。培训计划确定除了需要把握培训需求以外，还需要掌握资源准备、行政支持等情况。培训计划确定是培训活动的基础和蓝图。

2. 资源准备(R)

资源准备(R)流程主要包括教学环境准备、师资力量准备、信息资产准备等三类活动。据此,将资源准备(R)流程类别与配置划分为教学环境准备(EP)、师资力量准备(TP)和信息资产准备(IC),见表 3-2。

表 3-2　资源准备(R)流程下的流程类别与配置

教学环境准备(EP)	师资力量准备(TP)	信息资产准备(IC)
EP1(教学设施配置); EP2(教学装备配置); EP3(实训设施设备配置); EP4(后勤保障)	TP1(专职师资); TP2(兼职师资)	IC(信息系统与数据资源)

(1)教学环境准备(EP),涉及教学设施准备、教学装备准备、后勤保障(例如住宿、餐饮、文体条件)等,为培训开展提供必要的场所和设备条件。随着社会不断发展,教学环境和后勤保障对学员满意度影响日益突出。教学装备例如课堂教学设备、实训装备等对于培训教学效果影响显著。

(2)师资力量准备(TP),涉及专职师资和兼职师资。专职师资准备要根据学科专业需要有计划地开展师资队伍建设,避免专职师资过量或不足。兼职师资需要根据专业系统人数和培训计划规划,有计划地遴选建设兼职师资队伍。

(3)信息资产准备(IC),主要指培训管理相关信息系统与数据资源,例如在线教学系统、在线考试系统、教学资源库等。

3. 实施(I)

实施(I)包括教学分析、设计、开发、实施、评估五个阶段,囊括了与培训教学活动直接相关的全部内容。据此,将实施(I)流程类别与配置划分为教学分析(TA)、教学设计(TDS)、教学开发(TDV)、教学实施(TI)和评估反馈(EV),见表 3-3。

表 3-3 实施(Ⅰ)流程下的流程类别与配置

教学分析(TA)	教学设计(TDS)	教学开发(TDV)	教学实施(TI)	评估反馈(EV)
TA1(培训对象特征分析); TA2(学习环境确定)	TDS1(培训课程设计); TDS2(培训方式设计); TDS3(培训评价设计)	TDV1(培训课程开发); TDV2(实践方案开发); TDV3(考试测评开发); TDV4(评估反馈开发)	TI1(教学活动实施); TI2(学习策略实施); TI3(考试测评实施)	EV1(投入性评价); EV2(产出性评价)

(1)教学分析(TA),作为教学的起点,需要运用现场调查、问卷调查、数据分析等多种方法对培训需求进一步会诊,深入分析培训对象所需所求,为需求和培训之间搭建起一座桥梁。尽管教学分析和计划流程的培训需求分析侧重不同,但是仍然应该尽可能地共享这些需求分析信息。

(2)教学设计(TDS),主要是为明确培训要求,形成的一套操作性很强的培训方案。在人力、物力、财力等条件约束下,将分析阶段得到的数据和信息转化为更为具体的培训目标、课程内容、传授方式与考核设计。

(3)教学开发(TDV),主要进行课件制作、学员手册编制、完成备课等。在人力、物力、财力等条件约束下,将设计阶段形成的方案转化成实际结果。

(4)教学实施(TI),将前几个阶段的成果置于可操作的程序之下,通过高效和灵活的方法实现知识向能力的转化。

(5)评估反馈(EV),就像教学设计系统一样贯穿于其他四个阶段,是一个持续不断的过程。通过标准化评估、操作性评估、总结性评估等多种方式,对培训目标的达成情况、培训的有效性、培训实施阻碍因素、培训改进机会等多方面进行评价和总结,及时反馈评价信息,以保证各阶段的工作都能达到预期的目标,最终促使整个教学设计系统的良性运转与循环。本书在柯氏四级评估模型等基础上，提出投入性评价和产出性评价相结合的评估反馈体系，详见第十章。

4. 行政支持(A)

行政支持(A)主要包括人力资源支持、财务支持、物资支持、办公事务支持、宣传推广等活动。据此，将行政支持(A)流程类别与配置划分为人力资源支持(HR)、财务支持(FS)、物资支持(MP)、其他支持(OS)，其中其他支持主要涵盖了办公事务支持、宣传推广或营销，见表 3-4。

表 3-4　行政支持(A)流程下的类别与配置

人力资源支持(HR)	财务支持(FS)	物资支持(MP)	其他支持(OS)
HR1(人力资源配置)； HR2(人力资源使用)； HR3(人力资源考核)； HR4(人力资源激励)	FS1(财务预算)； FS2(财务清算)	MP1(物资采购计划)； MP2(物资管理)	OS1(办公事务)； OS2(宣传推广)

(1)人力资源支持(HR)是为保障培训活动开展而提供的除了师资以外的培训管理者、教务人员、后勤服务人员等人力资源支持。不同于高校，在企业中由于有严格的组织管理体系，因此开展培训活动，人力资源支持尤为必要和重要。

(2)财务支持(FS)是为培训活动开展提供资金性支持，也是企业培训管理活动的支持性和约束性因素。

(3)物资支持(MP)是为培训活动开展提供基础条件以外的消耗性、办公性物资等支持，也是企业培训管理活动的支持性和约束性因素。

(4)其他支持(OS)包括办公事务支持、宣传推广或营销支持，例如人员接待、必要的客户关系维护、对外宣传推广或营销推介等。对于独立运营的铁路培训基地来讲，其他支持(OS)是必须且关键的。

5. 监督(S)

监督(S)流程主要包括培训过程控制、培训计划执行检查和培训质量改进等三类活动。据此,将监督(S)流程类别与配置划分为培训过程控制(PSC)、培训计划执行检查(PIC)和培训质量提升(PA),见表3-5。

表3-5　监督(S)流程下的类别与配置

培训过程控制(PSC)	培训计划执行检查(PIC)	培训质量提升(PA)
PSC1(教学过程监测与干预); PSC2(培训过程记录)	PIC1(培训计划进度检查); PIC2(培训目标达成检查)	PA1(培训问题分析与改进); PA2(教学模式改进)

(1)培训过程控制(PSC)是指对培训计划执行过程进行全要素的数据采集与记录,同步监督其执行是否符合管理制度或规范要求。实施(I)涉及的资源利用范围越广,培训过程记录的难度越大。

(2)培训计划执行检查(PIC)主要是对培训计划的兑现进度和目标达成情况进行检查和确认,以及时纠正培训过程中的偏差。实施(I)涉及的资源利用范围越广,培训计划执行检查的难度也越大。

(3)培训质量提升(PA)主要通过科学的分析和评估工具,充分利用所收集信息,准确把握质量提升的关键环节,实现培训管理各个环节的质量提升,进而实现培训管理整体质量提升。培训质量提升涉及组织环境文化、培训项目管理、薪酬福利、工作环境等多方面的改进,例如,创建学习文化、将培训与绩效挂钩等。

五、流程元素分解

流程元素分解是对流程类别与配置进一步分解细化,达到可以执行的细节。这里重点介绍部分流程类别与配置的细化结果。

1. 培训需求分析

培训需求分析是在规划和设计每项培训活动之前,由培训部门、主管人员、工作人员对企业各个组织及其成员的目标、知识、技能等方面进行系统的鉴别与分析，以确定是否需要培训及培训内容的一种活动或过程。

（1）培训对象分析

铁路培训对象包括干部和技能型人才，人员年龄、学历差异较大，且专业涉及广泛，不同专业有着完全不同的需求特点，为更好地满足不同专业职工培训需求，需要对培训对象进行分析。培训对象的分析方式如下：

①确定培训职工范围。根据受训职工的基本情况，确定培训职工的范围，例如专业、学历、职称等。

②培训方式设计。根据受训职工的特点，设计适合受训职工的培训方式，如线下学习、网络培训或线下线上相结合的方式。

③确定培训方式。根据分析结果确定受训职工的培训方式。

（2）培训内容分析

结合培训对象的岗位及专业相关信息，对培训内容进行分析，包括选择分析工具、分析培训内容、确定培训方案等步骤，最终形成培训内容建议方案，具体包括：

①选择分析工具。根据岗位职责、专业类型等信息，选择分析工具开展内容分析。

②分析培训内容。使用数据分析、问卷调查、考试测评等分析工具对培训内容进行分析，形成内容需求项点。

③确定内容方案。根据培训内容的分析，确定培训内容方案，最终形成培训内容建议方案。

（3）培训目标设定

对培训所达到的预期效果进行分析，包括确定培训目标、选择分析工具，分析目标内容，确定目标方案等步骤，最终形成培训目标建议方案。

①选择分析工具。选择相应的分析工具，对受训人员的培训目标进行分析。

②分析目标内容。根据受训职工现有技术水平及状况以及送培单位对受训职工的期望等信息对培训目标内容展开分析，如受训职工技能目标、组织战略目标、岗位绩效目标等。

③确定目标方案。根据分析内容确定所达到的目标，形成目标方案。目标设定应该遵循具体、可衡量、可实现、相关性强、时限性（SMART）原则。

2. 培训计划确定

铁路培训计划是多层级多专业的，各级组织在培训需求分析的基础上，开展培训计划建议和制定。

(1)培训计划申报。在需求分析的基础上，分层分级编制培训计划建议，形成站段、铁路局集团公司、国铁集团等多级培训建议计划。

(2)培训计划审核。铁路局集团公司审核局集团公司级以上承办的培训计划，站段审核站段级承办的培训计划，形成铁路局集团公司、站段培训工作计划。

(3)培训计划发布。铁路局集团公司、站段发布培训计划，培训项目相关信息通过电报的方式推送到相关站段、车间，实现信息定向传递。

3. 教学环境准备

(1)培训设施设备建设与管理

对培训设施设备进行管理，实现铁路局集团公司、站段各级管理机构对教学使用的教室、实训场、实训设备等教学相关设备设施的计划提报、项目建设实施和经费清算等，保障设施设备在培训过程中的稳定运行。具体实现方法如下：

①设备开发项目申报。主要是站段自身或站段向铁路局集团公司定期申报开发的项目，包括开发内容、类型、完成时间等多维度信息。

②设备开发项目的审核及发布。对申报项目进行逐级审核，审核项目开发的必要性，对审核通过的项目进行发布，不通过的则

返回原部门。

③设备开发项目实施管理。对项目实施过程的监督管理，上报开发项目开发过程资料，对开发项目进度进行监督，并对计划完成情况进行提醒。针对具体的教学、演练设备，指定责任人和保管人，明确使用对象和使用频率，确保设备状态良好。

④设备开发经费管理。对完成的需要结算经费的项目进行清算，主要由申报经费、审核经费、审核结果等流程组成，逐级完成经费清算。

(2)临时学习环境搭建

为不具备培训条件的职工临时搭建相应的学习环境，配置学习课程，满足职工的培训学习的要求。具体实现方法如下：

①开展调研。开展对相应铁路职工培训状况的调研，了解其培训的不便之处。

②分析学习条件需求。对所需的培训课程及学习条件进行分析，明确学习条件构成。

③建立方案。建立培训课程与学习条件临时搭建的方案。

④方案实施。采用适当的技术和方法，搭建能够满足职工培训学习要求的培训课程与学习条件。

4. 师资准备

铁路局集团公司、站段等基层单位分别建立职工培训师资库，实现对全路各单位专兼职教师及相关附属信息的维护管理，包括对教师基本信息的采集与管理、教师授课记录的汇集、专职教师下现场实习记录的汇总、专兼职教师线下考核的记录。自动计算各级单位专兼职教师的比例，对比例不达到标准的单位进行提醒。具体实现方法如下：

(1)专兼职教师基本信息采集。完成对专兼职师资基本信息的采集，包括姓名、政治面貌、专业、最高学历、专业技术职务、工作经历等信息。

(2)专兼职教师授课及实习信息采集。对专兼职教师授课信息进行采集，包括培训班名称、授课课时、授课时间、授课地点等信息。对专职教师下现场实习的情况进行采集，收集现场实习登记表。

(3)专兼职师资定期轮岗记录。对基层单位专职师资和铁路局集团公司所属机构兼职师资的定期轮岗情况进行记录，其中基层单位专职教师包括岗位交流情况和挂职方式等信息，兼职师资包括聘用方式和聘用时间等信息。

(4)专兼职师资培训情况记录。对专兼职参与的教学相关的业务知识和专业技术培训情况进行记录，包括培训项目名称、培训科目、培训地点、培训时长等信息。

(5)专兼职教师线下考核记录采集。对专兼职教师线下考核情况进行采集，包括专兼职师资个人自评、学员抽样评测、培训基地(站段)评鉴和业务处评鉴的信息。

(6)专兼职教师相关信息维护。采用信息化的方式对采集的专兼职相关信息进行维护管理。

5. 信息资产准备

加强铁路企业职工培训信息系统的建设，满足培训信息化的要求，保障信息系统的稳定运行。具体实现方法如下：

(1)可行性分析。对拟建设的信息系统进行全面技术经济分析的科学论证，并形成可研报告。

(2)需求分析。对相关部门的信息系统需求进行分析，从系统建设、用户群、功能需求、性能需求、开发进度、效益及风险等方面，形成需求分析报告。

(3)技术方案。根据需求分析，完成对信息系统总体方案的设计。

(4)信息系统开发。根据总体方案，完成对信息系统原型的开发。

(5)信息系统运维。对信息系统定期进行运维，根据运维工作的不同分配权限，保障系统的平稳运行。

6. 教学设计

教学设计以前期分析为基础，确定培训课程体系，确立培训实施策略，选择具体的教学形式，在有限的资金和资源条件下，将培训需求分析的数据和结论转化为明确的培训目标、科学的培训课程以及合理的培训考核等。

（1）培训课程设计

培训课程类型分为线上课程、线下课程等类型，具体实现过程如下：

①制定课程设计工作计划。根据对培训对象、培训内容及培训目标的分析内容，制定课程设计工作计划。

②课程资料准备。收集与课程内容相关的信息和资料。

③课程模块设计。对课程涉及的不同方面进行模块化设计，包括课程内容设计、课程教材设计、教学模式设计、教学活动设计等方面。

④备课评课。对培训课程进行充分的演练，例如备课评课，包括课程内容、活动及教学方法等。

⑤反馈与修订。课程备课结束后，根据培训对象、相关专家的意见对课程进行修订。课程修订的内容根据修订意见而定。

（2）培训方式设计

培训方式设计包括确定培训性质、确定培训类别、确定培训形式，具体实现过程如下：

①确定培训性质。根据培训计划内容，确定培训性质，培训性质分为资格性培训和适应性培训两大类。资格性培训是指为使职工在上岗前快速掌握岗位的安全知识、专业知识、规章制度、作业标准并取得定职资格而开展的培训，适应性培训是指为了适应岗位工作而对职工展开的相关培训。

②确定培训类别。根据培训性质，进一步确定培训的具体类别。其中适应性培训包括营业线施工安全培训、春运培训、年度劳动安全培训、靶向培训、“四新”技术培训、季节性培训、班组长轮

训、主要行车工种轮训、特种作业培训、调图培训等类别,资格性培训包括“三新”人员培训、技能等级培训、班组长培训、高铁准入培训、特种(设备)作业培训等类别。

③确定培训形式。根据待培训职工的实际工作情况,确定培训所采取的形式,培训形式包括脱产理论培训、脱产实践性培训、师带徒、非脱产在岗培训、非脱产网络培训等。

(3)培训评价设计

培训评价设计内容包括对职工、教师、教务人员、管理人员的培训投入性评价和学员的培训产出性评价。

①职工的投入性评价主要是职工的学习态度。

②教师的投入性评价主要是教师的教学态度。

③教务人员的投入性评价主要是其管理规范性和服务态度。

④培训管理者的投入性评价主要是其管理规范性和质量提升态度。

⑤职工的培训产出性评价主要是知识掌握、行为改变、结果转化等三个层次的产出。

7. 教学开发

教学开发是在教学分析、教学设计的基础上,根据参训职工特点和培训内容要求,主讲教师选择、编制、开发培训课程,选择教学方式或媒体。其中,培训课程开发是编撰培训内容的过程,即把培训方案细分为培训教材、培训课件、知识管理和案例实践等。在教学开发阶段,主讲教师根据需要随时和学员沟通交流或者跟踪调研学员的情况,以保证培训内容的有效性与针对性。

(1)培训课程开发

采用先进的教学理念和课堂实践形式,提高培训体验感和教学效率,主要开发要点如下:

①教学方法选择,即根据培训设计内容选择合适的教学方法,如理论讲授、讨论、案例分析、角色扮演、实作训练等。结合成人学习理论,尽量采用互动式和参与式学习方法。

②课程材料开发，采用特定的工具编制高质量的教材，如培训手册、讲义、幻灯片、视频课件、仿真系统等。为了丰富职工学习体验，建议增加使用多媒体工具，如视频、音频、在线资源等。

③开展必要的实践应用。通过实训课程设计或者创造实训条件，提供实际操作或模拟练习的机会，以便职工能够将知识应用到实践中。

④设计课后作业或项目，在条件允许的情况下，鼓励职工将所学应用于工作中。

(2)实践方案开发

根据实作训练需要，并确保教学理论与现场实际的同步性，开展现场实践方案开发，要点如下：

①制定开发计划。根据培训计划和教学设计等，结合专业部门意见，研究确定实践计划，如果需要实作训练场所或设备，则还可能需要形成相关设施设备建设的年度计划。

②制定开发方案。统筹单位、专业、目的、内容、形式、时间、成果等形成实践所需条件的开发方案，并报相关部门审批备案。

③落实开发方案。根据实践开发方案，选择外部租赁、外部采购、内部研发等方式，落实实践开发条件。对于重要的高频率的实作设施设备需求，多以内部研发为主。

④实践成果展示方案。采取个人或小组方式，组织现场实践成果展示，对优秀现场实践成果给予表彰。

(3)考试测评开发

考试测评能够反映学员培训对知识的掌握情况。考试测评由题库组成，根据题型丰富、难易适中、动态更新的原则，有序开发测量工具。

①制定计划。根据教学内容设计，结合培训教材，分析并确定考试测评工具涉及的范围、题型、数量和完成时间，制定题库建设计划。

②成立小组。根据题库建设工作量和专业性质，确定出题的

专业人员并组成命题小组。通常由组长督促落实题库建设并对题库内容负责。

③编制初稿。根据题库建设计划，组织命题小组成员开展题库建设工作，其间为保障编制工作，应提供人员、设备、场所的支持。

④组织审定。由相关部门专职人员和必要的外部专家组成审定小组，就初稿的题型、内容、题号等进行全面审定，确保题库质量，形成正式题库。

⑤导入系统。将形成的正式题库导入铁路培训管理平台之考试系统，并进行测试验证。

⑥使用反馈。在组织考试测评过程中，对有疑问的试题及时记录、汇总并反馈给试题开发单位。试题开发单位根据反馈及时进行题库的校订。

⑦动态更新。根据培训教材的更新和新技术、新装备、新工艺、新规章的不断变化，及时组织人员更新题库内容。在正式组织考试测评前，应与业务部门沟通，确保题库的科学性、时效性。

(4)评估反馈开发

评估反馈开发涉及投入性评价和产出性评价，在第十章将会进行详细介绍。这里以学员满意度评估为例，介绍评估反馈量表的开发要点。

①确定评估对象的要素。包括课程内容、授课教师、设施环境、后勤服务等。

②选择评估指标。根据培训要素对培训指标进行设计和选择。评估指标设计本身需要有科学的研制方法，例如德尔菲法、层次分析法等。

③确定评估标准。对于评估指标的测度设置必要的选项和分值，例如采用利克特量表(Likert Scale)5 级或 7 级计分法等。

④设置权重。按重要程度对评估指标设置权重。权重的确定往往也需要采用一定的方法进行设计和验证，常见的方法有主观

权重法、客观权重法。

④试评。对培训评估量表进行试评。

⑤修订评估量表。根据试评情况对评估量表的指标、标准及权重进行修订，直至符合评估的要求。

8. 教学实施

教学实施阶段将前面几个阶段的工作成果置于可操作条件之下，通过灵活和高效的方法使职工获得预期的成果，实施要点如下：

(1)教学活动实施

①实施计划制定

a. 根据培训性质和类别制定培训实施计划，经相关部门审核同意后执行。培训实施计划通常是对培训计划的进一步细化和深化。

b. 资格性培训项目的实施单位应根据国家职业标准和培训规范等制定培训实施计划，需要明确的内容包括培训内容、培训教材、培训形式、课时分配等。

c. 适应性培训项目的实施单位应根据具体培训目标并结合岗位实际，制定培训实施计划，需要明确的内容包括培训内容、培训形式、课时分配、考核安排等。

②培训活动准备

a. 开班准备及审核。确定开班准备的所需信息，包括时间、地点、学时、授课教师等，并完成培训班费用预算填报(按班级考虑住宿、就餐、师资等信息，汇总得到总费用预算)，然后将开班信息提报相关部门进行审核。

b. 培训班发布。通过审核后，将培训班报名信息发布至参加培训的各单位，供相关单位进行正式报名。

c. 培训报名。接到报名通知的单位可以让职工个人自主报名，或者由所在车间、站段等集中统一报名，确定最终的学员名单。

③班级管理

对培训班的整个过程进行管理，确保培训班课程的顺利进行，包括学员签到、培训引导、开展培训、课程控制及课堂互动。

a. 学员签到。对学员实行签到考勤制度，学员可手工填写考勤，也可通过扫描二维码、指纹录入的方式进行考勤。

b. 培训引导。做好培训准备工作和培训引导，尽可能调动学员学习状态，同时确保培训过程中学员遵守必要的规章制度。

c. 开展培训。授课教师利用多种教学方式、形式进行培训教学。

d. 课程实施与控制。根据现场培训情况对培训课程的实施进行调整与控制，保证培训的顺利进行。

e. 课堂互动。学员与学员、学员与教师在课间、课后开展互动。

④培训考核管理

培训课程完成后，开展培训考核。

a. 选择考试方式进行考核的，一般采用闭卷形式进行，具备条件的各类培训的安全、理论考试，原则上采用在线考试，由计算机自动组卷。

b. 涉及实作考试的，一般必须要有明确的作业项目、安全注意事项、作业时间、作业标准、作业程序等。

⑤满意度评估

向学员发放评估问卷，对培训课程、授课教师授课、培训管理与服务等进行满意度评估，并将评估结果进行汇总。

a. 满意度评价。由学员在课后对讲师的授课态度、授课水平以及培训课程的内容质量进行评价。

b. 评价结果分析。对评估结果进行统计汇总分析，识别问题并制定改进措施，根据需要将结果向相关单位进行反馈。

⑥结业管理

培训班实施结束后，对本次培训进行总结，并将相关情况进行记录归档。

a. 费用结算。对本期培训产生的费用进行清算或结算。

b. 评估反馈。授课教师对培训评估情况进行反馈。

c. 培训总结。培训结束后,对培训过程及结果进行反思总结,为做好下次培训工作提供参考。

d. 培训记录入档。将本期培训情况进行记录,并归入培训档案中。

e. 优化培训方案。根据培训总结,对培训实施方案进行优化。

(2)学习策略实施

学习策略是指培训对象参与学习的方式及方法,影响学习策略实施的因素包括培训对象的认知能力、自我调节能力、学习技能等方面。具体实施方法如下:

①统筹安排学习时间。必须考虑工学矛盾,合理安排学习课程,使得职工能够高效地利用最佳时间进行学习。

②学习时间碎片化。充分利用网络培训平台,使得职工可以充分利用工作之余的时间对培训内容进行巩固。

③合理利用社会资源。合理利用外部学习资源,丰富职工的学习内容。

(3)考试测评实施

以规范考试组织、检验培训效果为目标开展考试组织与实施工作。具体实施方法如下:

①确定考试形式。针对不同类型的培训班次,确定上机考试或纸质试卷考试。

②命题组卷。需要上机考试的,按考试题库进行组卷;不进行上机考试的,形成纸质结业考试试卷,考试前交承办单位。

③准备考场(机房)。按照考试测评要求,提前准备好考场(机房)。需要上机考试的调试好考试设备,并按上机考试要求编排学员考号,提前告知学员。不进行上机考试的,提前按照主办单位提供的结业考试试卷,做好印刷、封存工作。

④学员熟悉考试环境。须上机考试的，由承办单位于考试前，组织学员熟悉考试设备和环境。

⑤考试。原则上由人事或培训部门、主办单位、承办单位共同组织考试。考试前由承办单位宣读考场纪律，对违反考场纪律的、经劝诫不听的学员，取消其考试资格。上机考试时，由系统操作人员负责考场软硬件维护。

⑥阅卷。上机考试结束后，系统操作人员在主办单位的授权下进行阅卷。纸质试卷评分，按照主办单位提供的标准答案和评分标准，由承办单位组织评阅。阅卷结束，将考试成绩打印，并及时上报给主办单位。

⑦补考。考试不合格者参加补考，补考由承办单位按照正常考试程序组织。

⑧确认或上传考试结果。承办单位及时将考试结果进行线上确认，或者上传指定系统或提交给主办单位，由相关单位进行归档。

9. 评估反馈

无论是投入性评价还是产出性评价，在实施阶段遵循以下基本要点：

(1)数据收集。实施评估计划，按照预定方法收集数据，同时要对数据收集过程进行质量控制，尽可能提高数据质量水平。

(2)数据分析。对收集到的各种数据进行清洗和整理，采用统计分析、内容分析、主题分析等方法，解释数据并找出数据的趋势、模式和关联关系等。

(3)形成报告。根据数据分析结果，编写评估报告，通常应该包括评估所采用的方法、发现的问题或特点、评估结论和改进建议等。评估报告应该遵从科研报告的规范，尽可能清晰、准确、过程严谨。评估报告需要向培训主办单位、承办单位、授课教师等进行必要的传达。

(4)反馈和讨论。如果评估结果需要相关主体，例如授课教师、教务人员等进行反馈确认，则需要跟踪和收集这些反馈信息。培训承办单位、主办单位等至少应该定期对评估结果进行研判，确保问题和好的做法都能够及时得到关注。

(5)实施改进措施。根据这些反馈信息制定下一步的改进措施或计划，具备条件的应当立即实施改进，并监控改进后的效果。

(6)对评估进行改进。评估本身也需要不断地改进优化，特别是随着培训管理信息化推进，一方面为评估提供越来越多的数据支撑，一方面也对评估本身的精准性等提出更高要求。

10. 人力资源支持

铁路培训管理人力资源支持涉及培训管理者、教务人员、专职教师等相关人力资源管理。除铁路企业统一提供的人力资源管理服务以外，从培训管理专业角度，需要实施人才选拔、人才发展、绩效管理等。

(1)人才选拔。按照铁路企业人才选拔机制，寻找、吸引和招聘铁路培训管理所需的培训管理者、教务人员、专职教师等，关键内容包括制定招聘计划、筛选和面试候选人等。

(2)人才发展。构建人才梯队，制定培训管理者、教务人员、专职教师等各类人才的职业发展计划，开展培训与开发，以帮助人才适应铁路培训管理不断变化的需求。

(3)绩效管理。制定和实施培训管理相关人员绩效考核机制，构建绩效管理系统，设定绩效目标和指标，定期进行绩效评估，向培训管理者、教务人员、专职教师等提供反馈和指导。

11. 财务支持

铁路培训管理所需要的财务支持主要体现在全面预算管理和财务结算。虽然在铁路培训管理活动中的财务支持活动并不复杂，但是作为关键性资源，财务支持贯穿铁路培训管理活动始终，对于培训管理流程效率具有显著影响。

(1)全面预算管理。铁路企业培训管理活动涉及制定、申报、审核、执行、调整预算以及预算分析、预算考核等。不同角色需要开展的全面预算管理活动因其职责有所差异。

(2)财务结算。承办单位或部门按照有关财务要求,根据培训活动发生情况,准备财务结算申请材料,经主办单位、主管部门审批和财务部门对信息确认无误后,按照财务规定进行结算。

12. 物资支持

物资支持是指为进行有效的培训管理活动而提供的各种物质资源和工具,包括教学材料、教学工具、实作训练设备、场地布置用品等。

(1)教学材料管理。涉及对培训手册、培训教材、课件、试卷等各类教学材料日常管理。

(2)教学工具管理。涉及对教学演示工具、视听设备、教学模型、计算机和多媒体设备等日常管理。

(3)实训装备管理。涉及对实训装备的采购、保管、使用等管理。

(4)其他必需品管理。涉及桌椅、桌牌、茶歇服务设施等管理。

物资支持的具体内容会根据培训类型、目标群体、培训内容和预算等因素而有所不同。有效的培训物资支持能够提高培训管理活动的质量和效果,帮助学员更好地获取知识和技能。

13. 培训过程控制

(1)教学过程监测与干预

①培训教学过程监测

对培训教学的整个过程进行监测和控制,掌握学员在整个教学过程中的学习情况以及教师授课的情况。教学过程监测通常由班主任完成,并将监测结果上报培训主管人员。具体实现方法如下:

a. 出勤监测。按参加培训班学员名单进行监测。随着铁路培训管理信息化应用推进,逐步实现人工智能主导的教学过程监测。

b. 学习效果监测。按照课程对学员学习情况进行监测,可在课程中采取随堂抽查的方式,对学员的学习情况进行监测,并对监测情况进行记录。

c. 行为量化考核。根据对教学过程的检测记录，对学员在培训班中的表现按标准进行量化考核。

②教学过程干预

培训教学过程中，当学员的学习情况或教师的授课情况未达到培训计划预期要求时，可对培训教学过程进行干预，及时采取相应措施，改善培训效果。具体实现方法如下：

a. 发现培训异常情况。对培训教学过程中出现的未达到预期要求的情况及时发现。

b. 制定有效干预措施。针对相应的异常情况，及时制定有效的干预措施进行干预。例如：授课教师因故未能继续进行培训，则需将情况提前向学员通知，并及时安排相应教师替换。

c. 上报拟干预情况。对拟干预情况向培训主管部门进行上报，听取主管人员意见。

d. 采取干预措施。根据主管部门意见，对异常情况进行干预。

(2)培训执行过程记录

对培训各个流程的执行情况进行记录。具体过程如下：

①教学计划兑现表及教学日志记录。对教学计划的兑现情况进行记录，包括教学内容、听课人数、课堂纪律等内容，形成教学日志记录文档。

②学员签到情况记录。对学员每天的签到情况进行记录，形成学员签到记录表。

③学员考勤情况记录。对学员每堂课的考勤情况进行记录，包括学员的出勤、迟到、早退、旷课请假等情况，形成考勤记录表。

④培训内容记录。对培训班中的具体培训内容进行记录，并让班里的每名学员进行确认并签字，形成培训内容记录表。

⑤监考情况记录。对培训班考核的监考情况进行记录，包括班级名称、考试科目、考场教师、应考人数、实考人数、考场情况记录等信息，形成监考记录表。

14. 培训执行过程检查

对培训执行过程记录进行检查,保证培训过程按照培训计划执行,具体过程如下:

(1)检查计划教学内容。培训主管部门对培训计划内容进行检查,包括教学情况和课时分配等内容,检查计划内容是否按照实际情况执行,确认无误后进行签字。

(2)检查培训过程。培训主管部门对培训过程进行检查,包括教学日志、学员签到、学员考勤、培训内容、监考情况,检查相应记录是否与实际情况符合,确认无误后进行签字。

(3)检查培训结果。培训主管部门对培训总结内容进行检查,包括培训基本情况、学员管理情况、教学管理情况、考试成绩分析、评估情况等内容,检查与实际情况是否相符,确认无误后进行签字。

15. 培训质量提升

(1)培训问题分析与改进

①培训数据预警分析

通过对培训执行过程的全流程跟踪,识别影响培训效率、培训质量的潜在环节。

a. 建立培训预警模型。结合培训管理制度和培训规范,建立培训过程中各个环节的量化预警模型。

b. 分析模型结果。对预警结果进行动态分析和跟踪,识别和挖掘潜在的培训问题。

c. 问题讨论与分析。根据问题的清晰程度进行必要的讨论和分析,形成问题解决方案,对方案的可行性进行必要的论证。

d. 提出改进及优化方案。根据分析情况,提出改进计划与措施。

②组织对学员的期望调研

通过各种调研方式,了解受训学员所在单位的反馈和需求,对培训的方式方法等进行调整优化,达到质量提升的目的。

a. 期望情况调研。通过发放问卷、访谈等方式，对受训学员所在单位开展调研，了解学员所在单位对培训后对学员的期望。

b. 整理汇集。根据调研情况期望整理汇集。

c. 期望分析。对受训学员所在单位期望进行分析。

d. 提出改进及优化方案。根据分析情况，提出对培训方式方法的优化与改进方案。

(2)教学模式改进

①培训技术与方案研发

结合铁路职工教育培训特点需求，将移动互联、物联网、云计算、大数据、人工智能、虚拟现实、增强现实等新技术运用到培训中，完成新技术、方案的研发，从而大幅提高职工的培训质量。具体实现方法如下：

a. 需求调研。持续跟踪现代培训发展动态，面向相关培训部门跟踪调研，把握铁路职工教育培训对新技术的需求。

b. 分析需求内容。对相关需求进行分析，选用合适的技术开展研发。

c. 培训技术与方案研发。结合实际需求，将移动互联、物联网、云计算、大数据、虚拟现实、增强现实等技术运用到培训技术的研发中，并开展相关培训方案的研发。

d. 培训技术与方案应用。在铁路局集团公司进行培训技术及方案的推广应用。

②学员协作设计

培训质量的提升需要学员间的协作与设计，只有让学员参与合作、讨论，才能开展高质量的培训，具体过程如下：

a. 学习小组建设。开展对学习协作小组的建设，为每个学员分配角色。

b. 促进小组沟通。对小组沟通情况进行引导，促进小组成员的沟通交流，确保小组成员在培训学习中的协作质量。

c. 活动总结。培训结束后，对各协作小组情况进行总结。根据总结情况改进学习小组及其协作方案,促进培训质量提升。

第二节　铁路培训管理信息化路线规划

一、发展趋势

以人工智能为代表的新一代信息技术在教育培训领域蕴含巨大的赋能潜力。早在2017年国务院印发《新一代人工智能发展规划》明确提出,利用智能技术加快推动人才培养模式、教学方法改革,推动人工智能在教学、管理、资源建设等全流程应用。近几年,随着人工智能技术发展取得重要突破,特别是自然语言处理(NLP)领域的大语言模型及其融合计算机视觉、语音识别的多模态大模型,以其强大的多模态信息理解、知识推理、内容生成等能力,为教育培训手段创新、模式创新、管理创新等带来前所未有的机遇。"互联网+"培训学习更不用说,早已日新月异。基于虚拟现实的仿真培训随着软硬件技术改进也越来越易用。5G、物联网、云计算等新型基础设施变得更加成熟泛在。智慧学习、智慧课堂、智慧管理、智慧校园等概念正变成现实。

释放信息技术对铁路职工的赋能减负作用是铁路培训管理发展的刚性需求。如第一章所述,铁路企业员工规模庞大、专业工种多、培训管理流程复杂、师资队伍体量大、知识更新快、培训需求多样、培训任务艰巨。从组织角度,精准把握培训需求、精准推进培训资源建设、高质量组织实施培训、快速提供行政支持、全面精准开展管理监督等,为培训学习减负赋能,为培训管理赋能提效,都离不开信息化应用支撑;从员工的角度,科技革命深刻影响人们的生产生活和学习方式,特别是新生代员工在互联网+、虚拟现实、人工智能等新技术时代长大,现代信息技术使用能力高且成为了一种习惯,因此在培训方式上,运用互联网+、虚拟现实、人工智能、大数据等技术赋能是满足员工学习习惯、提高学习效果的必然要求。

培训管理全面数字化转型是大势所趋。数字化技术的迅猛发展深刻影响了铁路企业管理的各个方面,这种影响不仅仅是工作层面的效率提升,还包括更高层面的企业战略调整和运营管理变革。作为企业管理的一部分,培训管理同样也受到这样的影响。从国内外实践和发展趋势来看,培训管理数字化转型实质上是数字化时代培训供给更好适应培训需求的战略性过程,包括培训计划、资源准备、实施、行政支持、监督等全流程、全要素、全场景的数字化。信息技术应用作为培训管理数字化转型的基础,需要不断与培训管理业务长期深度融合,包括:技术融合,例如将信息技术应用于教学课件研发、教学设备研发、实训装备研发等;业务融合,例如通过信息技术应用构建数据驱动的培训分析、设计、开发、实施和评估模式;服务融合,例如智慧化的教学服务、生活服务等。总体来看,培训管理发展呈现出了显著的信息化、智能化等特征。

1. 职工学习智能化

新生代职工的加入和科技革命浪潮推动下人们学习生活方式的改变,使得企业必须不断创新职工教育培训方式方法。尤其在慕课等移动互联网学习新兴学习方式日益广泛的背景下,铁路企业也需要加强网络培训平台、移动 App、虚拟仿真等远程、新兴学习方式的供给,同时结合大数据技术和人工智能技术,实现职工学习内容的精准推送,更高质量地满足职工自主化学习的需求。

2. 培训教学智能化

职工对深度参与培训教学的需求越来越强烈,在教学设计、课堂参与、课后效果跟踪等方面都需要给职工提供更高级的支持方式和介入方式。对此,需要提供模块化、自动化的教学设计系统支持,实时化、人性化的课堂交流方式和手段,自主化、智能化的课后效果调研跟踪及分析等等。

3. 培训服务主动化

成人学习既是一种任务也是一种激励。要充分发挥培训对职工工作绩效的促进作用,不仅需要关注培训本身,还需要做好培训服务支持工作。例如,职工参与培训活动、反馈培训效果、持续获取培训支持等过程中,如果便捷性或体验感差,则有可能直接导致培训学习效果的降低。此外,随着生活水平提高,职工对培训时的住宿、餐饮、教学环境等服务质量需求也在提高。对此,更加精细化的培训服务更容易产生高质量的培训效果。

4. 培训管控智能化

职工培训既需要考虑职工需求,也需要考虑企业战略,但说到底还是一种企业行为。随着铁路企业对培训质量要求不断提高,各级职工培训管理部门及决策者对培训活动的规划、安排、评估、监督等实施情况,都有可能会影响最终培训目标达成以及效果水平。对此,从加强培训过程管控的角度,需要以智能化为基础的全流程精细化管控来保障培训结果。

5. 培训决策精准化

庞大的铁路职工培训管理规模和数百个岗位工种的专业培训,对铁路企业职工教育培训管理决策水平提出新挑战。尤其是在培训内容越来越细分、培训密度不断增加、培训质量要求不断提高的背景下,铁路企业必须要不断提升职工教育培训组织规划、内容规划、方式运用、资源配置等方面的决策效率与决策质量。对此,传统依靠经验为主的决策方式显然难以满足需求趋势,数字化、精准化的决策支持成为刚性需求。

6. 实作训练自助化

作为生产性服务业,铁路运输主要行车工种的培训效果很大程度上依赖于实作培训。培训装备设施作为实作培训场景的基本构成,其实用性、适用性、先进性是保障培训质量的关键。近年来,铁路企业正从简单的实物模拟实训向实物与虚拟仿真相结合的混合式仿真实训转变，并取得一定成效。从人机工程学、教育培训理论等来看，未来需要研制配备并不断迭代应用更为先进的混合式实作装备设施才可能产生高质量的培训效果，而新型装备设备的最大特点之一就是人机交互更加灵活、便捷，能够最大程度地支持自助化的技能训练。

二、演进路线

新一轮科技革命和产业革命正加速影响企业培训管理的发展规律和形态演进，特别是科技持续赋能和管理思想进化不断推动培训管理迈向更高层次的发展阶段。从管理、教学、环境等维度的特征考虑，培训管理信息化演进分为培训管理信息化 1.0、2.0、3.0、4.0 等四个阶段，如图 3-3 所示。

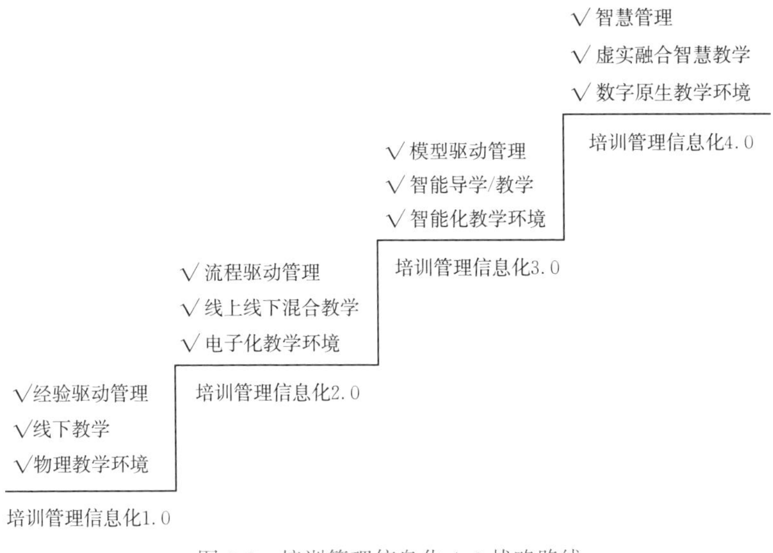

图 3-3　培训管理信息化 4.0 战略路线

在培训管理信息化 1.0 阶段，企业培训管理主要依靠经验或上级要求驱动培训实现，教学方式上主要是传统的线下教学，教学环境以传统教学设施设备构成的物理环境为主。

在培训管理信息化2.0阶段，企业培训管理主要依靠形成制度或规范的流程驱动培训实现。教学方式上以在线音视频教学、线下课堂教学或者两种方式混合的模式为主。教学环境相应地受到电子化和信息系统加持。

在培训管理信息化3.0阶段，企业培训管理主要依靠管理模型和数据驱动培训实现。教学方式上采用人工智能加持的智能导学和智能教学，教学环境也受到人工智能应用加持。培训管理信息化3.0比在自动化程度上比2.0显著提高。

在培训管理信息化4.0阶段，企业培训管理主要依靠人工智能来驱动培训实现，教学方式上将不仅仅局限于二维空间上的互动和资源利用，还将通过生产现场与教学现场在三维空间上的虚实融合，形成人工智能加持的以实验式学习为主的智慧教学。培训教学环境的形成将不再是孤立建设的，而是与教学方式浑然一体的数字原生的教学环境。

受到发展基础、理念、投入、能力等各方面因素影响，不同铁路企业的培训管理信息化发展水平尚存在差异，从较为先进的单位来看，铁路培训管理当前正处于培训管理信息化2.0向3.0阶段迈进的发展阶段。在这个阶段，加快健全培训管理信息化体系，推进完善统一的培训管理服务平台功能建设，夯实培训大数据应用基础，才能更好地实现模数驱动培训管理和真正的智能导学/教学，进一步解放培训管理生产力。

第三节　铁路培训管理信息化体系架构

一、构成要素

按照培训管理信息化3.0发展目标，聚焦培训管理业务模型实现，从参与主体、战略规划与制度规范、技术研发与应用推广机制、发展规划与建设保障机制和铁路培训管理服务平台（以下简称平台）等五个方面完善铁路培训管理信息化体系，如图 3-4 所示。

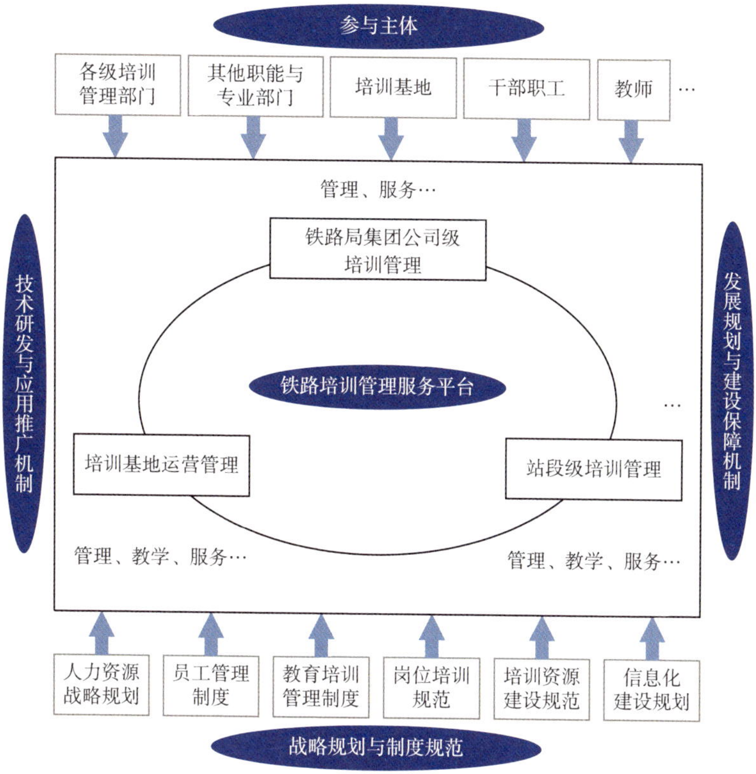

图 3-4　铁路培训管理信息化体系结构

铁路培训管理信息化参与主体包括各级培训管理部门、其他职能与专业部门、培训基地等组织和干部职工、教师等个人。此外，实际中还有研发人员也是重要参与主体。研发人员不仅仅提供信息系统编程实现，还需要深度参与业务流程优化和信息化应用方式创新，在铁路培训管理信息化进程中发挥着重要的智力支持作用。

战略规划与制度规范包括了铁路企业人力资源战略规划、员工管理制度、教育培训管理制度、岗位培训规范、培训资源建设规范、信息化建设规划等。其中，人力资源战略规划是保证铁路培训紧密衔接和支撑铁路企业发展战略和业务战略的关键，教育培训管理制度、岗位培训规范、培训资源建设规范是保证铁路培训体系有序运行的基础，信息化建设规划是铁路培训管理信息化建设的基本依据。

信息化技术研发与应用推广机制和发展规划与建设保障机制是构建铁路培训信息化发展生态的重要内容。其中，培训管理信息化技术研发与应用推广机制包括培训管理创新与理论研究、适应铁路行业企业场景的新技术应用推广、铁路企业实作培训装备研制与应用、课程资源开发与应用等。信息化发展规划与建设保障机制包括铁路培训管理信息化发展战略规划、行动方案、信息化建设经费保障、科研单位与铁路局集团公司之间的建设合作机制等。

培训管理服务平台是铁路培训管理信息化建设的核心，包括铁路局集团公司级培训管理、站段级培训管理、培训基地运营管理等信息化，在战略规划与制度规范、信息化技术研发与应用推广机制、发展规划和建设保障机制的支撑下，通过迭代升级，持续引领铁路培训管理信息化向前演进发展。为了实现与培训管理业务深度融合，培训管理服务平台支持PC、手机、平板电脑、考勤设备、实训系统、一体机等多种终端，覆盖教室、家中、外出（线路工作点等）及办公室等各类培训学习场景。

二、重点场景

按照组织体系可以将铁路培训管理服务场景分为铁路局集团公司级、站段级、车间级、班组级培训管理、培训基地运营管理和个体培训学习等六类。然而，由于站段是铁路安全生产、运输经营、队伍建设的基本管理和基本核算单位且直接下辖车间、班组，个体培训学习主要由各级组织来安排，因此，按照培训管理权限和职责，铁路培训管理信息化重点场景包括铁路局集团公司级培训管理、站段级培训管理、培训基地运营管理三大类。

1. 在铁路局集团公司级培训管理场景中，铁路企业培训管理部门按照职责定位开展计划管理、经费方面的行政支持、监督管理和全局性多专业重点培训项目的组织实施（具体的教学实施通常由培训基地等承担）等。各职能和专业部门按照职责分工承担本专业系统内的集中调训任务，涉及计划申报与执行、资源准备、实施、行政支持、监督等各项培训业务内容。除计划、监督、行政支持外，铁路局集团公司级各部门的资源准备、培训实施等流程相似，可以共用统一的铁路局集团公司级培训管理信息系统或模块。

另外，铁路局集团公司作为铁路企业培训管理工作的统筹层面，采集汇聚培训管理全场景、全流程、全要素数据，并为自身及站段、车间、班组、个人、培训基地等提供必要的数据服务支撑，是提高培训管理效率与质量的重要方面。因此，在铁路局集团公司级培训管理场景中，还应该建立统一的培训管理大数据管理信息化模块，专门负责培训数据的共享、汇聚和分析利用。

2. 在站段级培训管理场景中，站段作为本单位培训管理者，按照上级要求和自身业务需要，开展培训管理活动。在参与主体方面，站段培训管理涉及员工、教学者、教务管理者等角色，其中教学者包括专兼职师资，教务管理者包括站段、车间、班组培训管理人员。

在业务活动内容方面，站段培训管理涉及计划、资源准备、实施、行政支持、监督等各项培训管理业务。按照培训任务来源，既有配合铁路局集团公司专业部门申报和实施铁路局集团公司级调训任务，也有自主开展的培训任务，后者包括日常在岗培训和集中脱产培训（形式包括理论培训、实作培训、师带徒、自主学习等）。在实施方面，站段有自己的教学体系，包括培训计划制定、课程安排、师资管理、学员管理、考试管理、教学质量监控、教学设施管理等。

与铁路局集团公司级培训管理相比，站段级培训管理还有其他一些特点，例如，在流程和管理事项方面比铁路局集团公司层面要多,不同站段之间也可能会有差异(例如有的站段包含实训基地)、站段的培训管理还需要与其生产管理或综合管理融合等。在现行管理体制下,按照培训服务运输生产的原则,站段层面也需要有专业的信息化支撑。

3. 在培训基地运营管理场景中,培训基地作为培训活动承办方,需要按照铁路局集团公司相关部门或站段等培训要求,实施培训教学活动。作为专门承担教育培训任务的组织,培训基地与铁路局集团公司机关、站段之间存在属性差别。

(1)具有较强的专业性。培训基地通常会针对特定的专业领域提供专业知识和技能的培训,如客运、机务等单个专业领域的培训,或者多专业领域的培训。

(2)设施设备较为完善。培训基地通常配备有满足相关专业培训需求的各种设施,包括教室、实训室、住宿设施、餐饮服务、文体活动场所等。

(3)配备一定的师资力量。铁路培训基地通常通过专兼职师资相结合的方式建设有培训师资队伍,这些师资通常具备较为丰富的理论知识和现场经验。

(4)有一定的课程体系。配有专职师资的培训基地在特定的专业领域通常都有一系列的培训课程方案,以满足铁路现场相关培训需求。

(5)人员配备相对紧张。非教学人员配备通常人数较少,培训基地对运营效率有着较高的追求。

培训基地运营管理涉及职工、教学者、服务者、教务管理者、行政管理者等多类角色,其中服务者主要指住宿、餐饮、安保等后勤服务人员,教务管理者主要指教研人员、班主任、助教等,行政管理者主要指培训基地领导层人员和办公、财务、物资等各职能部门管理者。

在业务活动内容方面,培训基地运营管理涉及自身的计划、资源准备、实施、行政支持、监督等各项培训管理业务,而且在资源准备(设施设备、师资队伍等)、行政支持(人力资源、办公、物资、财务、后勤等)等非教学支持方面,涉及的内容明显多于铁路局集团公司和站段。例如,培训基地经常涉及住宿、餐饮、安保等生活服务供给和生活秩序管理,培训基地本身的运营规划与发展,专兼职师资队伍建设管理,财务管理、资产管理、基础设施建设等资源配置与管理,教职工的选拔、培训、考核、福利、晋升发展等人事管理,与铁路企业内外各界的沟通、交流、合作等行政事务。

为了支撑培训基地高质量运营管理,需要有专业的符合其业务特点的运营管理信息化支撑。特别是在快速发展的教育培训领域,培训基地作为整合先进技术以增强培训学习体验的示范场所,通过信息化解决方案和数据驱动方法来创建智能、动态、高效的教学环境,已是国内外共识。

第四章　培训管理服务平台

第一节　平台架构

一、服务定位

铁路培训管理服务平台为铁路企业员工培训与管理活动提供统一的、全方位的信息化解决方案，其用户定位包括培训管理者、相关辅助人员、教师、员工等。

1. 各级培训管理部门的培训管理者。铁路培训管理服务平台作为其履行培训管理工作职责的全方位支撑平台，用于计划制定、资源准备、实施、行政支持、监督等各类培训活动。

2. 各级专业部门的培训负责人。铁路培训管理服务平台作为其开展本专业职工培训工作的全方位支撑平台，用于培训需求分析、资源准备、实施、行政支持、监督等各类培训活动。

3. 相关职能部门人员。铁路培训管理服务平台作为其履行行政支持（如财务支持、物资支持、办公支持等）职能工作的重要支撑，用于具体行政支持活动。

4. 培训基地/培训机构各类人员。铁路培训管理服务平台作为其承担培训工作的全方位支撑平台，用于资源准备、实施、行政支持、监督等各类培训活动。

5. 专兼职教师。铁路培训管理服务平台作为其开展培训教学的主要支撑平台，用于备课、在线授课、线下授课、课程考核等教学活动。

6. 职工。铁路培训管理服务平台作为其培训学习的全方位支撑平台，用于自主学习和参加各类培训。

二、应用架构

统一的铁路培训管理业务模型定义了铁路培训管理的流程范围。在铁路企业现行的组织体系之下，铁路局集团公司本级、站段、培训基地等不同主体的培训管理流程构成又不尽相同。

1. 培训基地与铁路局集团公司本级、站段之间角色区分明显。培训基地都是受委托执行培训项目，属于“乙方”，与作为“甲方”的铁路局集团公司本级、站段这两者之间的区别容易理解。

2. 铁路局集团公司本级和站段之间存在培训管理职责定位差异。前者侧重于对培训管理活动的计划、监督和协助提供行政支持，后者侧重于对培训管理资源准备和培训管理活动实施，在职责定位上有较大的区别。

3. 站段之间也存在培训管理范围和流程构成差异。例如，有的站段建有专业培训基地（主要是实作训练），甚至有专职师资队伍和教室、食宿等配套设施设备，不仅承担本站段培训任务，还对外提供理论培训、实作培训服务，履行了一部分培训基地的职责。

4. 站段自身在生产管理或综合管理活动中也涉及培训管理。以运输生产为例，教育培训合格才能上岗是运输生产管理的重要内容，因此在站段生产管理或综合管理类信息系统中，通常本身也都涉及培训管理模块，也是必要和必须的。

综上，本着以业务为核心的原则，从铁路局集团公司视角面向所有站段建立统一的标准化的培训管理信息化模块，复杂度极高，运维升级代价高。因此，在当前铁路企业组织架构特点下，按照培训业务场景聚合、培训数据之间低耦合的设计原则，将铁路培训管理服务平台在应用层面分为铁路局集团公司级培训管理系统、站段级培训管理系统、培训基地运营管理系统和培训管理大数据系统，如图 4-1 所示。

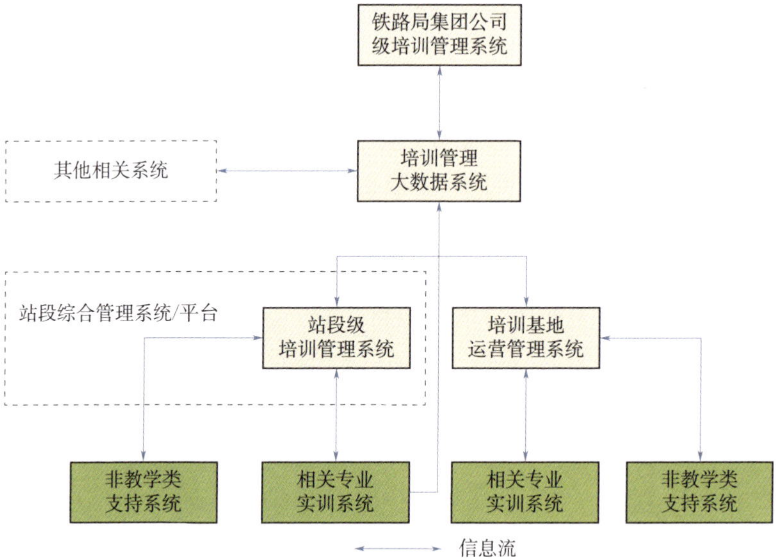

图 4-1　铁路培训管理服务平台基本应用架构

铁路局集团公司级培训管理系统定位于为铁路企业本级培训管理部门、业务部门和相关职能部门提供平台支撑，核心基于培训大数据的培训管理计划、行政支持和监督管理。培训管理大数据系统通过对培训管理全过程大数据汇集，为铁路局集团公司级培训管理系统相关功能提供数据支撑。不同的铁路企业在铁路局集团公司级培训管理要求上略有差异，但是基本流程较为相近。

站段级培训管理系统定位于为站段培训管理工作提供全方位平台支撑，物理上并不一定是一个统一的单独的系统，也有可能是集成到站段自身的综合管理或生产管理系统中。在当前的铁路企业组织体系之下，根据站段特点，分类构建站段级培训管理系统可能效率更高。站段级培训管理系统需要集成各类专业实训系统以及其他必要的非教学类支持系统，例如一卡通系统、安防系统等。

培训基地运营管理系统定位于为培训基地提供全方位的平台支撑，不仅包括对理论培训和实作培训实施的全面支持，还包括对餐饮、住宿、安防、文体服务、物资、财务、办公等非教学类活动的信息化支撑。培训基地运营管理系统对相关专业实训系统、餐饮、住宿、办公等必要的专门系统进行人员、权限和过程数据等集成，并与铁路局集团公司级培训管理系统进行数据交换。

培训管理大数据系统负责汇集分析培训管理全过程各类数据，铁路局集团公司级培训管理系统、站段级培训管理系统、培训基地运营管理系统之间的数据交换，以及与其他外部系统(如其他业务系统)开展数据交换。随着多模态大模型应用推进，培训管理大数据系统还将为各级培训管理提供大模型接口服务。

这几个子系统通过协同协作共同支撑各类用户完成计划、资源准备、实施、行政支持、监督等特定培训管理业务活动。需要强调的是，在铁路培训管理服务平台建设过程中，在前端展现上，各个子系统可以集成展现，确保各类用户使用平台的易用性。未来，随着铁路培训管理信息化不断推进，逐步推动建立统一的铁路企业培训管理标准，将有助于培训管理服务平台应用简化和优化，例如，当站段级培训管理模式和标准完全统一时，从功能建设上可以将铁路局集团公司级培训管理和站段级培训管理进行合并。

三、技术架构

本着安全、高效、可靠、可扩展的原则，将铁路培训管理服务平台分为用户交互层、应用服务层、支撑平台层、数据服务层和基础设施层，如图 4-2 所示。

在用户交互层，支持 PC 电脑端、手机 App、微信小程序、智能大屏、实训终端等使用交互。交互界面和交互方式应在满足网络安全等级保护要求的情况下便捷智能，并通过统一认证等方式尽可能与铁路企业其他高频使用系统，例如行政办公类系统等进行应用集成。

在应用服务层，通过铁路局集团公司级培训管理、站段培训管理、培训基地运营管理和培训管理大数据管理等子系统，协同提供

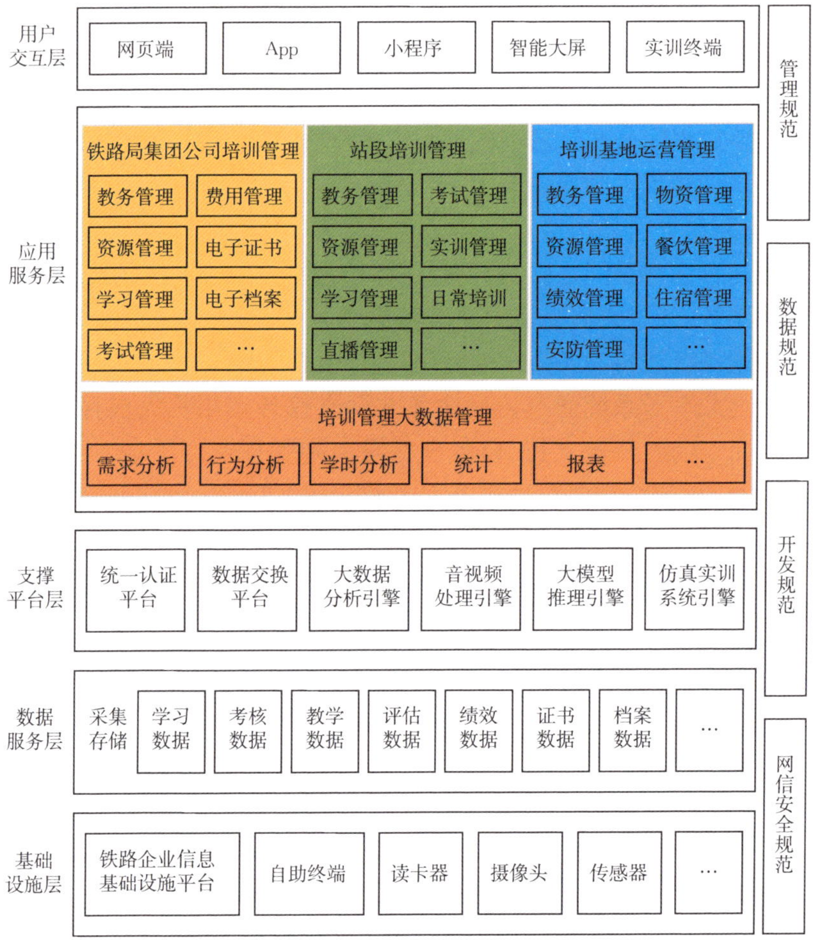

图 4-2　铁路培训管理服务平台技术架构

面向不同用户、不同业务场景的应用服务，其中，在培训基地运营管理场景、站段级培训管理场景中都有可能需要整合各类实训系统和门禁、安防等非教学支持系统。

在支撑平台层，通过统一认证平台、数据交换平台、大数据分析平台、音视频处理引擎、大模型推理引擎、其他各类仿真实训系统引擎等实现培训管理服务平台与铁路企业既有系统的统一登录认证、培训管理数据汇集与共享、数据挖掘利用、音视频服务支撑、智能体应用支撑、仿真实训系统运行支撑等。

在数据服务层，采集汇聚学习、考核（含考试）、教学、评估、绩效、电子证书、电子档案、需求、计划、项目、班级、食宿、安防等主题数据，分析存储学员信息、教师信息、需求分析、学时分析、行为分析、异常预警、必要的统计数据、报表数据等，服务于支撑平台和应用服务的各种数据需要。

在基础设施层，由铁路企业信息基础设施平台（包括安全平台）为培训管理服务平台提供统一的运行环境支撑，另外，根据支撑平台和应用服务需要，在教室、校园、食堂、宿舍等设施安装必要的感知设备，如电子班牌、报到机等自助终端，还有一卡通读卡设备、摄像头、传感器等，为数据采集和服务交互提供支持。

此外，管理规范、数据规范、开发规范和应用安全、数据安全、网络安全等网信安全规范是铁路培训管理服务平台实现安全、稳定、高效运行和可持续迭代升级的基础保障。

四、数据架构

在数据类型方面，培训管理服务平台的数据包括结构化数据和非结构化数据。其中，结构化数据分为以下三类：

（1）主数据，包括机构数据、各类人员数据、设施设备数据、电子证书数据、培训档案数据等公用基础数据。

（2）业务数据，包括调查数据、计划数据、课程数据、试题数据、班级数据、教学数据、考核数据、评估数据、日常培训数据、餐饮数据、住宿数据、文体活动数据、安防数据等，涵盖培训管理全过程所有活动开展记录和管理数据。

（3）分析数据，包括需求分析数据、行为分析数据、学时分析数据、报表数据、统计数据、绩效数据等，涵盖计划、资源准备、实施、行政支持、监督等等各类培训管理活动所需要的决策或辅助支持数据。

非结构化数据包括文本文件、图像文件和音视频文件。

(1)文本文件,包括上传平台的电子文档、平台生成的电子文档等。

(2)图像文件,包括上传平台的照片、人事令扫描件、平台抓拍的用户使用界面、照片等。

(3)音视频文件,包括上传平台的音视频课件、平台或相关专业系统录制的音视频文件等。

在数据共享方面,平台中铁路局集团公司级培训管理系统、站段级培训管理系统、培训基地运营管理系统分别产生特定范围和内容的培训管理活动数据,并向培训管理大数据系统进行汇聚;培训管理大数据系统向其他系统共享各类分析数据,如图 4-3 所示。数据共享遵守一定的标准规范,见表 4-1。

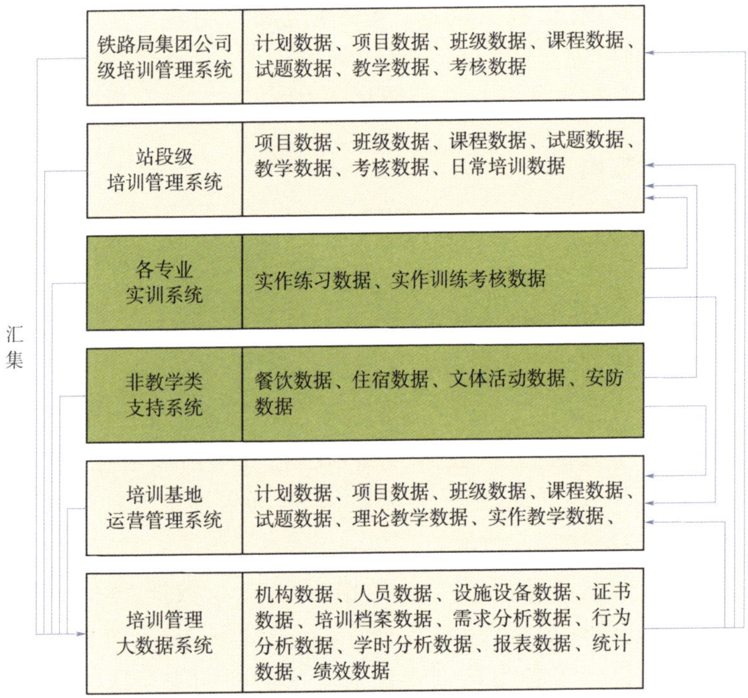

图 4-3 铁路培训管理服务平台数据架构

表 4-1　数据共享与数据接口规范

接口编号	××××××	实现技术	RESTful
参数数据格式	JSON	返回值数据格式	JSON
接口信息			
接口编号	××××××	接口名称	××××××基本信息接口
接口描述	查询××××××基本信息数据接口		
传输频度	实时传输		
接口内容	ID,姓名,性别,车间 ID,……,技能等级		

五、多租户云服务模式

基于云计算的多租户 SaaS(Software-as-a-Service)云平台由于其良好的灵活性、可靠性、可扩展性等显著优势,在更好满足铁路行业培训管理信息化需求方面呈现出巨大潜力,并具有可操作性。

基于共享服务的培训管理信息化服务模式是铁路培训管理信息化发展的趋势。基于共享服务理念,通过统一平台向各类租户动态提供教育培训各项应用服务,既可以解决铁路行业企业之间的教育培训资源共享、实施过程协同协作、大数据综合利用等影响铁路培训管理高质量发展的业务问题,又可以促进铁路培训管理信息化专业化发展,使其功能体系不断完备,形成应用创新生态并促进其良性运转,在铁路培训管理数字化转型进程中蕴含着巨大的优势和潜力。

平台以云服务方式向铁路行业多企业提供面向各种培训管理活动的信息化、数字化支持。对于同一铁路企业来讲,内部各部门、所属单位及专业培训机构等之间围绕培训项目进行协作。对于不同铁路企业之间,可以通过平台开展教学资源共享。平台的应用系统覆盖铁路企业干部、职工教育培训的各类业务活动。

为了最大程度发挥平台的作用和价值，其架构设计需要满足一些基本需求：一是平台的租户包括单位、部门、机构，用户可以在不同组织中担当角色。二是应用系统需要能够支撑多租户，租户间充分共享教学、数据等资源。三是在满足用户需要的同时，租户间应该保护私密性。四是为应对不同铁路企业教育培训管理模式、流程的差异性等，平台应提供统一平台配置管理服务。

面向多租户的平台架构模式如图 4-4 所示。由一个平台技术支撑单位和多个 SaaS 应用系统研发单位同时面向不同的铁路企业、部门、培训机构等各类租户提供 SaaS 服务。租户及其用户在互联网环境和路网环境下都可以使用 SaaS 服务。平台提供统一的配置管理中心和数据分析应用、音视频等基础平台。

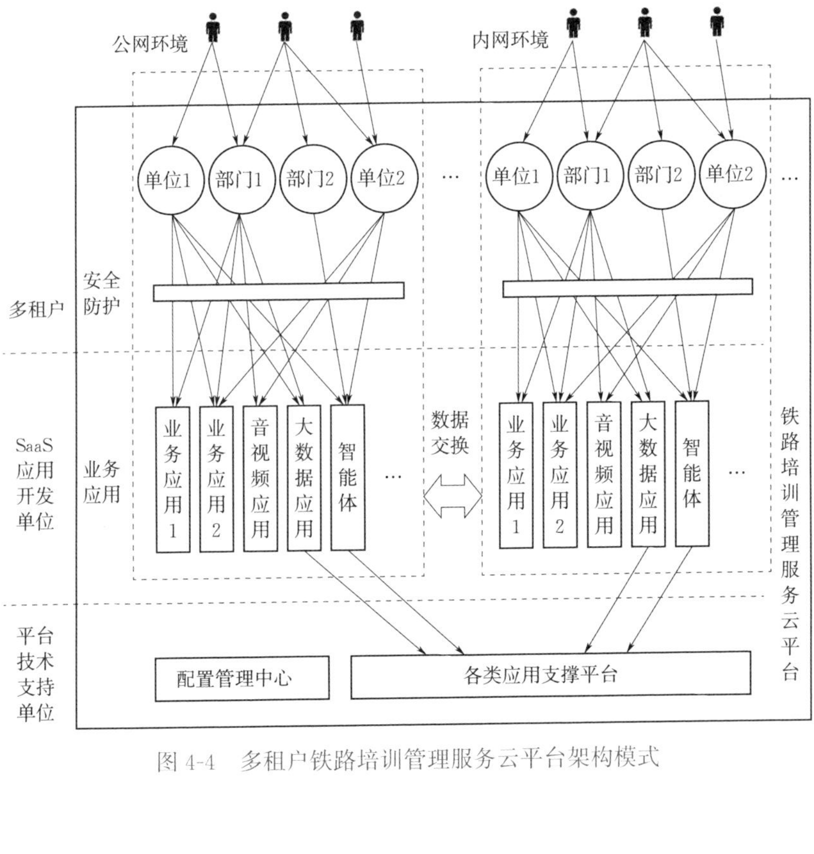

图 4-4 多租户铁路培训管理服务云平台架构模式

第二节　铁路局集团公司级培训管理

一、计划管理

1. 需求管理

(1)需求挖掘。为岗位胜任(考核结果、绩效评价)差距分析、职业发展培训需求分析、关键事件培训需求分析、战略导向培训需求分析等各种需求分析方式提供在线数据采集工具。

(2)需求分析。在线需求分析需要预先建立培训大数据采集、汇聚机制和专门的需求分析模型。系统应能够根据内置的分析模型对采集数据进行计算和统计分析,形成培训内容、培训对象建议。

(3)需求提报管理。针对专业部门、站段等提交的培训需求进行在线管理,包括对需求的合并、审核和确认,为制定培训计划提供支撑。

2. 培训计划

(1)年度计划。在线制定年度培训计划并对其进行管理维护。

(2)阶段计划。根据管理需要,对年度计划进行必要的拆解,形成阶段执行计划,阶段执行计划将分配班次,形成培训班计划。

(3)进度监控。从计划维度展现培训兑现进展情况,包括已完成培训期数、培训人数和兑现率等,也可以按时间段、项目类别等条件筛选查询。

3. 费用清算

培训费用清算工作量庞大,经常涉及对预算和实际执行情况的核验,通过在线工具对培训费用清算申请和审核过程进行信息化管理,提高培训费用清算效率和管理水平,减轻费用清算工作量。

二、教务管理

1. 电子证书管理

按照电子证书管理要求，进行在线登证申请、审核和浏览。为了便于查阅，电子证书应能够通过移动端进行在线浏览和核验。为减少数据安全风险，可以通过临时验证码等方式提供临时核验功能。

2. 电子档案管理

按照培训档案管理要求，提供在线浏览、归档等管理维护。电子档案的所有信息应该能够在线溯源，确保培训过程可靠。

3. 统计报表管理

根据上级和自身管理需要，按照预置模板或者指令要求，实时展现相关统计数据、报表数据和分析数据，并尽可能实现数据可视化。

4. 培训质量管理

基于培训大数据建立培训质量监测模型。通过在线模型计算和可视化反馈。对培训项目、培训班、学员和教师、班主任、站段或培训基地等不同主体能够进行在线质量或绩效分析与展现。在线培训质量管理的基础是及时、完整、准确的培训过程数据。

5. 培训管理工作评估

建立结构化的培训管理工作评估指标和计算模型。为培训管理部门及相关评估人员提供在线评估工具。根据评估人员的反馈和平台相关数据，实时呈现评估结果，提高培训管理工作评估效能。

6. 知识体系管理

知识体系是对基本知识单位的结构化聚合。完整准确的知识体系是实现精准培训、为学员减负赋能的重要基础。知识体系建立和维护工作量庞大，离开在线工具几乎难以有效管理。从铁路局集团公司层面，除需要提供统一的在线工具以外，还需要牵头建立知识体系建设、更新和维护机制。

三、资源管理

1. 师资管理

专兼职师资队伍管理是培训管理重要工作。对专兼职师资信息、履历、绩效等进行在线管理，提高师资队伍管理效能。铁路局集团公司、站段、培训基地对专兼职师资进行分级管理。个别培训基地有自己专门的师资，另行自主管理。

2. 设施设备管理

各类培训设施设备的采购、建设等有严格的流程和管理要求。通过对设施设备的采购申请、安装部署、日常使用等进行在线管理，提高设施设备采购管理效率。对于一些重点管理指标，例如设施设备使用率，可以实时可视化展现。为了能够准确完整采集设施设备状态数据，在建设或购置初期需要按照数据共享规范与培训管理服务平台之间建立数据交换通道或机制。

3. 教材管理

教材是重要的教学资料。通过在线方式对教材开发、购置和配备等过程进行信息化管理，提高管理效率的同时，促进教材的共享利用。另外，为了使得教学依据清晰、便于学员深入学习，课程、试题、电子课件等需要与教材进行关联。

四、在线考试

考试是培训中常用的学习方式和考核方式。与在线学习模块同理，作为标准化程度较高的在线工具，应该由铁路局集团公司层面统一提供。在线考试除了需要具备题库管理、组卷、考试答题、考试监控、成绩管理等基础功能外，应该支持预约考试、线下考试核验、在线监控身份核验等多种管理模式，以适应不同用户对于考试管理的个性化要求。

五、在线学习

铁路局集团公司级组织本身并不承担具体的教学活动，但是需要承担资源准备管理职责。在线学习平台作为功能标准化程度较高的公共信息资产，能够为站段、培训基地、学员、教师等不同主体开展培训或参与学习提供工具支持，是各级组织和员工个人开展网络学习的基础支撑。

随着在线学习平台技术和教学模式创新发展，在线学习系统功能也在不断延伸拓展，课件管理、课程管理、学习管理、在线测试等基础的视频学习功能成为标准配置，课前预习、课堂互动、作业提交以及支撑精准教学所需要的数据支持和个性化教学等越来越受到重视。

六、直播教学

基于互动直播的远程教学相对于点播学习来讲互动性更好，通过与传统线下教学混合能够有效扩大培训范围、降低培训成本，也是铁路企业重点关注和发展的教学方式之一。不同于计划管理、教务管理、资源管理、在线考试等其他模块，互动直播、在线点播学习都涉及流媒体技术应用。通常来讲，流媒体服务器提供的流式传输方式有顺序流式传输和实时流式传输两种。顺序流式传输是顺序下载，在下载文件的同时用户可观看在线媒体。在流式传输时，流媒体数据具有实时性、等时性等特点，流媒体服务器和客户终端要保证各种媒体间的同步关系，因此，流媒体传输对“最大延时”“延时抖动”等 QoS 参数都有严格要求。实时流传输和顺序流传输的区别见表 4-2，部分流媒体协议见表 4-3。

表 4-2　实时流传输和顺序流传输特征及差异

区别	实时流	顺序流
音视频数据源	实时从录制设备上采集或(使用专用协议传输的)文件	可播放的音视频文件
服务器类型	专用流媒体服务器	普通的 HTTP 服务器，或 FTP 服务器
传输协议	专用协议，如 RTSP，HLS 等	一般的 HTTP 协议，与传输网页的协议相同
跳播	可随机访问任意片段	在给定时刻，用户只能观看已下载的那部分，而不能跳到还未下载的部分

表 4-3　部分流媒体协议

协议名称	传输方式	适用场景	优点	缺点
实时消息协议(real time messaging protocol，RTMP)	TCP	实时流媒体(视频直播等)	低延迟，可以支持实时交互；适合直播场景	需要持续的网络连接，不支持多路复用
HTTP 实时流(http live streaming，HLS)	HTTP	点播与直播	跨平台支持；自适应比特率流；缓存友好	较高延迟；需要分片处理
基于 HTTP 的动态自适应流媒体(dynamic adaptive streaming over HTTP，DASH)	HTTP	点播与直播	自适应比特率流；跨平台支持；开源	较高的复杂性和实现难度
网页实时通信(web real-time communications，WebRTC)	UDP	浏览器实时音视频通信	低延迟，实现简单；支持 P2P 连接；移动端友好	网络不稳定时可能导致连接不可靠

续上表

协议名称	传输方式	适用场景	优点	缺点
实时流传输协议(real time streaming protocol,RTSP)	RTP/RTCP	视频监控、点播	支持多种编解码格式;低延迟	较复杂的实现,需要实时传输和控制
安全可靠传输协议(secure reliable transport, SRT)	UDP	不稳定网络环境的高质量流媒体	抗丢包、低延迟;支持长距离传输	较新,兼容性可能不如其他协议

第三节　站段级培训管理

一、计划管理

站段级根据自身特点对车间、班组的培训活动进行需求管理、培训计划管理、进度监控等,部分功能与铁路局集团公司级功能相同,但也有不同。

培训计划不仅包括理论培训计划,还包括实作培训(包括应急演练)计划。

进度监控不仅包括对培训计划的监控,还有日常培训制度的落实监控。

二、教务管理

站段级需要按照铁路局集团公司培训管理要求,在电子证书管理、电子档案管理、统计报表管理、培训质量管理、培训管理工作评估、知识体系管理等中履行工作职责。与铁路局集团公司层面不同的是,站段级组织除了委托培训基地等开展培训外,自己也需要组织实施具体的培训项目,因此还需要有其他教学相关的教务管理功能。

1. 日常培训

按照教育培训制度，站段、车间、班组等需要定期组织线下非脱产的培训学习，对这些培训学习活动进行必要的过程记录和数据采集，减少纸质和人工管理弊端，提高管理效率。

为了提高培训效能，为职工减负赋能，应发展混合教学，即根据培训教学内容选择合适的教学方式。日常培训可以采用线下教学方式，也可以采用在线学习、在线考试等形式。

2. 实作培训

对于实作类型的培训，通过计划、分组和对实作过程、实作结果的数据采集记录，建立对实作培训的全过程信息化管理。对于能够完全自动化采集的实作设备，例如接发列车演练实训系统，可以通过系统对接的方式对实作过程数据进行自动化采集。对于完全依靠实物场景进行实作训练的，例如室外接触网练功场，可以通过自助终端设备方便学员或教师选择培训内容、记录培训结果。

实作培训过程中通常也需要有教师线下授课、在线学习、在线考试等其他教学形式来配合。不同教学形式之间的混合需要平台做支撑，在实作培训场所或教室，通过自助终端或者手持终端来控制不同学习形式、学习内容的交替呈现。例如实作培训过程中，可能需要按计划培训，先进行理论知识在线学习，或者先由教师进行线下授课等等。

由于实作培训中进行混合教学时，各种教学方式的切换较多，因此对实作培训计划、培训班及课程的编排要求较高。系统从易用的角度应尽可能提供便捷操作方式，例如拖拽或语音建立课程计划、向教师或学员自动推送教学顺序、推送电子课程或在线考试任务等。

3. 师带徒

师带徒是技能培训的特色形式之一。通过对师带徒合同、师带徒培训过程进行信息化管理，提高师带徒培训管理的及时性和便捷性。

4. 集中培训

站段层面组织开展培训班可能委托给培训基地等承办，也可以自主组织开展培训。其中，自主组织开展培训时，对于培训班的起始时间、教室位置、课表（课程、授课教师、上课时间等）、参与学员、报到、考勤等管理通常由单一角色完成，系统需要能够自动采集或方便用户快捷录入相关信息，减少信息录入工作量。

5. 集中备课

有的站段拥有专职教师队伍。为了提高教学质量，对新课程或重要培训课程可以实行集中备课制度，并对课程备课状态、集中备课过程记录、备课结论等进行信息化管理。

6. 巡课巡查

（1）教学巡课。教学巡课有远程巡课和现场巡课两种方式。现场巡课时，通过电子班牌终端进行现场巡课，减少对课堂的干扰，提高巡课效率和质量。远程巡课时，需要结合对培训过程数据的汇总分析、摄像头、行为分析工具和巡课预警模型，在线或离线对课堂进行远程巡课。

（2）考试巡查。电子班牌和平台巡查模块可以根据后台设定的考试安排时间，自动切换进入考试模式。考试模式主要展现当前考试科目，考试时间和监考教师，考试时长，以及参考人员情况，且相关人员可通过配置教室内的摄像头，或电子班牌对考试过程进行实时监控。

7. 结业考核

（1）理论培训考核。对培训班学员的考试成绩进行管理，包括线下纸质试卷考试结果的导入（包括纸质试卷扫描件上传）、通过在线考试系统组织考试等方式。

（2）实作考核。结合设备情况，对实作考核进行分班、分组，安排考评员，在线制定考核计划或补考计划，向考评员和学员移动终端推送考核任务，对考评项目、考核评分等进行记录。对于不具备自动记录考评结果的实训项目，通过系统实现无纸化考评。考评人员可以通过文字录入、语音录入等方式完成考评结论填写。系统按照考核计算模型进行结果计算，并支持多维度可视化展现。

8. 培训评估

(1)满意度评估。根据培训班的相关信息和自定义的评估模板，向参培学员自动发布培训评估问卷，通常建议在课程结束时立即发送。学员可以通过 PC 端、移动端进行在线满意度评估。

(2)基于行为的培训绩效评估。基于学员、教师等相关主体在培训全过程的行为数据(音视频记录、文本记录等)，建立基于行为和结果指标的学员学习绩效评价、教师教学绩效评价等，详见第十章。

9. 培训总结

(1)根据预置模板自动生成培训班小结草稿、培训班教学履历书等，根据需要进行打印、导出等。

(2)根据需要对培训班学员进行登证(电子证书)申请，实现电子证书溯源，让培训过程可视化。

三、资源管理

站段层面按照铁路局集团公司培训管理部门要求，开展师资管理、设施设备管理、教材管理等。

四、其他功能

站段通过调用铁路局集团公司提供的在线考试、在线学习、直播教学等子系统模块，来支撑其相关教学活动的组织和实施。为了提高培训管理整体效能，不同站段组织之间需要建立必要的资源共享机制，例如试题资源、课件资源、师资资源、教材资源等，通过平台形成共建共享协同机制。

第四节　培训基地运营管理

一、教务管理

1. 培训计划

(1)年度计划。对各种类型年度培训计划进行管理,对接铁路局集团公司年度计划数据,实现项目计划书管理。

(2)执行计划/月度计划。根据年度计划制定详细的执行计划或月度计划,建立培训班,指派班主任、培训教室等,并根据教室情况和班主任的安排进行冲突检测提醒。

(3)综合查询。实时查询总体计划安排,按时间段浏览培训班、项目负责人、班主任等安排情况等。

2. 进度监控

从计划维度展现培训兑现进展情况,包括已完成培训期数、培训人数和兑现率等,也可以按时间段、项目类别等条件筛选查询。

3. 排课管理

(1)课表编排。按照设定约束对理论课程、实作课程进行一体化的课表编排,可视化呈现排课结果,高亮提示排课冲突。

(2)课表浏览。排课完成以后可以从班级、课程、教室、教师等不同角度输出课程表,课程表实时推送到报到终端、电子班牌等终端设备。

4. 培训班筹备

根据月度计划完善培训班起始时间、教室、报名模式,调整班主任、教室,确认或调整课表(课程、授课教师、上课时间等),启动培训报名,其间自动检测教室和教师安排冲突等,保证课程安排合理性。

5. 学员报名

在线管理培训班参培学员，班主任可以批量导入学员名单，参培单位也可以在线自主报名。班主任在线完成最终名单的确认、调整和导出。

6. 报到考勤

(1)自助报到。培训基地配备专用的自助报到终端。参培学员在报到时间内自动获得报到预约成功提醒，报到时通过自助报到终端进行人证核验和培训信息确认，完成信息确认后通过自助报到终端领取一卡通，系统同时将一卡通与身份证号绑定，同时生成同等权限的移动端二维码，通过多种方式为学员培训期间住宿、就餐、出入培训基地等提供权限验证便利。对于未预约学员(例如临时更换、增加学员等)，通过自助终端自主登记，并经班主任远程确认后预约成功，之后再完成培训信息确认等报到过程。班主任等可以在线浏览学员报到状态，查阅报到预警，导出报到数据等。

(2)自动考勤。培训教室配备有专用的电子班牌终端。依据课表的作息时间，系统会按时间自动启动考勤模式。参培学员通过刷一卡通、身份证、移动端二维码或人脸识别等多种方式完成在线考勤。授课教师需要在开课前通过电子班牌完成考勤。授课教师、班主任等用户可以在线浏览学员考勤状态，查阅考勤预警，导出考勤数据等。

7. 集中备课

对课程的集中备课过程进行信息化管理，包括课程备课状态、集中备课过程记录、备课结论等。对于重要培训项目，应该将集中备课列为必要条件。

8. 课堂教学

培训基地施行混合教学，根据培训课程性质和特点，选择恰当的教学方式。平台可以支持线下授课、视频点播学习、互动直播教学、实作训练等多种教学方式。

(1)线下授课。作为最传统的教学方式,借助智慧教室相关设备和平台相关功能,提高线下授课教学的效率和质量。

(2)在线学习。教师、班主任等可以通过系统发布文本课件、视频课件等资料,学员可通过移动端进行点播学习;或者教师可以通过互动直播模块建立虚拟课堂,教师与学员之间通过网络完成授课,学员之间可以进行实时音视频交流。考虑到铁路企业网络条件等约束,直播教学多通过内网完成。另外,通过互动直播模块可以将线下录播教室连接起来,形成线上线下混合的教学方式。详见第六章和第七章相关内容。

(3)实作训练。学员通过特定的专业实训设施设备进行操作训练。有的专业实训方式以计算机仿真为主,可以做到完全通过系统来管控实训过程。有的专业实训方式仍然以实物和教师现场辅助讲解为主,实训过程需要采用移动终端或自助终端进行信息的自动记录或辅助采集。实作培训信息化详见第九章。

在教学过程中,通过电子班牌、平台移动终端等及时发布课程信息以及各种通知公告信息。

9. 巡课巡查

(1)教学巡课。教学巡课有远程巡课和现场巡课两种方式。通过电子班牌终端进行现场巡课,减少对课堂的干扰,提高巡课效率和质量。由于有的培训基地培训任务繁重、培训管理人员紧缺,都开展现场巡课实际上很难全部覆盖,通过对培训过程数据的汇总分析,结合教室摄像头和行为分析、巡课预警模型计算,在线或离线对课堂进行远程巡课,有效提高巡课可行性和巡课工作整体质量。

(2)考试巡查。电子班牌和平台巡查模块可以根据后台设定的考试安排时间,自动切换进入考试模式。考试模式主要展现当前考试科目,考试时间和监考教师,考试时长,以及参考人员情况,且相关人员可通过配置教室内的摄像头,或电子班牌查看教室内考试情况,实现高效巡考。

10. 教学日志

对授课教师的教学日志进行在线管理，包括纸质培训班教学日志上传、电子签名教学日志结果查询等。

11. 结业考核

(1)理论培训考核。对培训班学员的考试成绩进行管理，包括线下纸质试卷考试结果的导入(包括纸质试卷扫描件上传)、通过在线考试系统组织考试等方式。

(2)实作考核。结合设备情况，对实作考核进行分班、分组，安排考评员，在线制定考核计划或补考计划，向考评员和学员移动终端推送考核任务，对考评项目、考核评分等进行记录。对于不具备自动记录考评结果的实训项目，通过系统实现无纸化考评。考评人员可以通过文字录入、语音录入等方式完成考评结论填写。系统按照考核计算模型进行结果计算，并支持多维度可视化展现。

12. 培训评估

(1)满意度评估。根据培训班的相关信息和自定义的评估模板，向参培学员自动发布培训评估问卷，通常建议在课程结束时立即发送。学员可以通过 PC 端、移动端进行在线满意度评估。

(2)基于行为的培训绩效评估。基于学员、教师等相关主体在培训全过程的行为数据(音视频记录、文本记录等)，建立基于行为和结果指标的学员学习绩效评价、教师教学绩效评价、班主任教学管理绩效评价、后勤服务水平评价等，详见第十章。

13. 培训总结

(1)根据预置模板自动生成培训班小结草稿、培训班教学履历书等，根据需要进行打印、导出等。

(2)根据需要对培训班学员进行登证(电子证书)申请，实现电子证书溯源，让培训过程可视化。

14. 听课评课

(1)听课记录。对课程进行听课过程管理，实现听课过程和听课结论记录与查询。为方便听课记录与打分，听课人员可以通过平台移动端填写相关信息。

(2)评价浏览。从教师维度对其被评价情况进行数据汇总和查询，汇总结果与评价明细进行关联，确保评价过程透明、结果真实。

二、资源管理

1. 师资队伍管理

师资是培训基地的核心资产，也是影响培训质量的关键因素。通过在线师资库的形式，建立对教师状态信息、授课过程、绩效考核、退出等全过程管理和电子档案、数字画像管理，提高教师管理水平。在有些培训基地可能还涉及对教学助理的分配与管理。此外，由于专职师资涉及人才选育用留，还需要纳入培训基地的人力资源管理体系。

2. 题库资源管理

试题库是培训教学过程中需要频繁使用的电子资源。通过平台的在线考试模块，实现对题库分类管理、题库维护、题库审核、题库浏览、题库共享等。为了提高题库管理效能，利用大模型技术辅助出题和题库维护，可以有效降低题库管理成本，详见第八章。

3. 课程资源管理

课程是培训教学的核心，既包括线下课程，也包括电子课程。线下课程通过信息化手段形成课程库，便于培训教学使用，同时在培训教学过程中加强对课程的评估，以促进课程改进。电子课程通过平台的在线学习模块进行管理维护，为了便于管理，通常定义课程由课件组成，课件是独立实体。为了最大化课程资源价值，通过平台促进和管理课程资源共享意义重大。

4. 基础设施管理

对楼宇、场地等物理设施进行必要的基础信息管理，可以结合建筑信息模型(Building Information Modeling,BIM)技术,与培训基地运维管控相结合,对培训基地整体进行三维可视化管理。按照培训管理信息化发展阶段,未来在更高阶段,将通过数字原生方式建立数字孪生培训基地,进一步提高培训基地的基础设施效能和运营管理水平。

5. 物资管理

(1)教学设备管理。基于射频识别、二维码等技术,通过系统实现对各类教学设备的便捷入库、出库、盘点等日常管理。对于集中存储的小型教学设备,在其库房位置配置自助终端,学员通过刷卡或人脸识别等认证方式,自助完成教学设备的借出和归还。

(2)学员用品管理。对学员用品(如学习用具、活动奖品、证书等)信息进行在线管理。由于学员用品出入频率高,可以采取在制作阶段嵌入身份二维码等方式尽可能减少人工操作,提高管理便捷性。

三、绩效管理

1. 工作量管理

(1)项目负责人工作量管理。汇总分析项目负责人的培训项目完成情况,包括已经完成的培训班数量、培训人次、培训班天数、项目数量等。根据培训计划、系统排课结果等,对其当前和未来一段时间内的工作量进行预估预测,包括培训班数量、培训人次、培训天数、项目数量等指标。通过对项目负责人历史工作量和预期工作量的信息化管理,辅助开展项目负责人的绩效评价和对项目负责人的任务安排。

(2)班主任工作量管理。汇总分析班主任的培训班完成情况,包括已经完成的培训班数量、培训总人次、培训班天数、公休日天数、涉及项目数量等。同理,根据培训计划、系统排课情况等,对其实现对当前和未来一段时间内的工作量进行预估预测。

(3)教师工作量管理。汇总分析教师的培训授课完成情况,包括课程数量、课时总数、班级数量、项目数量等并与详细授课记录关联。同理,根据培训计划、系统排课情况等,对其当前和未来一段时间内的工作量进行预估预测,允许关联查看安排详情,便于优化教师任务分配。

2. 教学质量管理

基于对教师教学过程和教学成效的评估,通过特定的教学质量评价方式,对教学质量进行监督管理。

3. 教学管理绩效管理

针对教务人员、教师等,围绕其对学员在课堂内外的行为管理职责,通过特定的评估方式,对其教学管理绩效进行评估和管理。

4. 服务水平管理

针对餐饮、住宿、维修等各类生活服务,通过特定的评估方式,对相关人员的工作绩效和服务水平进行评价。

四、生活服务管理

1. 住宿管理

(1)住宿服务与行为管理。借助智能门锁,实现学员的宿舍入住线上管理。在宿舍楼前台配置门锁写卡机,进行学员信息同步及发卡入住,卡片可以开锁、取电。通过前台工作站就可以实现学员的宿舍入住管理,包括入住情况实时查询、出入记录、录像回放、房间整备状态浏览等。

(2)能耗监测管理。通过配置智能电表,实时掌握宿舍用电情况,结合课程安排,可以避免忘记取卡断电等情况,帮助宿舍管理人员及时发现异常用电,防止电力浪费。

2. 食堂管理

(1)消费管理。在食堂入口设置消费计费终端,实现学员便捷化就餐。通过系统为食堂管理人员提供就餐人员管理、营业时段管理、计费模式、消费时段控制、消费记录查询、统计分析等管理功能。

(2)评价管理。在线发布就餐安排及菜品信息,便于学员、教师等就餐人员进行餐饮评价,作为培训服务的重要监控内容。

3. 报修管理

学员可以通过移动端、电话或到前台等多种方式进行设备报修。维修人员自动获得报修工单提醒,并在线更新报修工单进展状态。管理或客服人员可以调阅工单列表、工单信息,对工单进行流转和对工单状态进行追踪。

4. 安防管理

作为培训基地保障学员培训安全的重要方面,安防管理涉及一卡通(门禁)管理、车辆出入管理、视频监控、周界入侵防范、公共广播、信息引导、重要基础设施(如机房、建筑设备)环境监控等诸多内容,针对这些方面的信息化解决方案标准化程度较高,在此不再赘述。

五、综合门户管理

综合门户系统不仅提供信息浏览,还具备其他功能,如培训报名、考试报名、实训设备预约等,实际中通常与铁路企业门户系统进行集成,方便各类用户尤其是学员可以通过门户系统完成多种操作,提高整个培训管理服务平台的易用性。

第五节　性能保障

一、安全性能保障

铁路培训管理服务平台部署在铁路企业统一的信息基础设施环境下,在设计、开发、测试、运维等过程中,需要严格遵守铁路网信管理制度与规范。在互联网服务方面,随着铁路企业统一的移动集成平台不断完善,培训管理服务平台可以通过移动集成平台为用户提供互联网服务，兼具安全与便捷使用需要。

二、响应性能保障

1. 性能挑战

对于铁路培训管理服务平台来讲，高并发性能保障是响应性能的关键。高并发指多个用户同时访问和使用平台进行操作。铁路培训管理服务平台中容易产生高并发问题的环节主要有以下几方面。

(1)在线考试/练习环节

①考试生成时的高并发读请求。当多个管理用户同时进行在线组卷时，系统需要快速从海量题库中按照一定的规则或策略抽取相关试题。此时，大量并发的读请求会对数据库产生巨大压力。

②考试开始时的高并发读请求。当大批员工同时登录并开始考试时，系统需要快速分发试题。此时，大量并发的读请求会对系统的数据库和网络带宽产生巨大压力。

③考试结束时的高并发写请求。考试结束时，所有员工几乎同时提交答案，系统需要同时处理大量写入操作，这会对数据库的写入能力提出极高要求。

(2)在线课程学习方面

①视频教学的高并发访问。多位员工同时观看视频课程或者进行音视频互动，服务器需要提供大量的流媒体服务，带宽和服务器的 I/O 性能都会受到挑战。

②资源下载的高并发请求。学员在同一时间下载课程资料，尤其是在新课程上线或提交作业截止日期前后，会导致服务器的下载服务负载剧增。

2. 应对措施

(1)采用分布式架构，例如微服务架构，将单体应用拆分为多个独立的服务，每个服务可以独立部署和扩展。由于每个微服务都有自己的数据存储和业务逻辑，通过 API 进行通信，所以可扩展性良好,但是对业务稳定性和拆分设计要求较高,当系统规模较小时,过度拆分微服务会增加后期运维成本。

(2)使用大容量硬件资源,例如,使用拥有高频率 CPU 和大容量内存的高性能服务器以提升单机的处理能力,使用固态硬盘(SSD)代替传统机械硬盘(HDD)提高数据读写速度、减少 I/O 等待时间等。

(3)使用负载均衡技术,包括硬件负载均衡和软件负载均衡,其中硬件负载均衡通过特定硬件设备将流量分发到多台服务器上,确保每台服务器的负载均衡,适用于大规模应用。软件负载均衡使用特点软件(如 Nginx)实现流量分发,将请求分配到多个后端服务器。

(4)缓存技术,包括缓存预热和延迟写入,其中,缓存预热是在高并发访问之前,将热点数据预先加载到缓存中,以减少数据库查询次数,降低数据库压力,以提高访问速度。延迟写入是将频繁的写操作暂存于缓存中,待条件合适时再批量写入数据库,从而减少数据库的写入压力,提高系统的写入性能。例如,在在线考试中,考生的作答结果可以暂时存储在远程字典服务(redis)中,考试结束后再统一写入数据库,从而减少考试期间的数据库写入压力。

(5)消息队列技术,使用消息队列系统(如 RabbitMQ、Kafka)将高并发请求异步化处理,削峰填谷,从而避免瞬间高并发导致的系统崩溃,例如在在线考试中,考试作答结果从远程字典服务(redis)写入数据库过程中,为避免瞬间高并发常采用消息队列来缓解数据库写入压力。

(6)数据库优化技术,包括分库分表和读写分离,其中,分库分表将大表拆分为多个小表,或者将数据分布到多个数据库中,以提高查询和写入性能。读写分离将数据库的读操作和写操作分开,由不同的数据库实例处理,其中,主数据库处理写操作,从数据库处理读操作,通过主从复制机制保持数据一致性,进而分担数据库的读写压力,提高系统的并发处理能力和稳定性。

(7)CDN 技术,内容分发网络(content delivery network,CDN)是一种通过在多个地理位置分布的服务器网络,来提高网站内容分发速度和可靠性的技术。培训管理服务平台通过 CDN,将内容缓存到距离用户最近的服务器上,从而减少访问延迟,提高访问速度。在视频点播学习、网络直播等教学方式中,使用 CDN 能够为用户提供流畅、快速且一致的体验,也是应对高并发的一种重要举措。

第六节　案　　例

2020 年以来,中国铁路武汉局集团公司把职培数字化建设作为引领职培管理变革与创新,推动教育培训高质量发展的新引擎,按照系统谋划、总体规划、分步实施的总体思路,以管理层级全覆盖、培训流程全覆盖、培训模式全覆盖、管理事项全覆盖为主要目标,抽调全集团公司职培系统业务精英组建职培信息系统研发团队,与路内科研机构一道,采取边开发边测试边运用的方式,经过三期开发,4 年多的艰苦努力,除部分第三期开发功能还在进一步完善外,主要功能基本建成并已经分阶段投入使用,大幅度提升了各级培训管理者的管理效率,有效规范了培训全过程管理、极大丰富了培训方式方法。

一、主要做法

1. 建立由企业高层领导直接推动的组织体系

武汉局集团公司教育培训管理涉及所有部门、所有站段、非运输企业等各级组织以及全体干部职工,推行干部职工教育培训管理数字化转型首先需要自上而下达成思想共识,也需要所有部门和单位的参与和支持。大量的企业实践显示,这种涉及全局的信息化数字化并非简单的技术应用就能够解决,都会涉及流程优化再造、管理变革,而这些变革能否实现、新技术应用能否落地,企业高层领导的推动和参与必不可少且极为重要。武汉局集团公司推行数字化赋能打造更高质量、更高效率干部职工教育培训管理体系的项目之初，就得到了董事长、总经理以及其他高层领导的高度重视，董事长、总经理亲自部署研讨统一干部职工教育培训管理平台的建设方案，定期监督并解决项目推进进展及面临的难题，使得项目规划与企业发展战略高度一致、项目组织实施高效协同、各项教育培训管理变革阻力能够及时消除。为了保证统一干部职工教育培训管理平台的有序建设和顺利实施，武汉局集团公司高层领导亲自指导，组建了由职工培训部牵头，人事部、劳卫部、运输部、客运部、货运部、工务部、电务部、供电部、机务部、车辆部、财务部、科信部、信息所等所有机关职能部门、业务部门以及中国铁道科学研究院集团有限公司等信息技术单位都参与的平台建设领导小组，研究确定总体方案，明确项目目标、范围和里程碑要求，批准项目计划，监控项目进展，把控项目质量。由于高层领导的直接推动，加强了相关部门、所有单位的协作和沟通，减少了信息的误解和偏差，提高了项目团队的工作效率和凝聚力。

2. 建立业务优化与技术研发融合的实施机制

在以统一教育培训平台为基础的数字化转型过程中，为了避免出现传统信息化建设过程中，业务强、技术弱，业务弱、技术强，业务与技术结合不紧密等现象，明确建立以业务流程优化和技术应用开发相融合的实施工作机制。由武汉局集团公司职工培训部牵头、人事部以及所有站段劳人科、培训科以及培训机构相关人员参与，组建干部职工教育培训业务需求审定与优化小组，负责干部职工教育培训需求的征集、提出，最佳业务流程的研究和审定，形成主要用户全员参与的需求分析机制，同时确保培训需求能够提准、能够适应可预见的未来的发展需求，发挥新业务模式对干部职工教育培训工作的引领作用。由武汉局集团公司职工培训部、科信部、信息所牵头，中国铁道科学研究院集团有限公司信息技术专家和研发骨干参与，组建新技术应用攻关小组，负责跟踪、研究和解决制约新业务模式落地的架构设计、功能设计、界面设计以及影响系统稳定性、用户使用体验的高并发问题、内外网穿透问题、网络安全评测问题、用户移动终端访问模式问题等，确保技术对业务既起到支撑作用，又起到启发引领作用。为了尽量减少需求不稳定、开发不周全等带来的开发返工问题，建立业务需求代表与技术研发骨干共商共议流程变革与优化解决方案的工作机制，推动技术骨干熟业务、业务骨干懂技术，相互促进，相互启发，真正形成相互协作、高效配合的专业团队。考虑到武汉局集团公司教育培训工作的重要性和不间断性，在新的培训业务模式、管理模式推广期间，坚持小步迭代，适当牺牲开发运维效率，确保服务现场及时稳定。

3. 重构更加高效的教育培训管理流程与规范

以全员覆盖、多级高效协同、管理操作便捷为导向，首先明确建立“四级管理、五级使用”的教育培训管理业务构架，即搭设集团公司级、站段级、车间级、班组级四级管理，各管理层级及全体干部职工五级应用业务架构，实现各类功能、各层级管理和全员覆盖使用。同时，严格遵照网络安全要求，采用仅限注册制用户登录的方式，从源头卡控信息泄露风险。通过大规模征集、专家组研讨、小范围试验的工作方式，以统一干部职工教育培训管理平台开发建设为契机，对全局教育培训流程进行了全面梳理，通过流程再造，重构了通用培训、专项培训、日常学习三类培训标准化管理流程，分别对应各类培训班、三新人员及高铁资格性培训、日常学习演练三类主要职工培训业务流程，以信息化促进干部职工教育培训管理的标准化和规范化。针对教育培训资源管理，梳理搭建了全局教学设施、教材资源、师资资源三类培训资源体系，明确资源管理的操作流程、操作规范、共享方式、共享责任等，打破了教育培训资源孤岛现象，通过数字化手段实现教学设施、教材资源、师资资源全局共享共用。在教育培训结果应用方面，以促进监督检查扁平比、便捷化为基本目标，结合国铁集团对岗位培训合格证电子化的部署要求，对培训管理过程中的所有数据实现电子化管理和全程可追溯，实现了培训履历电子化和培训证书电子化，并综合运用培训需求、计划、实施、评估和总结的全链条数据，对各类培训进行实时监管，大幅度为基层培训工作减负，同时降低监督管理难度。

4. 打造线上线下全员覆盖的教育培训新方式

在实现培训资源信息化管理的基础上，结合大型开放式网络课程（massive open online courses，MOOC）、互动直播教学等特点，设计开发了便捷移动的在线学习子系统，为学员提供课程材料、学习任务和练习，通过多媒体资源、在线讨论和互动等方式，支持学员的自主学习和远程学习。支持所有学员通过移动端、电脑端随时随地开展自主学习，学习过程中可以根据个人需要与其他学员、老师、专家进行互动交流，将碎片化学习的机会和自主权交给职工个人。结合铁路局集团公司干部职工教育培训管理特点，还设计了支持视频点播、音视频互动、考试练习等多种教学方式的混合式培训班模式，使得培训组织者可以更好地根据教学内容来选择恰当的教学方式，也提高了学员参与培训的便捷性和自主性。利用数字技术对线下培训进行管理增强和服务增强，报名、考勤、考核等传统线下过程改为线上组织实施，提高管理效率和干部职工参与线下培训的便捷度。此外，依托平台建立了线上线下培训全覆盖的培训评估机制，任一培训项目都可以自定义设置培训评估问卷，实现评估问卷自动发放、自动分析、自动预警，使得全程化的教学效果跟踪成为现实。

5. 提升教育培训机构与站段培训数字化能力

武汉局集团公司下设武汉局职工培训基地、党校，同时代管武汉高铁训练段，其中武汉局职工培训基地主要承担武汉局技能岗位脱产轮训和重点技能培训任务，年培训量达到 3 万人次以上；党校主要承担干部及党员教育培训，年培训量达到 1.2 万人次；武汉高铁训练段承担了全路高铁资格性培训和高技能人才重点培训工作，年培训量达到 4.2 万人次以上，而且学员遍布全国。三个培训机构在武汉局集团公司乃至全路干部职工教育培训工作中发挥着重要的平台作用。武汉局集团公司从规划打造数字化干部职工教育培训管理体系初始，就将培训机构尤其是武汉高铁训练段的数字化转型纳入整体规划。通过专项建设面向武汉职工培训基地、党校、武汉高铁训练段的校园管理子系统，一体提升培训机构的数字化管理能力。通过对培训机构机房、电教室等教学设施数字化改造，提升培训机构线下培训数字化管理效能和面向学员的综合服务水平。过去由于在集团公司层面由职工培训部垂直管理技能人才培训工作、人事部垂直管理干部人才培训工作，培训对象的交叉和职工身份的变化都会导致站段层面的劳人科、培训科经常需要维护两个台账、重复开展培训管理工作，基于统一干部职工教育培训管理平台的数字化转型一举打破职工身份界限和培训类别界限，在全集团公司层面建设一套教育培训管理平台，实现站段层面对全体干部职工教育培训工作的统一管理和数据融通，极大提高了站段层面的教育培训工作效能。

6. 推进与数字化发展相匹配的管理机制创新

依托统一干部职工教育培训管理平台的教育培训管理体系数字化转型不仅仅是技术应用问题，也不是局部管理职责调整问题，而是对整个教育培训业务转型。为了确保作为承载教学培训任务主体的培训机构顺利实现基于平台的数字化转型，并形成可持续的转型发展新模式，武汉局集团公司职工培训部指导职工培训基地设置了信息科，专职配备数字化能力较强的懂业务懂技术的复合型人才，并协同党校、高铁训练段相关技术人员，形成培训机构乃至集团公司数字化转型的推动者、执行者。为了确保数字化转型以后的职工教育培训管理体系能够长期规范稳定运行，武汉局集团公司职工培训部牵头制定了《武汉局集团公司职工教育培训信息化管理与学习平台使用管理办法》《武汉局集团公司铁路岗位培训电子证书管理实施办法》，系统规范了各级培训组织在教育培训信息化管理中的管理职责、操作规范、数据安全等，形成常态化的制度保障。此外，进一步加强各级领导的管理职责落实，强调管教育培训业务必须管教育培训信息化、数字化,从管理体制上完善教育培训管理数字化转型保障机制。

7. 做好数字化建设与发展的资金和人才保障

大量的企业数字化转型实践证明,数字化转型是一个持续投入的过程,数字化转型所带来的收益也往往并非当下马上可以全部衡量的。武汉局集团公司从战略高度看待干部职工教育培训管理数字化转型问题,在资金投入方面,以方案成熟为核心,有序保障干部职工教育培训管理平台、培训机构及站段教室数字化改造等预算,为整个数字化转型过程提供了基础性的保障。新的培训管理业务模式和运行机制,提高了培训管理者的工作效率和干部职工个人参与培训的便捷程度,同时也对整个干部职工教育培训管理队伍的数字化素养、数字化能力提出了新的要求。对此,武汉局集团公司一方面通过高层领导推动和参与促进上下达成数字化共识,另一方面在整个干部职工教育培训管理数字化转型过程中,围绕教育培训业务数字化、服务平台化、数据要素化以及统一干部职工教育培训管理平台架构设计、功能设计、操作使用、数据利用等先后对各级教育培训负责人、业务骨干、信息化人员等开展研讨培训万余人次,通过大量的研讨和培训不断提高整个干部职工教育培训管理队伍的数字化素养和数字化能力。

二、主要成效

1. 实现了管理层级的全覆盖,搭建了培训工作分层管理平台

一是构建四级管理模式,打造分层管理平台。按照职工培训管理“分级管理、分层实施”的总体原则,搭设了集团公司级、站段级、车间级、班组级四个管理层级的信息化管理平台,每个层级均可通过信息化平台实施培训日常管理、安排培训项目计划并组织实施,并对上级安排的培训项目计划进行响应,实现了全集团公司自上而下各层级职培信息化管理。二是明晰管理权责、完善各层级管理功能。按各层级管理职能准确匹配管理权限,明确了各层

级培训管理边界,规范各层级在计划制定、计划发布、培训进展、数据查询、结果分析、质量评估等方面的管理事项,为各级培训管理者提供精准的辅助管理支撑。三是实现自上而下的在线监控,打破管理壁垒。实现上层管理者对下层培训管理的全方位、全过程在线查阅和监控,有效解决了集团公司、站段三级教育网各自为战、协同性不强、进度不掌握等问题,打破了层级之间的培训信息壁垒,强化了管理的及时性、精准性、有效性。自系统上线以来,管理范围覆盖全部机关部室、站段、车间、班组以及高铁训练段、职工培训基地及下属各培训站,集团公司五大专业实训基地的管理平台也正在开发中。

2. 实现了培训实施过程的全覆盖,推动了培训流程的标准化规范化

一是以创新管理为驱动,构建培训分类体系。为确保培训流程最大限度地贴合培训管理工作实际,采取大规模征集、专家组研讨等方式,将所有培训项目从通用培训、专项培训两个维度进行细分,其中通用培训按组织方式分为线上培训、线下培训、送外培训、非脱产培训,专项培训按培训性质分为三新人员和高铁资格性培训,全面统一了培训分类及与之相匹配的各种培训实施方式。二是以项目管理为思路,构建各类培训标准化流程。按照培训项目化管理要求,从培训需求征集、培训项目策划、培训计划制定、培训方式及实施、培训考核、培训评估、培训总结、培训基础数据自动生成等八个基本环节,构建了各类培训的标准化实施流程,通过信息化平台对流程进行卡控,全面实现各类培训全流程闭环管理,提升了培训项目管理的标准化、规范化,同时提高了工作效率。三是以便捷化为目标,提供丰富的个性化服务功能。设计了培训班建班管理(教室、宿舍、实训设备自动分配)、二维码电子签名考勤管理、结业管理、在线报名管理、登证管理等便捷性功能选项;提供了课表安排、培训质量评估、教学履历书填写、师徒合同签订(二维码扫描签字)、跟班学习记录、职工技术教育档案生成等管理流程中关

键节点的标准化模板，相关模板可根据实际进行动态调整。自系统上线以来，共建立并审批培训计划 2 279 项，建立集团公司级培训班 4 423 个，站段级及以下培训班 14 792 个，实现了各级培训项目管理全过程信息化、无纸化，有力促进了各专业、各类别教育培训活动标准化规范化水平的稳步提升。

3. 实现了培训模式的全覆盖，推动了培训方式方法及其组合的多样化便捷化

一是通过内外网数据贯通实现职工随时随地可学。构建了内外网互联互通的职培信息化平台，全体在职职工经实名注册后均可在内外网终端登录系统，极大地拓宽了职工自学、自练、自考渠道。二是开发线上培训及学习管理模块。各层级管理员可根据培训要求，向指定人员以学习包的形式下达线上课程任务，收到任务的职工必须在规定的时间内完成学习，系统及时跟踪反馈培训任务完成情况。三是设置网上培训资源（教材、课件、题库）发布区域。实现职工自由选择相关资源开展学习、练习和考试。四是建立学习资源二维码。对学习资源按需建立相应二维码，职工用注册手机扫码即可进入学习界面进行学习和查询，方便职工精准快捷获取相关学习资源。五是开发内网在线直播功能。对标腾讯会议功能，在信息系统中开发了在线直播功能，可以在铁路内网办公电脑开展在线培训，内网终端均可以在线学习，有效规避了信息安全风险，极大推动了在线直播培训的普及运用，提高了全局培训效率。六是联通网络直播教室硬件。通过技术改造，内网直播系统可直接自动调用直录播教室的视频、音频信号，实现全集团公司所有直录播教室直接用于内网在线直播培训，极大提升了在线培训的现场感，同时全面释放了直录播教室的功能，极大提高了直录播教室的使用效率和效果。七是推行混合教学管理模式。大力推行“线上直录播教室授课＋线下多终端集中听课＋内网多终端分散听课＋AI 巡课督导”的混合教学管理模式，将在线直播、视频录播、线下集中听课、在线分散听课、在线集中考试、在线分散考试等各

种培训方式选择融于标准化培训流程，在一个培训项目中合理搭配，极大推动了培训项目的混合式教学。自系统上线以来，发布在线学习课程 1 875 门，参与学员约 307 万人次；建立网络培训班 3 691 个，培训学员约 23 万人次；发布在线考试约 4.9 万场，参与学员约 438 万人次，平均每月考试 1 100 余场，每月 8.2 万人次，最高单场考试 6.5 万余人，极大丰富了学习手段，调动了学习兴趣，提升了学习效率，缓解了工学矛盾。

4. 实现了职培管理事项的全覆盖，提升了培训基础管理质效

一是借助培训项目的全面信息化，实现了所有电子证书管理、电子档案管理在培训流程中自动登证和按流程审批确认。二是实现了职教经费从预算到清算的全面信息化管理。三是借助所有培训数据的信息化管理，可以实现培训统计管理的个性化、自动化。四是构建了培训资源体系，实现了课程、教材、课件、题库的全局管理层级间的垂直共享和平级间的定向共享。五是搭建了培训师资共享平台。按管理层级分别建立了专属专兼职师资库，并实现全集团公司共享共用。六是建立了全链条的培训评估机制，所有培训项目都可以自定义设置培训评估问卷，实现评估问卷自动发放、自动分析、自动预警，使得全程化的教学效果跟踪成为现实。七是将培训设施设备纳入信息化管理，实现设备预约、调用、查询、统计、使用效率分析等功能。自系统上线以来，各层级通过平台维护电子档案、电子证书 8.2 万个，形成适应性培训记录 228 万条、资格性培训记录约 12.8 万条，课件 10 580 个，题库 1.2 万余个，试题 353 万道，专兼职师资 7 333 名。

职培数字化建设是一项十分庞大的系统工程，涉及管理事项极其复杂、标准化难度极高、用户量大、数据量大、规范性要求高、在线人数多等诸多挑战，武汉局集团公司职工培训管理信息系统功能体系如图 4-5 所示。武汉局集团公司以数字化转型推动职培管理创新发展方面做出的初步探索，不断提升和完善系统的整体功能，继续锲而不舍，以职培数字化转型为抓手，推动职工教育培训工作高质量发展。

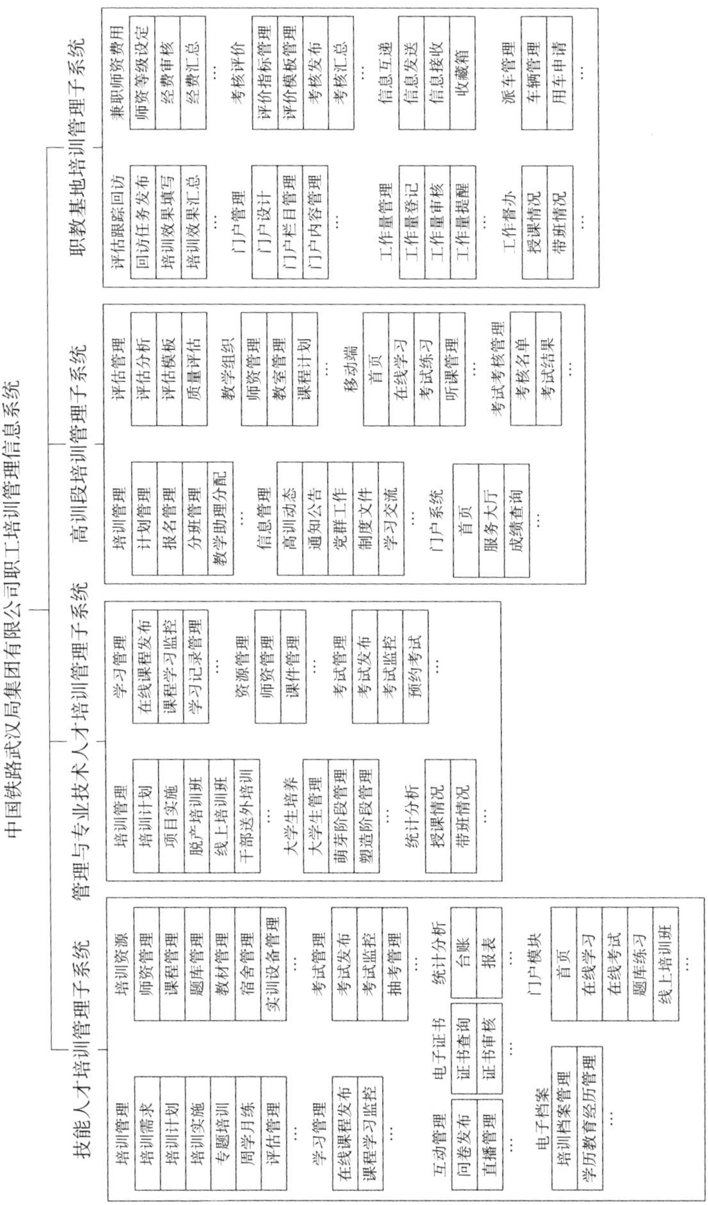

图4-5　中国铁路武汉局集团公司职工培训管理信息系统功能体系（阶段）

第五章　培训计划信息化

第一节　培训计划概述

一、概念

培训计划是铁路企业根据组织发展和个人发展的需要，有针对性地设计和实施的一系列培训活动的安排，通常包括以下几个方面：

(1)培训对象，即哪些员工需要参与培训。

(2)培训目标，即培训要达到的目标或效果。

(3)培训内容，即培训课程模块及其内容构成，包括理论知识、实作技能、职业素养等。

(4)培训方式，即培训教学形式与相关手段，例如线下培训、在线学习、实作训练等。

(5)培训师资，即与培训内容匹配的授课教师，除了专兼职师资和供应商师资，还可根据需要选择路内其他单位或路外高校、企业等专家。

(6)培训时间安排，即培训实施的时间，应尽可能减少工学矛盾。

(7)培训场地或地点，相关场地需要满足培训需要的环境和教学设施设备等条件。

(8)培训考核方式，例如考试、汇报、论文等以评估培训效果。

二、生成框架

制定培训计划的目的是确保培训资源的有效利用，通过针对性的培训安排，提高员工的知识、技能和能力，从而达到组织的预期目标。制定培训计划的过程以明确哪些员工、需要培训什么内容为核心，综合考虑培训资源、财务预算、培训时间等因素，形成对一定周期内的培训活动总体安排。根据铁路企业培训管理组织特点，制定培训计划总体分为确定培训需求、确定总体计划和确定班次计划三个阶段，如图 5-1 所示。

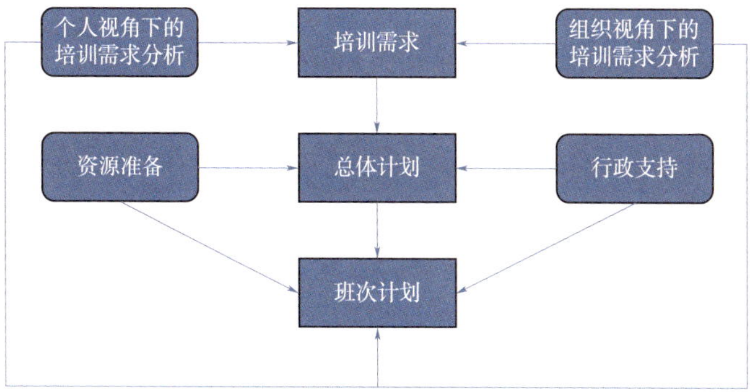

图 5-1 铁路培训计划生成框架

在培训需求分析阶段，需要考虑组织视角和个体视角下的培训需求。个体视角下的培训需求分析侧重于对员工个体知识、技能水平和能力状态分析。组织视角下的培训需求分析侧重于组织目标和实现组织目标所需要的工作行为等分析。两者结合才能有效识别出差距，明确培训需求。

在培训总体计划阶段，综合考虑培训资源（例如培训场地、人力资源等）、行政支持（例如财务预算等）等支持和约束，形成涵盖培训主题、人群方向、人员规模、预算需求等关键要素的总体计划，也是所有培训活动的顶层设计。总体计划通常年初确定。

在培训班次计划阶段，进一步细化落实参培对象、师资安排、教务人员安排等，形成可以执行的具体方案。由于职责分工等原因，从培训管理部门角度，通常把总体计划称为培训计划。但是从理论上来讲，只有班次计划明确，整个培训计划的要素才能完整，才能进入到执行环节。

在传统培训管理模式下，由于信息化支撑力度不够、培训需求分析方法与手段落后等原因，主要采取自上而下的培训需求分析模式，这种模式很难高效获取真实有效的培训需求，而且产生的需求的模块化和结构化程度低，对于后续培训办班的指导作用弱，制约了培训计划对培训过程的统筹规划作用和培训活动本身的质量水平。

如今，随着铁路培训管理信息化水平大幅提升，全要素、全过程培训大数据逐步形成，培训需求分析所需要的数据、手段和成本都有了极大的改进，已经可以实现自下而上的真实、有效和模块化（知识点）的培训需求，信息技术辅助的具有一定自动化水平的培训计划生成成为现实。

信息技术辅助的培训计划生成是指利用人工智能、机器学习、大数据分析等先进技术，根据培训需求以及培训资源约束等条件，科学制定和形成培训计划的过程。高质量的培训计划生成，有助于提高铁路培训质量和管理效能，促进培训对铁路人力资源能力建设和运输生产的支撑作用发挥。

第二节　知识点可视化管理

一、概念

知识点是铁路培训中传递给学员的可以明确界定的、需要学习和掌握的核心信息（如理论、概念、事实、数据等）或者完成某项任务所需的基本技能单元（如操作步骤、技术要领等），是培训内容的基本单元，也是教学目标、课程内容的骨架，在培训需求分析、培训计划生成、培训评估等过程中都扮演着至关重要的角色。为了能够和便于在培训教学中应用，知识点通常具有以下特征：

（1）明确性。知识点应该是明确和具体的，能够清晰地表述其所包含的知识内容。

(2)独立性。每个知识点应该尽可能相对独立,可以单独进行教学和学习。

(3)结构性。知识点是构成整个知识体系的基本元素,与其他知识点之间存在逻辑关系。

(4)可衡量性。知识点应该是可以衡量和评价的,即可以通过一定的方法来检验职工是否掌握了这个知识点。

(5)发展性。知识点是不断发展和积累的,同时也会随着科技进步和应用实践不断更新。

二、构成与编码

1. 知识点的构成

知识点通常包含核心概念、定义和描述、类型、应用范围、教学时长、评估标准、关联知识点等内容。考虑到铁路培训规范化程度较高、职工具有一定的知识和经验基础且铁路企业具有专业化的培训管理者和庞大的专兼职师资队伍,铁路培训知识点要素至少应该包含定义和描述、教学时长、评估标准、关联知识点等核心要素。

(1)定义和描述

对知识点进行定义和描述需要清晰、准确并且易于理解。

①确定知识点范围。明确知识点涉及的主题或领域,及其边界。

②收集相关信息。查阅规章制度、教材、作业指导书等,获取详细信息。

③定义知识点。对知识点最本质的特征进行简洁描述,包括基本概念、关键特征或属性、所属专业类别或领域等。

④描述知识点。对定义进行适当的扩展,包括知识点存在的理由或功能、组成要素、过程或原理、重要性等。

(2)类型

定义知识点类型的目的是便于培训活动的安排,可以参考铁路培训规范将其分为安全、理论和实作，也可以另行自定义。

(3)教学时长(参考)

根据知识点的性质(理论、实作)、复杂程度、员工基础水平状态等，明确知识点的参考教学时长。实际的教学时长可以结合培训对象的真实基础水平进行缩减或延长。

(4)评估标准

明确该知识点的教学目标及评判标准。由于铁路培训直接应用于生产实践，对于最小知识单元或知识点，其评判标准即是否达到了教学目标。

(5)关联知识点

对前置知识点或并列的相关知识点进行关联。

铁路企业对于主要行车工种制定了专门的培训规范，将相关岗位员工的能力项为安全、理论、实作、综合等几大类，并逐级细化形成了培训科目、内容、目的、形式等，为构建铁路培训知识点体系奠定了关键基础。编制铁路培训知识体系应该本着兼容的原则，继承相关培训规范内容，同时结合作业指导书进行细化、丰富和拓展。

2. 知识点的编码

为了便于知识点管理，通常需要对知识点进行编码。为了便于与铁路培训规范等衔接，编码方式可以按照专业领域—知识模块—知识类型—知识单元—具体知识点的结构进行，如图 5-2 所示。专业领域指车务、机务、通信、信号等大专业分类。知识模块指专业领域下的具体专业分工，例如通信专业领域下的线务维护。知识类型是按照铁路管理规范形成的分类，例如作业标准、实操技能、应急处置等。知识单元则是更进一步的知识分类，例如线务维护知识模块下的通信线路巡视。

三、建立与维护

铁路知识点体系庞大、分布和使用分散，依托于铁路培训管理

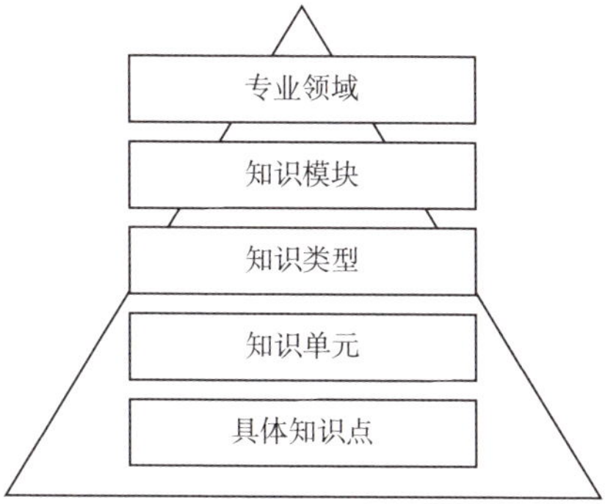

图 5-2　知识点编码规则结构

信息系统，实现知识点管理信息化至关重要。为了确保知识点管理效能和使用便捷，根据铁路培训管理体系特点，知识点的建立与维护需要注意以下几点。

1. 明确知识点管理职责

由于知识点的专业性和重要性，铁路企业需要明确知识点的创建、维护等管理机构或个人。具有专职师资的铁路培训基地可以承担知识点日常管理职责。站段等可以参与知识点的具体创建、更新与维护。

2. 制定知识点管理规范

制定知识点创建、更新、审核和淘汰的标准流程，确保知识点的准确性和时效性，同时对知识点本身进行必要的分级，明确哪些知识点是关键的，需要优先维护。

3. 推进知识点应用的流程整合

除了在培训内容、试题库等使用环节需要增加知识点关联以外，还应将知识点维护整合到铁路企业日常工作和培训流程中，使之成为工作或培训的一部分。例如在提交培训项目总结时必须同步提交完成的关键知识点。又如，在绩效考核自评环节，尽可能让员工选择需要培训的知识点。

4. 建立培训与激励机制

对于从事知识点维护人员进行必要的培训，并建立奖励激励机制，提高知识点维护效率与质量。通过培训、积分激励等方式，鼓励员工参与知识点的创建、更新和维护。

5. 深化新技术对知识点管理与应用赋能

利用人工智能、大数据分析等技术增强铁路培训管理信息系统相关功能模块的智能化水平，例如采用人工智能实现知识点更新检查和提醒自动化，辅助知识点创建和维护，提高培训计划、培训内容、课程模块、试题等对知识点的自动化匹配水平等。

铁路企业开展知识点管理不仅是培训管理需要，也是推进知识管理、促进知识共享、提高铁路企业竞争力的重要途径。除了由规章制度、会议文件、教材、作业指导书等产生的应知应会岗位知识，在日常工作中还有许多对个人绩效或组织发展有价值潜力的拓展性知识，例如好的经验做法、最新的技术或工具等等。通过逐步构建全员参与的知识管理体系，有助于将这些隐性知识显性化、体系化、实例化，提高铁路培训管理水平，同时赋能铁路企业持续发展、竞争优势保持和整体绩效提升。

四、可视化表达

1. 树状图

树状图是利用具有分支和节点的树状结构来表示层级结构的一种可视化表达方式。这种图形通过从根节点出发，逐级向下扩展分支，以清晰、直观的方式展示各个层级之间的关系和隶属，从而帮助理解和分析复杂的层次结构，如图 5-3 所示。树状图可以清晰地展示出铁路培训各知识点之间的上下级关系，便于培训计划、培训内容等以较强的逻辑关系实现模块化，但是难以展示知识点之间复杂的非层次关系。

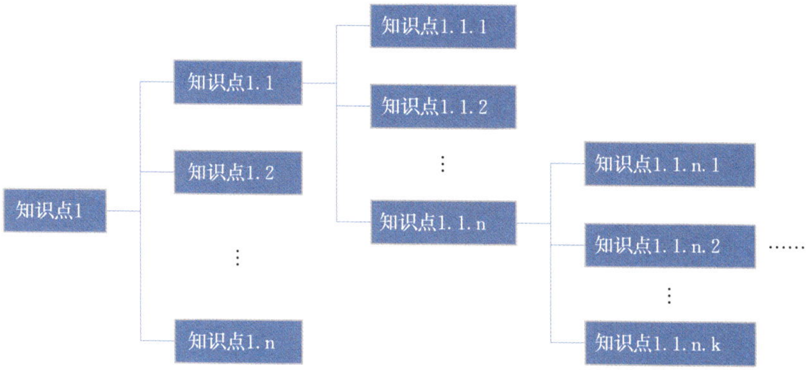

图 5-3　知识点树状图示意

2. 思维导图

思维导图是一种用图像整理信息的图解，可以用一个中心关键词或想法以辐射线连接所有的代表字词、想法、任务或其他关联项目，如图 5-4 所示。在培训管理信息系统中呈现相关知识点，特别是出错率较高的知识点时，可以将其作为中心关键词，辐射到相近知识点，便于培训内容规划或者课程内容设计。

3. 关系图

关系图通过节点和连线的方式表示不同元素之间的相互关系和交互作用，其中节点可以代表不同知识点，不同节点之间用连线表示不同连接关系，如包含关系、分类关系、顺序关系、关联关系等，如图 5-5 所示。关系图不受层次结构限制，能够展示铁路培训各知识点之间复杂的多对多连接和多种交互关系。考虑到铁路培训知识点数量规模庞大，使用关系图实现知识点可视化还需要结合聚类、过滤等方法对其进行简化。

4. 热力图

热力图在二维空间中以颜色的形式显示一个现象的绝对量，其通过颜色的变化来表示数据的强度或密度，直观地显示信息的集中程度和分布特征，如图 5-6 所示。在铁路培训知识点可视化中，

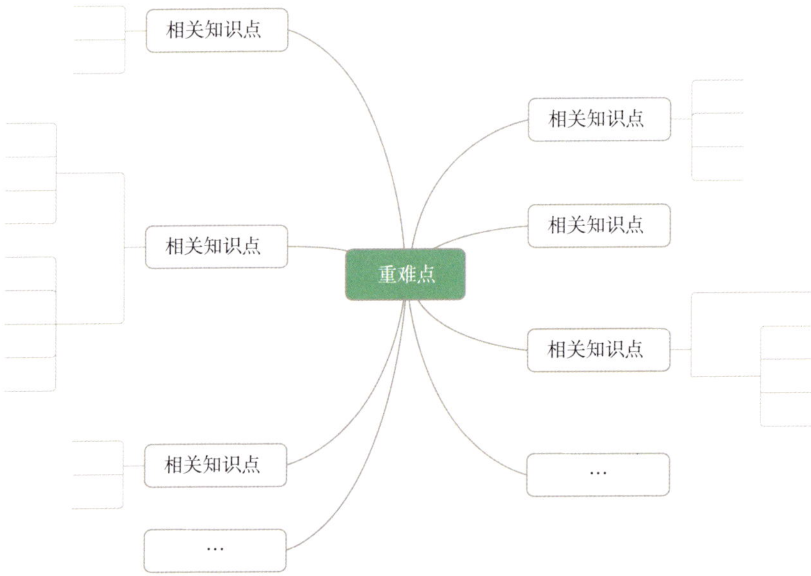

图 5-4　知识点思维导图示意

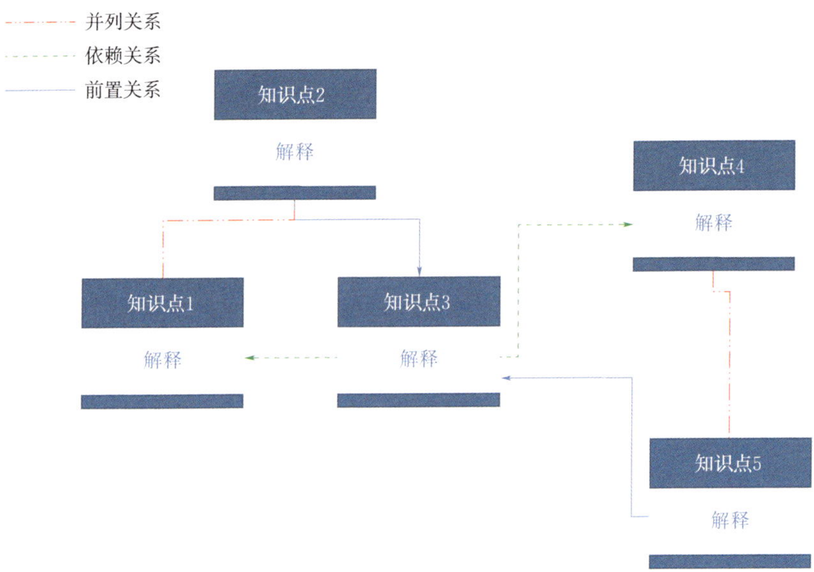

图 5-5　知识点关系图示意

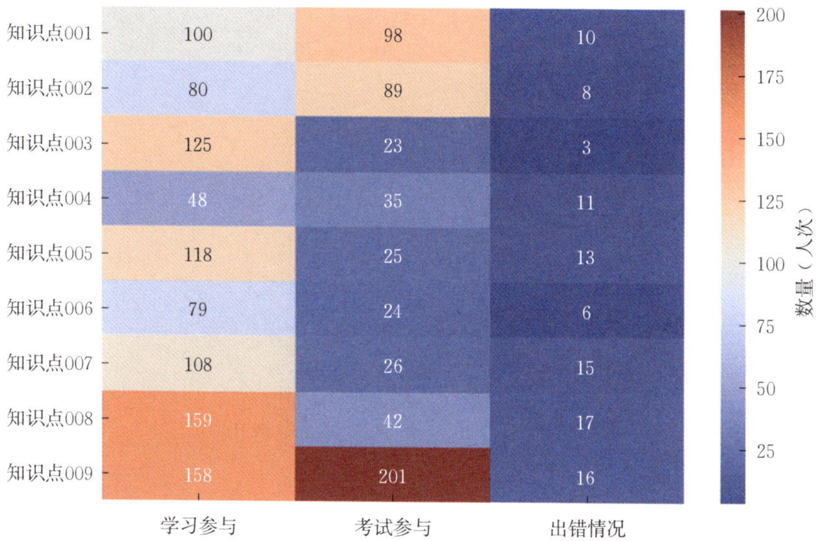

图 5-6　知识点热力图示意

可以使用热力图来呈现知识点的重要性或者热门程度，或者用于直观地显示学员对于不同知识点的掌握程度等。

5. 雷达图

雷达图也称为网络图、蜘蛛图、星图或蜘蛛网图，是一种用于表现多维数据的图表，通过从中心点向外辐射的射线（代表不同的维度或变量），将多个维度的数据映射到坐标轴上，使多维数据得到直观展示，如图 5-7 所示。虽然雷达图难以直接用于展示培训计划，但可以利用其多维度的特点来辅助培训需求分析。例如可以将不同领域的铁路知识、技能或能力作为雷达图的维度，通过分析各个维度上员工表现来找到知识、技能或能力差距。

以上几种可视化表达方法的优劣势对比见表 5-1。实际应用需要根据不同需求选择合适的可视化表达方式，同时进行信息预处理，确保信息的质量和完整性较高，从而可以达到提升效率帮助培训决策的效果。

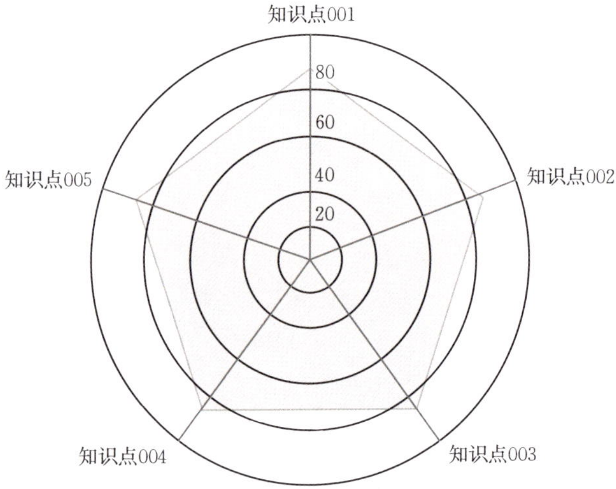

图 5-7　知识点雷达图示意

表 5-1　几种可视化表达方法的优劣势比较

可视化表达方法	优　　势	劣　　势
思维导图	结构化零散的知识	数据量大时难以管理
树状图	清晰展示层级结构	不能有效展示复杂关系
关系图	显示复杂网络关系	信息密集时较为混乱
热力图	直观显示发展趋势	对高质量信息依赖性强
雷达图	多维数据可视化、比较能力强	维度较多时信息过于密集

第三节　培训需求分析方法

一、作用、内容与方法框架

1. 作用

培训需求分析是一个系统化的过程，通过收集和分析个体和组织相关数据，确定并明确职工的知识和技能差距，并揭示差距的原因。其作用如下：

(1)有助于将培训与业务目标相结合。通过促进这种结合，提高培训投资效能，并帮助铁路企业实现业务目标。此外，通过确定组织的短中长期目标以及实现这些目标所需的员工知识、技能、能力等，有助于培训管理相关人员聚焦工作方向。

(2)有助于尽早发现技能和绩效差距。当企业经历改革或新技术出现时，就会出现绩效差距，职工随之需要提高技能以适应这些变化。培训需求分析可让组织及早消除这些差距，避免其成为阻碍企业发展的重大问题。特别是在追求劳效的背景下，通过提高职工的知识、技能、能力等来降低用人规模成为必要的途径。

(3)有助于合理安排培训优先级。培训需求分析将帮助铁路企业确定在资源约束(例如时间、预算等)下需要优先开展哪些培训。实际中培训工作的人力资源、培训资源等并不是无限丰富，最大程度利用好人力资源、培训资源等是不得不考虑的问题。如果做得正确，职工会学得更快，对工作绩效的影响更大，并减少职工在承担新岗位角色和任务时产生的挫败感，从而提升职工敬业度。

(4)有助于规划有针对性的培训计划。通过培训需求分析可以较为准确地了解员工在知识和技能方面的差距，使得培训计划更有针对性，也有助于帮助组织更合理地投入资源。

(5)有助于确定受训人员。通过培训需求分析可以确保特定人员获得其所需培训。根据职工需求定制培训计划可以最大限度地发挥培训计划的效益。

培训需求分析不仅对组织有益，而且对职工满意度也有积极影响，例如，通过提供培训满足职工个人成长需求。

2. 内容

按类别划分，培训需求分析内容可分为知识、技能和素质三类。

(1)知识，指职工通过学习、经验、发现或推理获得的信息、事实、原则、概念等，既包含具体的知识，如规章知识、装备构造知识等，也包含抽象的知识，如管理理论、运筹学等。

①基础知识：职工在特定专业领域所需的基本理论和概念。

②专业知识：职工在特定岗位所需的专门理论和概念。

③相关知识：与职工所从事工作相关的或者创新性的理论和概念。

(2)技能，指职工完成特定任务所需要的操作能力，包括硬技能和软技能。

①硬技能涉及物理操作，如操作设备、使用工具、软件等。

②软技能涉及认知能力，如沟通、团队合作、分析式思维、问题解决等。

(3)素质，指其他可以通过培训改变的影响职工绩效的隐性素质，包括态度、价值观、自我概念等。

3. 方法框架

如本章第一节所述，培训需求分析是培训计划生成的前提。为了提高培训需求分析的精准度以及便于其在培训计划制定或生成、培训课程设计等场景应用，健全以基本知识单元(知识点或能力素质项)为基础、以自下而上为主的培训需求分析模式至关重要，而其中建立系统高效的培训需求分析方法体系又是重中之重。

受各种因素影响，培训需求是动态变化的，而且既涉及个人、任务、组织等多方面需求。为了能够系统跟踪和把握培训需求，将个人视角和组织视角相结合，建立铁路培训需求分析的结构框架，如图 5-8 所示。个人视角侧重于面向个体职业发展、成功处理关键事件和改进个人绩效的培训需求分析，组织视角侧重于组织战略实现、岗位胜任要求和组织绩效改进的培训需求分析。

培训需求分析具有一定的时效性。无论是哪种需求分析，都是以当前时点和当前状态为基础的分析，分析结果仅能体现一段时间内的需求，并不能代表个人或者组织发展的长期需求。有效的培训需求分析是一个持续的过程，通过对个人、任务和组织需求

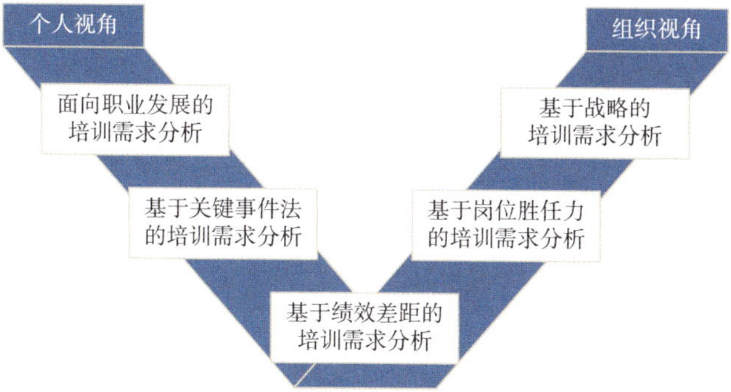

图 5-8　培训需求分析框架

的动态评估和更新，应对不断变化的内外部环境和对组织战略目标的持续支撑。

二、面向职业发展的培训需求分析

1. 特点

面向职工职业发展的培训需求分析是以职工个人职业发展目标为导向，评估和确定其为实现这些目标所需技能、知识和素质的分析方法，其核心在于识别职工在当前和未来岗位或职位上的知识、技能和素质需求，主要特点如下：

(1)个性化。这种分析方法通常关注每位职工的职业目标、兴趣、优势和不足，拓展了培训需求分析的全面性。

(2)前瞻性。分析过程不仅考虑职工当前的岗位或职位需求，还考虑其未来职业发展的需求，对于铁路企业来讲也是一种战略性储备。

(3)发展导向。这类需求侧重于通过培训促进职工长期的职业成长，不一定是解决当前任务或者当前岗位的工作问题。

2. 数据采集方式

一般采用面谈和问卷调查的方法和让职工自我评价的方式来采集数据，评价的内容主要有：

(1)自己目前的岗位任职状况和理想中的状况;

(2)自己工作的优势和劣势;

(3)自己在哪方面取得了成功;

(4)近期计划或未来的个人发展或能力提升计划;

(5)为实现目标计划付出怎样的努力;

(6)在实现目标过程中所需要的资源;

(7)需要怎样的培训与学习;

(8)规划个人职业生涯。

在实施方式上,为了降低实施成本,同时尽可能激发职工进行自我评价的主动性,通常可以结合绩效考核(例如月度、季度或年度)一并开展。

3. 数据分析方法

无论是问卷调查还是访谈,面向职业发展的培训需求分析所采集的数据主要以文本数据为主,对此,可以采用内容分析法来提取培训需求。

内容分析法是一种定性与定量相结合的科学研究方法,通过对文本内容的系统化、客观化分析,来推断出研究对象的趋势、模式、特征等。通过问卷调查或者访谈获得职工反馈之后,采用内容分析法提取培训需求的关键步骤如下:

(1)编码和分类。基于预先设计好的知识、技能和素质标签体系,按照分类标准对内容进行编码,将定性数据转化为可以量化的信息。为确保内容分析的信度和效度,通常需要多位编码者独立进行编码,并通过一致性检验来评估编码者之间的可靠性。在长期的培训需求分析中,随着分类标准成熟且相关人员越来越专业,编码的可靠性有望得到保证。

(2)数据分析。对编码后的数据进行统计分析,包括频率分析、相关性分析、回归分析等。通过频率分析揭示职工对知识、技能、能力等项点的需求分布。通过相关性分析揭示职工培训需求之间的关联性,便于培训内容规划。通过回归分析揭示职工培训需求与个人绩效之间的关系，便于铁路企业识别相关培训需求的重要性等。

传统的内容分析法的局限性包括分析结果受限于编码的准确性和分类系统的有效性，以及分析者的主观偏见。但是在铁路培训需求分析中，考虑到培训需求内容具有一定的规范性，而且随着自然语言处理技术快速发展，采用大语言模型系统来辅助开展编码和数据统计等基础性工作成为现实，极大降低了内容分析法的运用成本。

三、基于关键事件法的培训需求分析

1. 特点

关键事件法（critical incident technique，CIT）是收集、分析和评估关键事件中导致职工工作成功或失败的因素的方法[13]，其中，对职工工作绩效有显著影响的特定行为或事件才能称之为关键事件，例如维修人员成功阻止了一起安全生产隐患，或者客服人员成功地处理了一次不常见的客户投诉，或者技术人员解决了一次少见的技术问题等等。

基于关键事件法的培训需求分析是解析哪些知识、技能或素质对于员工的行为表现至关重要，进而明确需要加强或者值得推广的培训需求，主要特点如下：

（1）具有较强的针对性。分析过程强调行为与结果之间的因果关系，提取的培训需求对于解决实际问题具有较强的针对性。

（2）具有较高的个性化。分析以关键事件涉及的个人或团队的行为表现为核心。对于相关个人或团队来讲，培训需求具有个性化特征。

（3）具有一定的前瞻性。通过分析关键事件，组织可以预测未来可能出现的问题，提取的培训需求对于这些可能发生的问题来讲，也是一种预防性措施。

2. 关键事件数据收集

使用关键事件法进行数据收集时，重点在于识别和记录影响绩效的重大事件和行为，适用于铁路企业的一些常用方法如下。

(1)结构化报告。按照信息报告制度或管理机制，通过针对重要特定事件的结构化报告来获取关键事件的数据信息，对于报告的结构应当作出规范要求，例如应包括背景、行为过程及其结果。

(2)工作日志法。鼓励职工通过信息系统记录其在工作中遇到的关键事件和采取的行动，描述这些事件的背景、行为过程及其结果，对于好的案例应该给予奖励表彰。

(3)访谈法。通过与职工及其团队(如车间、班组)主管进行半结构化访谈，收集其在工作中遇到的关键事件和行为，访谈应询问哪些成功或失败事件对工作绩效产生了重大影响，以及如何行动的、结果如何。

(4)观察法。通过观察职工的实际工作行为，记录那些对工作绩效有重大影响的事件。观察应在日常工作环境中进行，以确保记录真实反映实际工作情况。

3. 关键事件数据分析

关键事件分析的目的是能够从整理好的文本信息中全面提取出影响绩效的行为表现所对应的知识点。关键事件分析通常需要分析人员熟悉铁路培训知识点(知识、技能和素质的定义、描述等)，主要步骤如下。

(1)将收集到的关键事件按性质和影响进行分类，例如将事件分为正面事件(提升绩效的行为)和负面事件(降低绩效的行为)。

(2)对文本资料中的员工行为表现进行编码，以便于识别行为模式和趋势。编码可以参考既有知识点的定义，也可以新增知识点定义。

(3)对员工行为模式及其驱动因素进行分析，找到所对应的知识、技能和素质要求。例如职工成功解决客户投诉的关键行为包括耐心倾听、快速响应和提供解决办法，建立这种行为模式可能需要职工具备客户服务意识、沟通技巧、支持系统使用、问题解决、计划和协调能力等。如果发现职工在处理客户投诉时缺乏有效沟通技巧，则可以确定沟通技能是需要重点培训的领域。

铁路企业在安全生产领域实际上经常采用类似的方法对职工的知识、技能短板进行分析。这种方法虽然实施成本较高，但是对于铁路企业建立动态应对变化的培训措施具有重要作用。

四、基于绩效差距的培训需求分析

1. 特点

绩效分析法主要用来评估职工工作表现与预期目标之间差距，并确定这些差距是否可以通过培训来解决。除了可以识别工作绩效差距，绩效分析法可以用来评估职工在技能、知识、态度、行为表现等方面的差距。

(1)技能差距。职工是否掌握了完成工作所需要的专业技能。

(2)知识差距。职工是否掌握了完成工作所需要的理论知识。

(3)态度差距。职工的责任心、敬业精神等表现是否与铁路企业文化和组织要求一致。

(4)行为表现。职工的工作行为是否符合组织规范。

2. 分析框架

基于绩效差距的培训需求分析通常分为三个主要阶段，即识别组织绩效差距、识别职工业绩表现差距和识别职工知识、技能和能力差距，如图 5-9 所示。

3. 数据采集

(1)确定评估标准

组织绩效标准通常包括安全生产事故率、隐患排查率、隐患整治率、客货运输和经营开发收入、利润增长、市场拓展、客户满意度等，也可以根据单位属性或者职责定位进行调整，例如任务完成率、下游单位或部门满意度等。

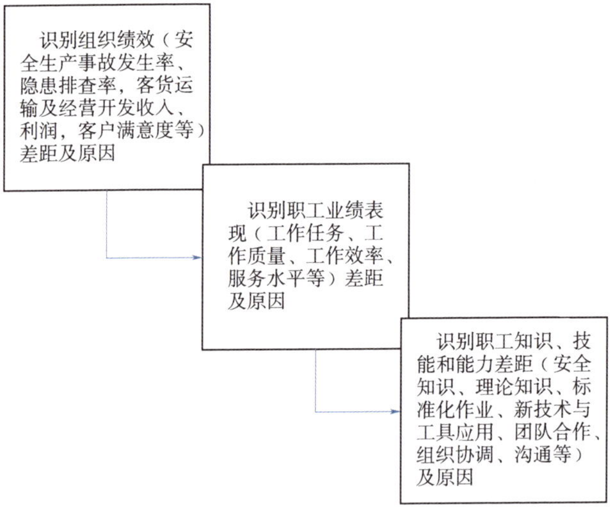

图 5-9　基于绩效差距的培训需求分析流程框架

职工业绩标准例如关键绩效指标(KPI)，通常包括安全生产绩效、工作成果(数量、质量、效率)、服务水平(服务或问题响应率、客户或上游单位的满意度)等。

职工的知识、技能、能力等评估标准通常包括专业知识项、技能规范要求、个性特征(如人际交往、诚信、专业素养、责任心、终身学习等)、职场能力(如团队合作、工具与技术应用、问题解决与预防等)。

明确评估标准为开展培训需求分析提供了目标和方向。在明确评估标准过程中，应该征求单位管理层和决策者的意见或者与其开展讨论，以确保这些目标能够得到支持和认可。这样，培训需求分析不仅能够满足职工的个人发展需求，还能推动组织实现其整体战略。

(2)收集绩效数据

组织绩效和职工绩效数据大部分可以通过业务部门或者铁路企业相关专业信息系统获取，例如通过安全生产管理部门、财务、专业部门或相关信息系统通常可以直接获得相关数据，个别数据例如满意度需要通过在线调查获取。为了提高满意度等调查效率和质量，在线调查应尽可能与业务管理信息系统集成，借助算法和人工智能等，开展常态化的自动化的满意度调查分析。

职工知识、技能、能力等状态数据可以通过考核、360度反馈等方式进行搜集，长远来看，铁路企业需要建立自己的能力测评系统，通过引进胜任力的概念，来加强对职工非显性知识或能力的评价跟踪，以加强培养培训的全面性。

4. 数据分析

在收集到足够的数据后，下一步是对这些数据进行详细分析，以识别职工在知识、技能和能力方面的不足，主要分析过程如下。

(1)知识、技能和能力差距。通过将职工的实际技能和岗位要求进行比较，可以发现存在的技能差距。

(2)分析差距产生的原因，区分是技能不足、知识缺乏、态度问题还是环境因素，并确定这些差距是否可以通过培训来弥补。分析差距原因可以采用鱼骨图的方法，如图5-10所示。

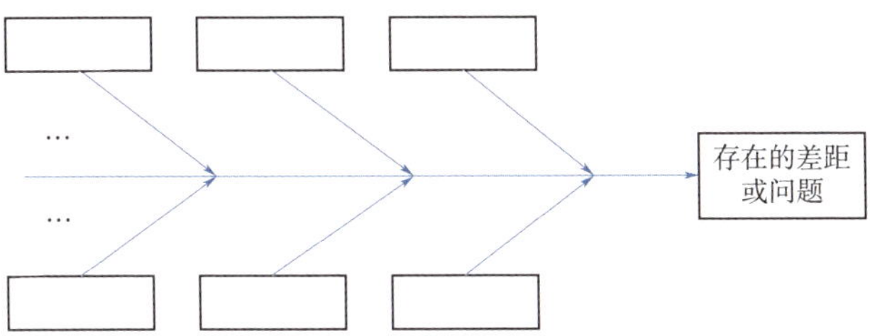

图5-10 鱼骨图示意

(3)通过知识、技能和能力差距分析，确定需要培训的具体领域和内容，如技能提升、知识更新、工作态度转变等，以及哪些群体需要这些培训。

(4)根据绩效差距的重要性和紧迫性，对培训需求进行排序。确定哪些培训需求应当优先解决，从而为制定有针对性的培训计划提供基础。

五、基于岗位胜任力的培训需求分析

1. 特点

岗位胜任力是对从业人员胜任岗位工作所需要的知识、技能、素质等方面的综合性要求。通过比较职工真实状态与岗位胜任力要求之间的差距,可以帮助组织和个人明确培训需求。岗位胜任力模型的建立有较为规范的过程,本书不做过多介绍。在铁路技能人才培训方面,铁路企业相关部门结合岗位任职要求,制定了主要行车工中的培训规范,体现了岗位任职资格中对知识、技能和素质的要求,为基于岗位胜任力开展培训需求分析奠定了良好基础。

考虑到知识、技能和素质在测量难度上的差异,根据测量方式可以将这类培训需求分析分为两大类:

①知识和技能测评,主要采用标准化考试测验的方式来评估职工对特定领域知识和技能的掌握情况。知识和技能考试在铁路企业应用十分广泛且频率较高。

②行为和态度测评,主要采用心理测验的方式来评估职工在特定素质方面的表现情况以及改进空间。行为和态度测评在铁路企业部分关键岗位选拔环节和轮训环节有所应用,例如针对机车乘务员有驾驶适应性测试,在轮训环节有心理健康测试等。这类测评实施成本高且需要有专业分析人员来解读结果。

2. 基于考试测验的知识和技能差距分析

铁路企业建立了系统性的针对理论知识、技能的考试测验体系。这些考试测验结果数据对于识别职工知识、技能差距至关重要。而这其中错题分析又是重中之重。作为一种培训策略,错题分析可以用于帮助组织识别职工培训学习过程中的薄弱项,并通过与知识体系、培训项目等结合,有助于为培训计划制定提供支持。常用的错题分析方法主要有以下几种。

(1)频率分析法

频率分析法是指统计每个知识点在所有错题中出现的频率,

是目前铁路企业错题分析常用的方法。错误频率的计算可以使用简单的计数算法，例如，每个知识点错误的次数除以总错题数，得到错误频率，根据统计口径不同，一般有两种统计方式：

$$错误频率=\frac{某个知识点作答错误人数}{所有知识点作答错误人数} \tag{5-1}$$

或者

$$错误频率=\frac{某个知识点作答错误人次}{所有知识点作答错误人次} \tag{5-2}$$

对错误频率进行排序，可以反映职工的知识点薄弱环节，结合知识点与特定岗位之间的关系(例如应知应会类、选修拓展类等)，帮助确定培训优先级。

(2)难度评估法

结合题目难度和作答错误率，计算每个知识点的难度指数，难度指数越高则越需要在培训中加以重视。知识点难度可以使用错误次数和题目难度这两项的加权平均计算得到，其中权重可以是题目的难度系数。关于题目难度系数的计算在第八章将会详细介绍，在此不再赘述。对于错误次数的计算，可以使用作答错误人数，或者作答错误人次代替。

(3)聚类分析法

知识点数量通常很庞大，为了便于组织培训尤其是培训项目、课程内容设计等，可以使用聚类算法将错题按类型进行分类，以便找出哪些知识点是紧密相关的。常见的聚类分析方法有 K-means、层次聚类等算法。这里介绍 K-means 算法计算过程。

K-means 算法的原理是：给定 k 的值，k 代表要将数据分成的类别数，然后根据数据间的相似度将数据分成 k 个类，也称为 k 个簇(cluster)。度量数据相似度的方法一般是用数据点间的距离来衡量，比如欧式距离、汉明距离、曼哈顿距离等等。这里，使用欧式距离来度量数据间的相似性，欧式距离计算公式为：

$$d_{12}=\sqrt{\sum_{k=1}^{n}(X_{1k}-X_{2k})^2} \tag{5-3}$$

其中，n 为维度，比如对于二维平面上的两个点 $A(x_1, y_1)$ 和 $B(x_2, y_2)$，两者间的欧式距离就为$\sqrt{(x_1-x_2)^2+(y_1-y_2)^2}$。而对于每一个簇，用簇中所有点的中心来描述，该中心也称为质心(centroid)。通过对簇中的所有数据点取均值(mean)的方法来计算质心。

K-means 的时间复杂度为 $O(tkmn)$，空间复杂度为 $O[(m+k)n]$，其中，t 为迭代次数，k 为簇的数目，m 为样本数，n 为特征数。K-means 算法过程见表 5-2。

表 5-2　K-Means 算法过程

输入	聚类个数 k，数据集。
输出	满足方差最小标准的 k 个聚类。
步骤	①选择 k 个初始中心点，例如 $c[0]=X[0],\cdots,c[k\text{-}1]=X[k\text{-}1]$； ②对于 X[0]…. X[$n$]，分别与 $c[0]\cdots c[k\text{-}1]$比较，假定与 $c[i]$距离最小，就标记为 i； ③对于所有标记为 i 点，重新计算 c[i]={所有标记为 i 的样本的每个特征的均值}； ④重复②③，直到所有 $c[i]$值的变化小于给定阈值或者达到最大迭代次数。

(4)相关性分析法

相关性分析用于衡量两个变量之间的线性关系强度和方向。在分析错题时，相关性分析可以挖掘不同因素(如练习次数、作答时长、题目难度等)与错题之间的关系。

相关分析的计算方法主要包括皮尔逊相关系数和斯皮尔曼等级相关系数。皮尔逊相关系数要求变量呈正态分布，并基于变量的均值和标准差来计算。斯皮尔曼相关系数基于变量的等级(排序)来计算，对变量的分布没有要求。

(5)时间序列分析法

按照指定时间周期，跟踪职工在一段时间内对各个知识点的错误频率情况，分析错误趋势。可以使用时间序列分析，例如移动平均、指数平滑等。

在应用这些方法时，重要的是确保数据的准确性和代表性，以及选择适合具体情况的算法。通过这些量化分析，相关部门或单位可以更精确地识别在知识、技能方面的差距，进而更针对性地设计教学计划。

除了对错题结果进行量化分析以外，还有一些贯穿于培训学习过程中的知识点掌握情况追踪方法，例如，贝叶斯知识跟踪（bayesian knowledge tracing，BKT）模型、深度知识追踪（deep knowledge tracing，DKT）等。这些方法应用较为复杂一些，但是可以提供给培训决策的信息量也更大一些，也是铁路企业需要加快应用的重要方向。

3. 基于心理测验的能力素质差距分析

不同于知识和技能差距分析，能力素质分析对于能力素质定义及测量工具有较高的要求。能力素质分析常见的方法有笔试（心理测验）、面试、人才评价中心等多种方法，这里重点介绍实施难度较低的心理测验方法，主要步骤如下：

（1）建立能力素质词典，或者在知识点管理中完善相关知识点，目的是使得这些重要的能力素质便于被识别、被传授或者被培养。能力素质主要指隐藏的不易被看见的员工的个性特征、价值观、态度等因素，部分能力素质项及其定义见表 5-3。

表 5-3 部分能力素质项及其定义

能力项	定义	行为特点
人际关系建立	展示出与他人高效合作的技能	展示敏感性/共情性，对他人行为的洞察力，与他人保持开放的关系，展示文化意识
诚信正直	展示强烈的道德原则和职业道德	承担责任和问责，道德行为，公正行事

续上表

能力项	定义	行为特点
专业性	保持专业形象	情商、专业形象、积极态度、良好判断能力
主动性	通过自发行动和跟进展示自己对高效工作表现的承诺	主动采取行动，设定具有挑战性的目标并承担风险，独立工作，具有成就动机
适应性和灵活性	展示适应新的、不同的或变化的要求的能力	接受新想法，处理模糊性、复杂性和快速变化
责任心	展示在工作中负责的行为	履行职责，准时出勤，关注细节，遵循指示或制度规范
终身学习	展示求知欲和对持续学习的长期渴望	展示对学习的兴趣，参与培训学习活动，将变革视为学习机会，识别职业兴趣，整合和应用学习内容
沟通	通过听、说和信号传递让他人理解	表达，接收信息，仔细观察，说服或影响
批判性和分析性思维	使用逻辑思维过程来分析信息并得出结论	归纳和演绎推理，思维敏捷
团队合作	与他人合作完成工作任务	识别团队成员和角色，建立富有成效的关系，实现团队目标，解决冲突
客户或利益相关者导向	高效和有效地满足客户或利益相关者需求	理解客户或利益相关者需求，提供个性化服务，保持客户或利益相关者的信息透明
规划与组织	规划和安排工作优先级，以有效管理时间并完成分配的任务	规划，优先级排序，管理项目

续上表

能力项	定义	行为特点
创造性思维	生成创新和创造性的解决方案	开展独特的分析，制定解决方案，大局观念
问题解决	制定、评估和实施问题解决方案	识别问题，收集信息，制定替代方案，选择解决方案，实施解决方案
工具和技术的使用	选择、使用和保养业务工具（例如装备）和技术，以促进工作效能提升	选择和应用工具、技术，保持工具和技术的最新状态，故障排除和维护
计划和协调	尽可能高效和经济地进行安排以满足所有需求	安排和告知，资源协调
检查、审查和记录	以书面或电子/数字格式输入、转录、记录、存储或维护信息	数据采集，预处理，完成单据，获取信息，维护日志、记录和文件
运营与维护	支持生产以满足客户需求的技术或装备的安装、操作、控制、维护和改进	识别操作和维护要求，开发操作程序和方法，制定养护维修标准，收集和分析信息，识别和组织培训，制定政策和程序，分析替代的运营和维护方法
质量控制和质量保证	确保过程或服务符合相关质量要求和用户规范	理解质量概念，实施支持质量管理的控制措施，使用质量管理，寻求方法和技术改进，审核、检查和纠正质量问题等

（2）开发或者引进能力素质测评量表，针对每项能力素质建立测评题目，职工通过回答这些题目来反映其在特定能力素质项上的行为特征，一般采用在线测评系统来支撑量表的使用。

（3）建立能力素质常模，将职工的行为特征转化为数据，通过数据反映特定群体的行为特征分布情况，为分析每位职工的能力素质水平或者状态提供常模参考。

(4)开展能力素质分析，识别职工个体或者团队在各项能力素质方面的差距或者优劣势，以此为依据明确需要重点培训的内容或方向。

长远来看，可以针对铁路关键岗位逐步建立岗位胜任力模型，综合跟踪职工的知识、技能、素质等水平和状态，帮助组织更全面、更系统地分析和把握职工培训需求。

六、基于战略的培训需求分析

基于战略的培训需求分析是一种将组织的战略目标与职工培训需求相结合的方法，目的是确保培训计划与组织的短期目标和长期愿景保持一致，主要分析步骤如下。

1. 明确分析对象

首先要对组织战略有清晰的理解，既包括整体性的发展战略，例如发展规划、行动计划、年度工作安排等，也包括专项的专门的工作要求，例如新装备或工具的投用、企业文化建设等。选择特定的战略内容是开展培训需求分析的前提。

2. 数据采集

对特定战略要求进行分析，解析其对职工行为表现的要求以及背后所需要的知识、技能、素质等。采集这些数据的方式包括访谈法、焦点小组法等，访谈对象通常需要是高层管理者，实施难度较大，这里重点介绍焦点小组法。

焦点小组方法是一种定性研究技术，通过组织小组讨论来收集信息。针对特定的战略内容，可以选择不同层次不同领域的专家组成小组，以便尽可能获取全面详尽的信息，例如可以选择业务部门管理者、职能部门管理者、优秀员工等，也可以邀请外部专家。

在焦点小组中，参与者围绕特定战略问题对职工行为表现的影响方式、要求以及背后所需要的知识、技能、素质等进行发言和讨论;组织者(如业务部门负责教育工作的管理者)通常担任引导者的角色,以确保讨论按计划进行;记录员应详细记录发言要点、关键观点和讨论的内容,必要的时候可以采用电子设备录音的方式进行记录,会后语音转录形成文本材料。

3. 数据分析

针对焦点小组获取的文本材料,参考制定的知识点定义,结合内容分析法进行必要的编码和分析,提炼职工所需要掌握的知识、技能或素质内容,形成培训需求内容。为了提高培训效能,可以在评估职工知识、技能和素质现状水平(通过考试测验、观察、工作记录、心理测验等方式)的基础上,对比分析特定战略问题的培训需求和职工知识技能水平现状之间的差距,明确培训重点。

第四节　培训计划可视化管理

一、培训计划生成

1. 培训计划分类

总体计划由培训项目构成,培训项目又分为一个或多个班级计划。无论是总体计划还是班级计划,自下而上的生成模式都是以培训需求为主导来确定。根据铁路企业管理体制机制,培训需求分析和培训计划实施多由业务部门或专业系统分类开展,因此,培训计划可以以业务部门或专业系统为一级分类、以培训性质(例如集中调训、竞赛项目等)为二级分类,也可以根据需要进一步细分。

2. 计划生成方法

采取自下而上的培训需求分析结果以知识点为基础,具有较高的模块化水平,但是知识点数量繁多,将每个知识点都作为一个培训项目或者一个班级显然是不现实的。因此,实际中需要将知识点按照相互之间的依赖关系组装成一个个培训项目或班级（班级计划由培训项目拆分而来）。

通过知识点依赖关系形成的班级或培训项目的内容可能会很庞大，可以根据培训时长限制进行必要的拆分，例如为了减少对业务工作的影响，单期培训（一个班次）可以不超过 7 天。在培训班计划中，还需要考虑职工是否达到培训制定要求，例如学时数或轮训要求。

基于知识点来生成培训计划过程烦琐，同时高度依赖于知识点数据，以人工为主显然成本高昂且效果难以保证。借助于智能算法和信息系统，可以有效提高工作效率，减少人工操作，促进自下而上的培训计划生成模式应用和发展。

二、培训计划可视化方法

1. 时间线

时间线是一种将培训计划按照其出现的时间顺序进行展示的方法，有助于用户直观地理解时间维度上的变化和趋势。铁路培训计划是有时序的，通过时间线方法可以展示培训计划安排情况，帮助培训管理者或学员做好工作规划，也可以直观回顾培训历史，基本样式如图 5-11 所示。

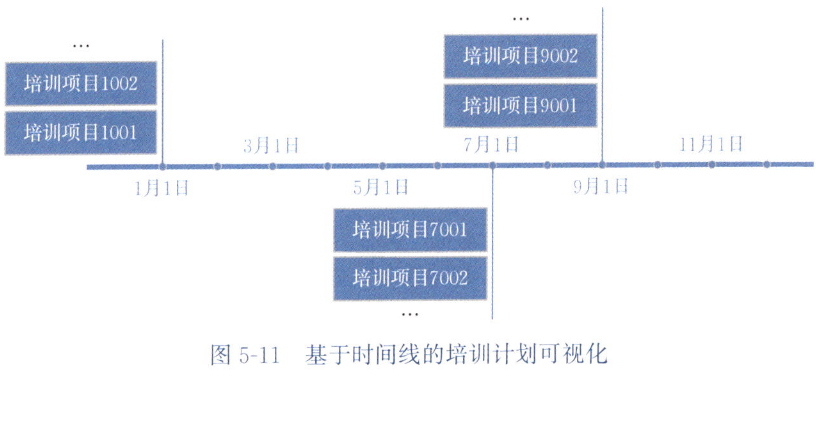

图 5-11　基于时间线的培训计划可视化

2. 甘特图

甘特图也是一种基于时间线的项目管理工具。基于甘特图的培训计划可视化可以直观展示各个培训班的时间安排和顺序，有助于铁路培训管理者合理安排培训资源、掌握培训活动进行状态、跟踪培训计划执行进度和兑现情况，提高培训管理效率，基本样式如图 5-12 所示。

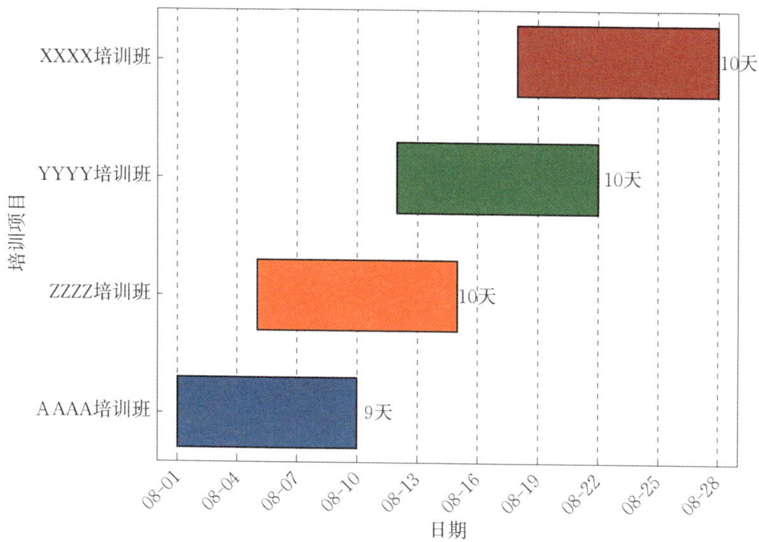

图 5-12 基于甘特图的培训计划可视化

三、监控指标

培训计划监督的核心是培训计划兑现情况，即实际培训完成情况与计划目标之间的符合程度，常被用来衡量培训计划的成功程度。培训计划兑现不仅体现在培训结果方面，也包括培训过程的规范化与创新，主要包括以下几方面指标：

1. 职工参与率

职工完成培训制度所要求的学时或培训任务的情况，可以已培人数占应培人数比例、已培人学时占总应培人学时比例来衡量。

应培未培或者过度培都会影响培训效果,也有违培训制度要求。掌握职工参与率也有助于确定班次计划中的参与对象。

2. 计划完成率

按照既定培训计划时间安排,如期完成培训任务的情况。通常以培训班为统计单元,计算已完成培训班的数量占比,也可以根据管理需要,增加如期完成率、延期率等指标。

3. 考核成绩指数

以培训考核结果情况衡量职工对知识点的掌握程度,并通过标准参照方式反映教学效果水平。培训考核方式包括理论考试、实作考试、观察评估、论文等。无论哪种方式,培训考核结果宜转化为量化指标,例如标准化分数。另外,培训考核分为形成性考核和总结性考核,这里主要采用总结性考核成绩。关于培训考核详细内容参考第十章。

4. 教学管理指数

以教学准备和教学过程管理情况,例如,教师备课、教师授课、班主任班级管理(学员出勤、纪律等)等,可以质量评估得分为衡量指标,详细参考第十章相关内容。

5. 教学服务指数

培训过程中的非教学活动,例如住宿、餐饮、交通、文体活动等生活服务水平,通常以满意度为衡量指标,详细参考第十章内容。

6. 学习活跃度指数

通常考查学习时长、人次等指标来衡量职工学习活跃情况,学习方式涵盖线下集中培训、日常在岗培训、线上集中培训及自学等。学习活跃度指数有助于培训管理部门掌握培训学习规律和动态。

第六章　在线教学

第一节　在线教学概述

一、发展历程

在线教学又称为电子学习(E-Learning)、网络学习、网络培训等，是一种通过数字化工具或平台在互联网空间进行教与学活动的教育培训形态。在线教学突破了时空限制，为企业培训带来无限发展空间，其发展历程如图 6-1 所示。

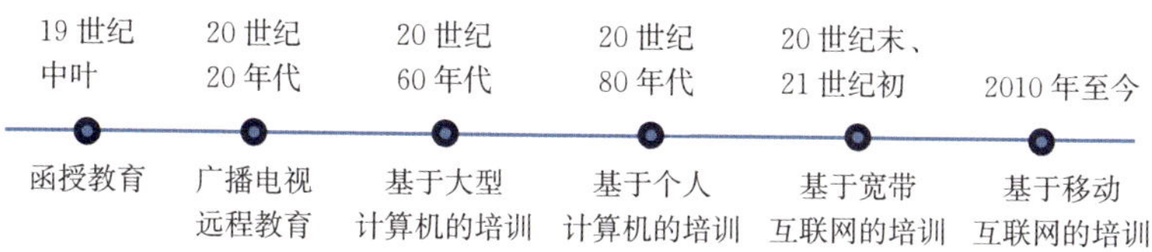

图 6-1　在线教学发展历程

在线教学在科技进步的驱动下由来已久。早在 19 世纪 40 年代，以邮政信函为主要媒体的函授教育开启了远程教育也是在线教学的雏形。到了 20 世纪 20 年代，无线电和通信技术迅速发展，带动远程教育进入以广播电视、录音录像等视听教学媒体为主的新发展阶段。20 世纪 60 年代，基于计算机的培训开始产生，但是这个时候的培训程序允许在大型主机上，使用起来仍然很不方便。

20 世纪 80 年代，个人电脑推出以后，基于计算机的培训使得远程教育更为简单，但是此时的计算机培训本质上是以电子化教材为主要媒体。进入 90 年代，随着互联网的兴起，以网络作为传播媒介的在线教学开始蓬勃发展，基于电子邮件、在线聊天和网站等基础性的在线课程问世，在线传递和管理培训内容的学习管理系统(LMS)也开始出现。

20 世纪 90 年代末和 21 世纪初，宽带互联网的普及显著提高了在线教学的质量和易用性，视频、动画、交互式模拟等多媒体技术的融入，也使得在线教学效果更好、吸引力更强。基于 Web 的开源学习管理系统，例如在线学习与训练(online learning and training,OLAT)等，以及共享内容对象参考模型(sharable course object reference model,SCORM)标准等发布，使得在线教学作为一种技术发生了革命性的变化。

2010 年至今，以智能手机和平板电脑为主的移动设备变得越来越普遍，大量用户通过移动设备观看在线学习视频、阅读书籍和玩游戏，移动设备成为在线教学的主要载体之一。2012 年，MOOC 兴起，在线教学呈现爆发式增长。2019 年，新型冠状病毒肺炎爆发又大大加速了在线教育在学校教育和企业培训的应用。

如今，随着计算机和网络技术不断发展，3D 虚拟课件、互动直播教学、游戏化学习、自适应学习等各种新形态新模式不断涌现，特别是 2022 年以 ChatGPT 为代表的人工智能取得突破以后，在线教学正加速变得更加智能化、个性化、灵活化，成为引领企业培训教学理念变革和教学模式创新发展的关键力量。

二、优劣势

1. 优势

如前所述，在线教学打破了时空限制，延伸发展了教育培训新形态。相对于铁路企业传统线下培训来讲，其优势特点主要体现在以下几个方面：

(1)降低培训成本。在线教学虽然需要一定的平台建设和运营投入，但是其通常不需要像线下培训那样产生住宿、交通等费用。对于铁路企业这样职工规模较大的组织来讲，在线教学能够降低培训成本。

(2)覆盖范围更广。在线教学使得职工能够在任何网络可及的地理位置参加铁路企业组织的统一培训,其培训覆盖范围比传统线下培训要更广。

(3)促进资源共享。所有的课件、课程、试题等学习材料都存储在培训管理服务平台中,借助于培训管理服务平台支撑实现跨单位、跨部门甚至跨组织的培训资源共建共享,提高资源建设使用效能。

(4)加快职工发展。由于传统线下培训容易受到教师时间、工作安排、培训设施可用情况等限制,可能会节奏较慢。但是,培训管理服务平台随时可用,让职工可以按照自己的节奏随时学习。

(5)便捷跟踪进度。在线教学通常不需要进行专门的现场监控,培训管理服务平台能够自主对职工学习情况进行监督和分析,并通过图表、报告等形式即时反馈每位学员的学习进度等。

(6)更好适应业务需要。在线教学可以帮助职工更好地跟进铁路企业对于职工培训的要求,例如针对一些新问题解决、新技术应用等,可以通过快速创建在线课程的方式,及时面向所有相关员工进行发布,供其学习掌握最新要求。

2. 劣势

在线教学优势明显,但是也存在不足,例如学员的课堂参与感、体验感有时候达不到线下集中脱产培训的程度,又如,对于技能性较强的知识进行在线教学时,可能存在互动性不足而影响学习效果的问题等等。

三、课程模式

1. 按照在线教学过程中教师授课与学员学习之间的时空关系,可以将在线课程分为直播形式课程和点播形式课程两类。

(1)点播形式课程,又称为异步在线课程,是指教师或培训管理者提前将制作好的文本、视频、音频等课程发布到指定的在线学习平台,例如铁路企业的培训管理服务平台,具有访问权限的学员按照自己的学习需要和时间安排,随时通过平台获取相关课程进行自主学习。对于有组织的正式培训,通常会增加一些学习要求,例如学习时长或者学习进度达到90%才可以视为完成学习,有的课程还可能会设置测试测验以检验学习效果。大部分在线教学以点播课程为主。可以看出,点播课程模式的主要优点是学员学习的自主性较高,能够较好地匹配职工的需求和兴趣,可以用于岗前知识储备或专业知识更新。点播课程也有其缺点,例如缺少互动,不利于培养学员的参与习惯。对此,铁路企业可以通过培训管理服务平台进行必要的监控或指导,也可以通过引入激励(计分、内部认证等)、学员评论社区等以提高学员参与积极性。

(2)直播形式课程,又称为同步在线课程,是指教师和学员之间通过实时音视频互动和交流完成课程内容的传递和学习,此时教师授课与学员听课是同步进行的,与线下培训授课的要求基本一致。直播课程通常需要由教师来组织实施,包括固定的时间,有时候还需要老师或者学员到固定的地点授课或学习,所以多适用于正式培训。不同于点播课程需要提前制作好课件,直播课程的内容来源于摄像头,因此理论上来讲,实时拍摄和通过网络传递的音视频内容都可以作为直播课程的授课内容,例如,可以在铁路养护维修现场临时开设直播课程,也可以把教师线下授课过程以直播形式扩展到其他物理空间等等。可以看出,直播课程的主要优点是互动性强,有利于培养学员的参与习惯,另外有效拓展了传统线下授课的时空范围,为更多的学员参与正式培训提供了便利。直播课程的缺点对网络质量和设备的要求较高,学员学习的灵活性较低,同时为便于学员回顾课程内容,在上课期间需要同步录制课程并在课后将其编辑转化为点播课程。

2. 按照课程内容的组织模式,在线课程可以分为MOOC、微课、混合课程等。

(1)MOOC指大型开放式网络课程,通常由专业讲师教授,其课程内容和进度与线下面对面课程相同,但课程通常被设置成课节的形式，每个课节通常包括视频课程、阅读材料、问题集以及最后的测验或考试。课节长度和难度因课程要求而异，有些课程要求学员集中投入较多时间，并且快速讲解大量内容，有些课程则每周只需要几个小时，并且更适合自定进度。MOOC 的授课形式可以是点播形式，也可以是直播形式，通常对于标准化程度较高的教学内容可以采取点播形式，对互动性要求较高的教学内容应尽可能采取直播形式。MOOC 模式优缺点与点播形式课程的优缺点类似。在 MOOC 基础上，根据所面向的学员对象范围，还延伸出了企业在线开放课程（corporate online open course，COOC）、小型私人在线课程（small private online course，SPOC）等其他课程模式，这些衍生模式的特点及优缺点与 MOOC 类似，也不再赘述。

（2）微课指微型在线课程，其课程内容通常以知识点讲解、教学重难点和典型问题解决、实作过程演示、测试测验为主，课程时长平均约 5～8 min，一般不超过 10 min，呈现形式可以是讲授视频，也可以是使用 PPT 或手写黑板配合其他软件录制的视频。微课以适应碎片化学习习惯而著称，包括碎片化的学习内容和碎片化的学习时间。在移动互联网时代，面对工学矛盾突出、知识更新速度加快等挑战，微课以其灵活便捷的优势为企业培训注入新的蓬勃活力。与 MOOC 相比，微课内容短小，为了保证教学的系统性，在微课的设计开发过程中，可以将培训内容分解为若干模块，模块再分解为若干子任务，每一子任务对应一个或多个知识点，每个微课仅对应其中的一个或多个知识点，不同微课之间的前后顺序即为培训内容包含的知识点教学顺序，这样每节微课独立、完整，同时多节微课组合又可以完整地呈现整个培训内容的知识点，最大程度发挥其优势。

（3）混合课程指线上课程与线下面对面课程相结合的课程模式，其线上课程部分可以是 MOOC、微课等，线下面对面课程部分与传统课堂教学过程一致，但是通常需要使用培训管理服务平台对线下课程进行管理，以便于在整个培训过程中对各种形式的课程教学过程及结果进行记录和分析。混合课程模式较好地集成了各种课程模式和形式的优点，缺点是对于课程设计等要求和实施成本较高。

四、应用策略

在线教学作为一种铁路培训形式，组织实施过程遵循第四章培训管理业务模型，即包括计划、资源准备、实施、行政支持、监督。但是在具体做法方面，与传统线下培训有一些差异。

1. 合理利用在线教学形式

如前所述，与线下面对面培训相比，在线教学有其优势，也存在一些缺点。因此，在培训计划制定环节，以保障培训效果为根本，根据课程内容的性质、标准化程度、考核要求等，合理选择教学形式。

（1）以在线教学替代线下面对面培训。如果完全依托在线教学，需要按照培训管理要求，做好在线管理的条件准备。

（2）把在线教学作为线下面对面培训的补充，例如，可以将线下培训内容录制成视频课件并将其发布到培训管理服务平台，方便学员课后复习；或者在课前采用线上教学形式提供预习内容。

2. 精细准备在线教学资源

在线教学需要用到的学习资料包括课程资料、可下载资料、作业、测试测验等，每项内容都需要考虑学员特点、教学目标等因素进行精细准备。

（1）为了保障教学质量，每门新开课程理论上都应该有规范的备课过程，在线课程应该提示该课程是否通过备课。

（2）为了保证教学效果，需要有策略性地运用考试测验等手段来克服记忆曲线等。

（3）如果课程属于某个培训项目或培训计划的一部分，则需要将该课程添加到整个学习路径中并予以展示。

3. 持续创新在线教学模式

信息技术应用不断丰富和发展在线教学的工具，例如视频学习、互动直播、答题、互动交流等，以提高在线教学参与和效果为导向。通过对既有工具的组合利用和新技术的不断应用，例如虚拟现实、人工智能等，不断探索新的在线教学模式，例如游戏化教学、虚拟现实教学、自适应教学、线上线下混合教学等。

4. 注重教学过程的数据利用

在线教学相较于线下面对面培训来讲，更容易向学员及时提供教学支持，也更容易实现精准教学，实现这两点关键在于对教学过程中的数据利用。

(1)及时获取和向学员反馈信息，例如学习进度提醒、知识点的掌握情况、诊断性测试情况、在线答疑、作业批改反馈等。

(2)在线教学能够较为全面地获取教学过程中教师和学员的行为数据，理解、分析和识别这些数据背后所反映的问题或蕴含的规律，对于个性化教学至关重要，同时对于教师和培训管理者来讲也是一种能力挑战。

第二节　课件制作

一、定义

培训课件是指构成在线课程或学习模块的所有内容和教学策略。培训课件起初主要指辅助教师教学或学员学习的额外资料，经常通过光盘等媒介进行传播使用。现今在互联网环境下，培训课件主要体现为有特定教学目标的多媒体文件、软件程序等，可以在线访问或者独立运行。

二、类型

从技术角度，铁路企业培训课件类型大致可分为 PPT 文件、实拍视频、动画视频、组合视频和仿真软件，见表 6-1。

表 6-1 课件类型及制作方式

课件类型	制作方式
幻灯片	录制的演示、模板幻灯片等
实拍视频	单机位摄像、多机位摄像
动画视频	定制动画、动画工具包、模板动画、屏幕录制
组合视频	实拍＋定制动画、直播＋屏幕录制、直播＋视频素材库
屏幕录制	屏幕录制工具
仿真培训系统或软件	软件开发

1. 幻灯片

(1)录制的演示文稿，主要通过办公软件来制作，是最简便的课件制作方法。录制演示过程中，主讲人面前可以获得所有课程信息，并通过旁白来澄清概念、关键点等。

(2)模板化的幻灯片视频，主要通过专门的课件制作软件(如微课件制作软件)来得到一个类似于演示文稿的视频，具有更丰富和高级的展现形式，例如，支持定制动画。

不同方式 PPT 制作对比见表 6-2。

表 6-2 不同方式 PPT 制作对比

录制的演示	模板化 PPT
幻灯片演示＋演示，成本较低，展现形式较为单一和初级	专门课件制作软件提供的演示文稿，加上定制动画，使低预算项目看起来更专业

2. 实拍视频

(1)单机位摄像，即只设置一台摄像机并对准主讲人进行拍摄，整个场景从一个角度静态拍摄。

单机位摄像的优点是课件速度快、所需成本较低，当课件不需要视觉支持的对话性质的内容时，例如课程介绍或者回答学员提问等，能够较好地满足需要。

单机位摄像机方法的主要缺点是容易让学员感到无聊，另外有些内容展现得不够直观，可能会让一部分学员感觉难以快速理解主讲人所呈现的口头内容。

(2)多机位摄像，顾名思义是指在整个场景中，通过多个摄像机从多个角度对主讲人及相关对象进行拍摄。

多机位拍摄一方面让课件视频画面更具吸引力(与单角度场景相比)，避免令学员感到无聊；另外一方面使场景更具视觉表现力，在适当的时刻通过镜头切换，有助于突出特定的情感，使学员更深入地参与所呈现的主题。

多机位拍摄方法的主要缺点是拍摄过程较为复杂，在后期制作过程中需要对多个视频文件进行剪辑，制作成本也较高。

不同机位摄像对比见表 6-3。

表 6-3 不同机位摄像对比

单机位摄像	多机位摄像
成本较低，适用于简单的对话内容，对资源要求较低	更有吸引力，用于需要在屏幕上突出特定情感或想法的情况

3. 动画视频

(1)自定义动画，即根据课件内容脚本制作动画，独立转换成视频课件或者作为课件的补充视频素材。动画可以使视频课程更加直观、生动、有趣，能够更好地满足演示机械设备的工作原理或者某个系统的运行过程等展示需要。自定义动画的优点是可以展示复杂的结构、原理或过程等，有助于提高学习效能，缺点是制作成本较高。

(2)动画工具包，即提前预定义好的动画库、模板、声音库等工具集合。课件制作过程中，通过调用动画工具包可以提高课件制作效率。为了节约成本,铁路企业可以建立动画资源库,对常用的部件、过程、实体等动画资产进行共建共享。

(3)模板动画。针对教学内容或对象比较简单、讲解过程结构化程度比较高的视频课件需求,可以借助于模板化的动画制作来快速形成课件。例如,不同专业对于养护维修流程的介绍可以采用统一的动画模板和适当的文字等内容调整来快速形成课件。

随着多模态 AI 技术发展,自定义动画已经不局限于使用传统的动画制作工具,借助于 AI 多模态大模型,通过提示工程可以便捷生成动画视频,未来具有广阔的应用潜力。

不同动画视频制作对比见表 6-4。

表 6-4　不同动画视频制作对比

自定义动画	动画工具包	模板化动画
资源需求高,可以根据需要实现设计想法	借助现成资产和专用软件制作的动画,制作效率较高	用于预算和时间有限的项目,需要快速创建大量相似内容

4. 屏幕录制

屏幕录制是一种简单的屏幕捕捉,通常伴有旁白。屏幕录制一般有两种类型:

(1)普通录制,即通过基本的屏幕录制来展示教学内容。

(2)动画,即在屏幕录制过程中可以添加动画效果,以便于突出特定的教学内容元素。

屏幕录制常用于演示软件或应用程序的功能。

5. 组合视频

对于一些教学内容丰富或涉及复杂元素的课程,可能需要多种展示方式来呈现其不同的信息,比如有的教学场景可能需要展示教师、一些插图(或视频块)和动画叠加等,此时就需要组合多种视频制作方式。

(1)实拍视频+自定义动画,即通过将实景拍摄与动画合成,有助于更好地呈现主讲人的讲解思路,并以有趣和引人入胜的方式呈现课件内容。

(2)实拍视频+屏幕录制,即通过将实景拍摄与屏幕录制(演示或白板动画)混合,适用于需要用简单插图或基本动画来配合叙述的情况,例如主讲人讲述过程中可能用到某个实物、方案或图表的图像来支持其演示。

(3)实拍视频+视频库,本质上与前一种方法相似,区别在于这种方法是将实景拍摄与预先定义好的视频素材结合,而不是静态图像。

不同的视频组合方式对比见表 6-5。

表 6-5 不同视频组合方式对比

实拍视频+自定义动画	实拍视频+屏幕录制	实拍视频+视频库
专业性较强,适用于对内容元素展现要求较高的课程	适用于需要用基本视觉图像支持叙述的课程,相对经济实惠	为场景添加一些动态展现或过程,适合预算有限但仍需要动画的课程

6. 仿真培训系统或软件

基于数值仿真、虚拟现实等技术的仿真培训系统或软件,随着计算机和网络技术发展也逐步融入在线教学平台,成为在线教学的一种新型课件。例如,基于 Web 的接发列车演练仿真培训系统能够与铁路培训管理服务平台实现无缝集成,学员使用仿真培训系统与参与视频学习一样便捷,而且能够进行复杂的操作交互。

仿真培训系统或软件作为课件的优势是能够实现复杂展现和操作交互,具有较强的沉浸感,员工在训练中的感受比较接近于工作现场;缺点是成本较高,而且有些仿真实训系统或软件可能还需要服务器端提供专业的引擎,例如基于 3D 的在线仿真实训系统可能需要服务器端提供渲染服务等。仿真培训系统或软件不仅用于理论教学,也广泛用于技能训练,详见第十章。

三、标准

与传统课程相比，技术快速变化对在线课程所带来的影响更大，教师和学员可能会花费较多时间去学习如何使用在线学习系统或培训管理系统。因此，实现在线课程的跨平台应用十分重要。而其中，首要的任务是要有通用的课件标准。这里重点介绍几种应用较为广泛的课件标准。

1. SCORM

SCORM（sharable content object reference model，可共享内容对象参考模型）是一个基于 Web 的学习内容标准，旨在促进教育和培训内容的创建、共享和再利用。SCORM1.2 由高级分布式学习（advanced distributed learning，ADL）计划开发，其主要目标如下：

（1）实现课程的可重用性。学习内容可以在不同的课程和上下文中重复使用。

（2）实现课程的可访问性。学习内容可以轻松查找和访问。

（3）实现课程的耐久性。学习内容在技术和平台的变更中保持有效。

（4）实现跨平台的互操作性。学习内容可以在不同的学习管理系统之间互操作。

SCORM 主要包括以下两部分：

（1）内容聚合模型（CAM）。该部分定义了如何组织和包装学习内容，以便内容可以被有效分发和重用，其主要组成部分如下：

①内容包（content package）。内容包是一个容器，用于包含和描述学习内容。内容包由清单（manifest）文件、资源（resources）文件夹和可能的子文件夹组成。

②清单（manifest）。清单是内容包的核心，它是一个 XML 文件，描述了内容包的结构、资源和元数据。

③资源（resources）。资源是实际的学习内容文件，如 HTML 文件、图像、视频等。资源在清单文件中被引用和描述。

④元数据(metadata)。元数据是描述学习内容的信息,如标题、作者、语言等。元数据有助于内容的搜索、定位和管理。

(2)运行时环境(RTE)。该部分描述了学习管理系统与学习内容之间的交互方式,主要通过一组 API(应用程序接口)来实现对学习内容的管理和跟踪,其主要组成部分如下:

①数据模型,即定义了 LMS 与学习内容之间的通信标准和数据结构。

②API 适配器,即提供了 LMS 和学习内容之间的交互接口,用于数据传输和状态管理。

③错误代码,即定义了 LMS 在与学习内容交互过程中可能出现的错误代码及其含义。

2. xAPI

xAPI(experience API,体验 API)是一种用于跟踪和记录学习活动的技术标准,由 ADL 于 2013 年推出。“x”代表体验,因为 xAPI 可以详细记录和传输“学习体验”数据,无论这些数据来自在线学习体验、基于模拟的培训体验、基于平板电脑的教育体验,还是实际操作体验。xAPI 通过记录“活动声明”(activity statements)来捕捉和存储职工的行为和体验,支持在线和离线学习,提供了比传统的 SCORM 更灵活和全面的功能,允许跨平台和跨设备的学习跟踪。

xAPI 声明(activity statements)是 xAPI 记录学习活动的核心,其采用类似于“noun,verb,object”(即“我做了什么”)的格式,通常包含以下部分:

(1)actor(参与者),即执行动作的个体或系统,通常包括参与者的姓名和邮箱地址。

(2)verb(动词),即描述参与者执行的动作,例如“completed”(完成)、“experienced”(体验)。这些动词通常以 URI(统一资源标识符)的形式提供,以确保唯一性和可访问性。

(3)object(对象),即动作的目标,可以是课程、活动、评估等,使用URI来唯一标识。例如,一个对象可能是某个在线课程或某个培训活动。

(4)context(上下文),即提供额外的背景信息,例如指导教师、团队活动、使用的设备等。上下文信息有助于更全面地理解和分析学习行为。

(5)result(结果),即记录动作的结果,例如分数、完成状态、时间等。这部分信息可以用来评估职工的表现和活动的效果。

(6)extension(扩展),允许开发者添加自定义信息,以丰富声明的细节。

以下是一个简化的xAPI声明示例:

```json
{
  "actor":{
    "name":"张三",
    "mbox":"mailto:ZhangSan@example.com"
  },
  "verb":{
    "id":"https://railsctc.com/expapi/verbs/completed",
    "display":{"zh-CN":"完成"}
  },
  "object":{
    "id":"https:/railsctc.com/activities/drive-sim-101",
    "definition":{
        " type ":" https://railsctc. com/expapi/activities/vr-
drive-simulator",
      "name":{ "zh-CN":"XX模拟操作" },
      "description": {
        "zh-CN": "正常情况下的标准模拟训练"
      }    }
  },
  "result":{
```

```
    "success":true,
    "score":{
      "scaled":0.95
```

这个声明记录了“张三”成功完成了××模拟操作训练，并获得了95%（可以换算为百分制95分）的分数。

3. cmi5

cmi5（computer managed instruction，5th Edition）结合了SCORM和xAPI的优点，以提供更灵活、强大的学习内容管理和跟踪功能。准确来说，cmi5是一个xAPI配置文件，以解决SCORM和xAPI之间的互操作性问题。cmi5由ADL开发，并于2016年发布。

AU（assignable unit）是cmi5中最基本的学习单元。每个AU可以是一个课程、模块或测验，由在线学习系统或培训管理系统分配给职工。cmi5采用课程结构定义AUs之间的组织关系和顺序，并通过一个JSON文件描述课程的层次结构和AUs的排列方式。

课程包（course package）是cmi5用于分发和部署在线课程的核心文件（通常为ZIP格式），包含了课程的所有必要资源、课程结构定义和学习内容。

cmi5使用xAPI语句记录和报告职工的活动。xAPI语句包含关于学习活动的详细信息，如职工的动作、结果和时间戳等，在此不再赘述。

以下是一个cmi5课程包的简化示例，从中可以看出其课程结构定义和xAPI语句的使用。

```
< course>
  < title> Sample Course< /title>
  < au>
    < title> Introduction< /title>
```

```
    < launchURL> https://railsctc.com/introduction.html< /launchURL>
    < moveOn> completed< /moveOn>
  < /au>
  < au>
    < title> Lesson 1< /title>
    < launchURL> https://railsctc.com/lesson1.html< /launchURL>
    < moveOn> completed< /moveOn>
  < /au>
< /course>
```

在学习活动过程中，在线学习系统或培训管理系统会生成相应的 xAPI 语句，示例如下：

```json
{
  "actor": {
    "mbox": "mailto:LiSi@ example.com"
  },
  "verb": {
    "id": "https://railsctc.com/expapi/verbs/launched",
    "display": {"zh-CN": "启动"}
  },
  "object": {
    " id": " https://railsctc. com/activities/professional-
course-101",
    "definition": {
      "name": {"zh-CN": "专业课程 101"},
        " type ": " https://railsctc. com/expapi/activities/
course"
    }
  },
  "result": {
    "completion": true,
    "success": true,
```

```
      "score": {"scaled": 0.95}
    },
    "context": {
      "registration": "100-100-100-1001",
      "contextActivities": {
        "parent": [{
          "id": "https://railsctc.com/activities/course",
          "definition": {
            "type": "https://railsctc.com/expapi/activities/
course",
            "name": {"zh-CN": "核心课程"}
          }
        }]
      }
    },
    "timestamp": "2024-05-24T15:30:00Z"
  }
```

综上，从SCORM到xAPI再到cmi5，三种课件标准的区别见表6-6。从中可以看出，课件标准对于学习方式、学习路径、行为记录的兼容性越来越高。随着铁路企业培训管理全过程信息化，通过制定统一的课件标准来加强全过程数据的采集和汇集显得日益重要，这三种课件标准特别是xAPI和cmi5可为铁路制定课件标准提供有益参考。

表6-6 SCORM、xAPI、cmi5的区别

特性	SCORM	xAPI	cmi5
学习活动记录范围	主要记录在线课程中的学习活动	可以记录多种形式的在线、离线以及非正式学习活动	结合SCORM和xAPI的优势
数据存储	数据存储在LMS中	数据存储在LRS（Learning Record Store）中，可独立于LMS	数据存储在LRS中，结合LMS控制

续上表

特性	SCORM	xAPI	cmi5
学习路径控制	支持基本的学习路径控制	无固定学习路径控制	提供精细的学习路径控制
灵活性	结构化程度高，灵活性较低	高度灵活，支持自定义语句	既结构化，又具有灵活性

四、制作过程

课件的制作过程可以分为前期制作、制作和后期制作三个阶段，其中，前期制作阶段主要包括分析业务需求、设置技能和知识的深度、定义目标受众、设定学习目标、建立评估方法、设计课程结构、选择学习方式方法、收集内容信息、开展教学设计；制作阶段包括视觉风格开发、资产开发、配音、动画等；后期制作阶段包括质量保证、课程审查和编辑、项目合规，见表 6-7。

表 6-7　制作过程

前期制作	制作	后期制作
• 分析业务需求 • 设置技能和知识的深度 • 定义目标受众 • 设定学习目标 • 建立评估方法 • 设计课程结构 • 选择学习方式方法 • 收集内容信息 • 开展教学设计	• 视觉风格开发 • 资产开发 • 配音 • 动画 • …	• 质量保证(QA) • 课程审查和编辑 • 合规检查与调整

1. 前期制作阶段

(1)分析业务需求

课件制作都需要从定义业务需求开始，即确定制作课程的目的。例如可能希望对新员工培训企业组织体系、规章制度、文化等,或者提高新员工在某方面的专业知识技能。

(2)设置技能和知识的深度

需要定义学员在完成课程学习后应获得的理解水平。对此,建议使用布鲁姆分类法,将学员对所学习的概念的认知程度分为六个不同的层次。

①记住,即能够回忆事实和/或呈现的概念。定义这一认知层次能力的时候,通常要求学员能够列出、记忆、重复、陈述、复制相关概念。

②理解,即解释想法和/或呈现概念的能力。定义这一认知层次能力的时候,通常涉及能够对相关概念进行分类、描述、解释、识别、报告、选择、讨论、确认。

③应用,即使用新信息的能力。定义这一认知层次能力的时候,通常会涉及执行、解决、使用、演示、实施、操作、解释、设计草图等关键动词。

④分析,即拆解或建立联系的能力。定义这一认知层次能力的时候,通常会涉及区分、比较、对比、区别、绘制、测试、实验等关键动词。

⑤评估,即检查和做出判断的能力。定义这一认知层次能力的时候,通常会涉及支持、批评、选择、辩护、判断、评价等关键动词。

⑥创造,即使用想法产生新事物的能力。定义这一认知层次能力的时候,通常会涉及设计、开发、制定、组装、构建等关键动词。

(3)定义目标受众

这一步将定义课件最终的受众是谁?他们已经掌握了什么?还需要教会他们什么?对这些受众对象进行必要的画像,更有利于提高课程的吸引力。

(4)设定学习目标

在整理出受众画像后,需要将所发现的需求或者差距转化为课程目标。如果在定义所需技能和知识水平的过程中,目标专注于特定类别,则需要更深入地概述实际目标,通过关键动词来更清晰明确地描述每个类别。

(5)建立评估方法

需要建立一些方法来帮助确定课程目标是否达成。例如,如何知道个人能够在实践中应用所学知识?是否有任何可衡量或估算的指标可以帮助理解这一点?如何知道职工是否理解了相关基本概念?如何确定什么是基本概念的理解?针对课程的评估是一个比较复杂的过程,常见的有考试、问卷调研等,详细可参考培训评估信息化章节相关内容。以下是一个问卷示例:

①描述对本课程的一般印象。觉得哪些部分最有用?最喜欢/最不喜欢本课程的哪些方面?该课程是否与之前参加的其他课程相似?

②描述对某项关键知识点的认知变化,例如,对于安全意识与工作环境之间的关系,在观看本课程后是否发生了任何变化?哪些变化?为什么?

③认为安全意识更多是个人事务还是组织事务?

…………

最后,对本课程的开发者有什么建议?认为哪些部分需要教师更多关注?

(6)设计课程结构

课程结构设计也就是课程内容的目录构成,例如,创建一个关于接触网维修知识的课程,那么其结构可能会如下:

- 牵引供电基础
- 接触网构成原理
- 接触网维修流程
- 接触网维修标准与规范

• 维修质量检查

…………

(7)选择学习方式方法

这一步骤的目的在于确定每部分学习内容最恰当的传递方式或方法。常用的学习方式方法包括文本内容、观看-尝试-操作模拟、拖放评估、匹配练习、PPT、现场录制视频、情景模拟、动画视频、屏幕录制、VR/AR应用、在线研讨会、测试测验等。

(8)收集内容信息

通过规章制度、教材、案例甚至向现场专家收集信息,包括事实数据、概念解释以及需要传达给课程受众的所有其他信息,以实际内容填充课程结构的每个部分。所有这些材料建议汇集到一个单独的文档中。

(9)开展教学设计

作为前期制作过程中的最后一步,包括文稿编辑、脚本编写和创建媒体元素技术任务。

①文稿编辑。在教师将所有相关内容填充到在线学习课程的文档后(上一步),该文件将传递给编辑进行审查、校对、调整叙述结构等。

②脚本编写。设计者将课程分解成若干部分并编写脚本方案,为每个部分/场景/幻灯片提供解说文本,同时根据内容呈现需要在必要的地方添加视觉参考(视频、图像、表格等),并用相应的文字描述进行补充。

③创建媒体元素的技术任务。这里的媒体元素包含课程中需要出现的所有视觉资产的要求。在制作阶段,这份文件将提供给动画设计师使用。

需要注意的是,脚本场景和媒体的技术任务是整个课件制作所需要的主要资产清单,这些资产的种类和数量将决定团队在后期制作中需要投入多少时间和资源,对项目的整体预算影响很大。

2. 制作阶段

(1)视觉风格开发

进入课件制作阶段,首先需要决定视觉风格,教学设计者需要建立一些基本规则,供制作团队在为项目制作时进行参考。无论是插图、动画序列的创建,还是真人视频的叠加,任何类型的内容都应该应用统一的视觉策略。

①样式框架,即代表完成场景整体外观和感觉的一些帧示例。

②动画示例,即展示课程中动画动态和风格的动画序列。

(2)资产开发

资产开发包括与制作课件视觉资产相关的所有活动——故事板、图形元素、复杂插图等,还可能包括3D建模和从内容市场采购库存视觉素材。通常需要创建模块,然后在视频编辑器中使用这些模块来组合场景、幻灯片或课件的其他部分。

当动画设计师忙于制作动画样本时,声音设计师将专注于音效和配乐,插画师将专注于插图、纹理和背景,建模人员进行2D/3D对象渲染等。从这个角度看,资产是一种输入材料,而不是特定的视觉元素。

(3)配音

准备好旁白文本后,声音设计师开始录制配音。配音的主要功能是设定节奏并吸引学员注意屏幕上发生的事情。配音人员尽可能具备播音员的专业素养。专业配音通常有以下特点:

①配音语调完美匹配视频的整体视觉语调和动态。

②声音清晰响亮,没有任何过多的噪声和声音失真。

③阅读节奏和速度适中,旁白有逻辑停顿和语调重音。

④没有错误发音的中英文字、数字等。

⑤旁白与配乐和音效混合得很好。

(4)动画

尽管现在人工智能技术很发达,有一些在线自动生成动画甚至视频片段的工具,但是涉及复杂的动画资产制作时,往往还是需要专业人士来承担此项任务。

总体来讲，课件制作涉及大量的专业技术应用，从铁路企业用户角度，可能更多需要关注的是课件制作项目的管理问题。例如在整个制作期间，有一些过程可能会在不同团队之间并行进行，对此可能需要建立一些规则和标准，以便每个团队成员都能遵守，从而按要求交付内容。此外，还需要确保生产过程组织得当——每个人都应该知道谁与谁沟通，如何进行沟通，每个团队成员的职责是什么，最终结果由谁审查，谁对最终结果负责等。

3. 后期制作阶段

(1)质量保证

课程制作人需要审查制作结果与项目早期阶段设定的目标或要求是否达成。如果是委托第三方后期制作，则整个过程通常需要以下几项工作：

①过程质量保证。由专家来进行过程评审，确保开发中的内容符合技术要求。

②结果质量保证。确保开发的内容符合课程目标和核心内容，确保最终成果与前期需求一致。

③最终质量检查。由专家进行最终评审，以确保项目没有遗漏任何源文件、资产等。

(2)课程审查和编辑

通过观看样片，有可能需要提出一些小的建议，比如“调整颜色”“将动画覆盖稍微向右移动”等；或者对前期制作阶段讨论的一些概念展现得不好，则有可能需要对相关内容进行调整优化。

(3)合规检查与调整

在有些环境下，尤其涉外应用场景下，有些课件内容必须遵守所在地政府强制执行的特定合规标准。

第三节　游戏化学习

一、概念

游戏化学习(gamified learning)是指在培训教学环境中应用游戏设计元素和游戏机制,以提高学员的学习动机和参与度,从而提升学习效果的培训方法。游戏化学习并不是将整个学习过程转变为游戏,而是通过引入游戏的积分、徽章、排行榜、任务和挑战等元素,使学习过程更加有趣和互动。

游戏化学习的目的不仅是为了让学员享受学习过程,更重要的是通过游戏元素激发学员的内在动机,使其在参与过程中自然而然地掌握知识和技能。这种学习方法在教育培训技术和在线学习平台或培训管理系统的支持下,应用越来越广泛。

二、理论依据

1. 动机理论

动机理论是游戏化学习的核心理论。以自我决定理论(self-determination theory)为例,其将人的动机分为内在动机和外在动机[14],并且外部动机可以不断内在化,如图 6-2 所示。同时,自我决定理论指出,人的内在动机源于个体对活动本身的兴趣和享受,而外在动机则源于外部奖励或压力。

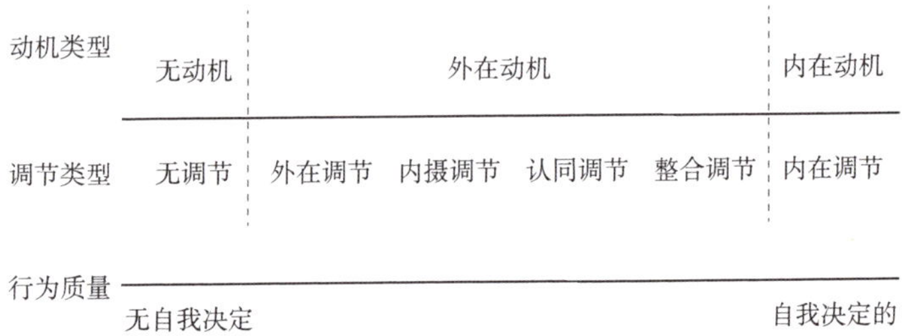

图 6-2　自我决定的连续体、动机类型及调节类型

游戏化学习通过设计有趣的任务和即时反馈，激发职工的内在动机，同时通过积分、徽章和排行榜等外部奖励，增强外在动机。例如在游戏化学习中，学员完成任务后可以获得积分和徽章，这些奖励不仅能够满足学员的成就感，还能激励其继续参与后续的学习活动。此外，排行榜的设置使学员能够看到自己的排名，增强了学员的竞争心理和参与动力。

2. 行为主义理论

如第二章相关内容所述，行为主义理论强调通过奖励和惩罚来塑造行为。在游戏化学习中，通过即时反馈和奖励系统来激励学员完成任务和达到目标。例如当学员完成某个学习任务后，系统立即给予积分奖励，从而鼓励其继续参与学习。

此外，行为主义理论还强调分步教学和重复练习。在游戏化学习中，通过设置逐步增加难度的任务和关卡，学员可以逐步掌握复杂的知识和技能。即时反馈和奖励机制则帮助学员在每一步都能看到自己的进步，从而保持高水平的学习动机和参与度。

3. 认知理论

在游戏化学习中，认知理论通过设置明确的学习目标和任务，帮助学员逐步掌握复杂的知识和技能。例如，通过分阶段的任务设计和逐步增加的难度，游戏化学习系统可以帮助学员在掌握基础知识后，逐步应对更复杂的问题。

此外，认知负荷理论（cognitive load theory）认为，在设计学习任务时应考虑职工的认知负荷，避免过度复杂和繁重的任务[15]。据此，游戏化学习多通过分阶段任务和即时反馈，有效减轻学员的认知负荷，以提高学习效率。

三、优劣势

1. 优势

（1）提高学习动机。研究表明，游戏化学习能够显著提高学员的学习动机。通过积分和徽章等外部奖励,学员在完成任务后能立即获得反馈和奖励,这种即时的正向反馈能够有效激励学员持续参与学习活动。此外,排行榜的设置使学员能够看到自己的进步和与他人的差距,从而激发他们的竞争心和进取心。

(2)增强参与度。游戏化学习通过丰富多样的游戏元素和互动机制,使学习过程更加生动有趣,从而吸引学员的注意力并增强其参与度。学员在游戏化学习环境中,可以通过互动任务和挑战,与其他学员进行合作和竞争,从而提高学习的积极性和参与度。

(3)提供即时反馈。即时反馈是游戏化学习的重要特征之一。通过即时反馈,学员可以及时了解自己的学习效果,发现问题并进行改进。即时反馈不仅有助于提高学习效率,还能增强学员的自信心和成就感,从而激发其学习动机。

(4)个性化学习体验。个性化学习是游戏化学习的重要优势之一,通过分析学员的学习行为数据,游戏化学习子系统可以根据学员的需求和特点,提供个性化的学习内容和支持。例如培训管理服务平台可以结合游戏化元素,根据学员的表现动态调整学习内容和难度,实现个性化的学习支持。这种个性化的学习体验能够更好地满足学员的学习需求,提高学习效果。

(5)促进团队协作。游戏化学习能够促进学员之间的协作。通过设计团队任务和合作挑战,学员可以与其他成员共同完成任务,从而增强团队合作能力。

2. 劣势

(1)可能导致过度依赖外部激励。长期依赖积分、奖励等外部刺激可能导致学员失去对学习本身的兴趣(心理学中的“德西效应”),一旦移除游戏化元素,学习动力可能骤降。另外,游戏化的新鲜感可能初期有效,但长期可能因“奖励疲劳”而失效。对此,在铁路企业培训中,一方面不应过度游戏化,另一方面也需要持续动态更新游戏化内容或完善游戏化机制。

(2)设计开发投入相对较大。设计开发既有趣又符合教学目标的游戏化学习子系统涉及多个领域的专业知识和资源,而且较为复杂的游戏化元素在更新维护方面也需要较高的成本代价,整体投入相对较大。

四、设计方法

设计有效的游戏化学习系统需要综合考虑多种因素,包括学习目标、学员特征、游戏元素的选择和技术实现等,以下是一些关键的设计原则和策略。

1. 学习目标确定

(1)基于 SMART 框架

根据 SMART 框架,学习目标应该是具体、可测量、可实现、相关和有时间限制的,例如,“提高学员对非正常状态下的操作熟练程度”是一个具体的目标。

(2)基于布鲁姆教学目标分类法

布鲁姆教学目标分类(bloom's taxonomy)是一种培训目标分类方法,可以帮助教师更好地设定、组织和评估学习目标,具体过程如下:

①识别学习目标的领域

布鲁姆教学目标分类将学习目标的领域分为:

a. 认知领域,即与知识和思维过程相关。

b. 情感领域,即与情感、态度和价值观相关。

c. 心理运动领域,即与体能技能相关。

②设定特定领域的目标

以认知领域为例,布鲁姆将目标分为记忆(掌握和记忆一些具体的知识)、理解(对知识的理解、解释、演绎等)、应用(将所学知识应用于解决问题中)、分析(分解信息,辨别其要素,找出规律)、综合(以分析为基础,重构要素,创造性解决问题)、评价(深刻把握事物本质价值,作出符合客观事实的推断)等六个层级。以设计一个

关于铁路货车维修保养的课程为例,可以设定以下目标:

a. 学员能够记忆铁路货车类型、基本构造、定期维护要求、日常检查项目、安全操作规程、故障诊断流程等。(记忆)

b. 学员能够理解各部件之间的关系等。(理解)

c. 学员能够运用所学知识识别常见故障等。(应用)

d. 学员能够分析各种故障所产生的原因等。(分析)

e. 学员能够评估所采取的故障处理措施的有效性或影响等。(评估)

f. 学员能够创造性地提出各种紧急情况下的故障处理解决方案等。(创造)

2. 人群分类方式

(1)基于人口统计学特征的分类

人口统计学特征(如年龄、性别、学历水平、职业背景等)是最常见的分类方式之一。这些特征可以帮助设计者了解学员的基本情况,从而制定适合他们的游戏化策略。

①年龄

不同年龄段的学员在认知能力、兴趣和学习方式上存在显著差异。例如,儿童和青少年更喜欢视觉刺激和互动性强的游戏元素,如动画和角色扮演,而成人学员则可能更注重实际应用和职业发展。因此,设计者可以根据年龄特征选择适当的游戏化元素和学习内容。

②性别

性别也可能影响学员对游戏化元素的偏好。例如,研究表明,男性学员通常更喜欢竞争性强的游戏元素,如排行榜和竞技比赛,而女性学员则更倾向于合作性强的游戏元素,如团队任务和社交互动。因此,在设计游戏化学习系统时,可以根据性别特征进行差异化设计,提供多样化的游戏化选项。

③学历水平

不同学历水平的学员在知识基础和学习需求上存在差异。高学历学员通常具有较强的自主学习能力和复杂问题解决能力，因此他们可能更喜欢具有挑战性的任务和高级游戏化元素。而低学历学员则可能需要更多的指导和简单易懂的游戏化内容。因此，设计者可以根据学历水平调整学习任务的难度和游戏化元素的复杂性。

④职业背景

职业背景也是影响学员需求和偏好的重要因素。不同职业的学员可能需要不同的技能和知识，因此他们的学习目标和游戏化需求也会有所不同。例如，技术类职业的学员可能更关注技术技能的提升，而管理类职业的学员则可能更关注领导力和团队协作。因此，设计者可以根据职业背景设计针对性的学习内容和游戏化元素。

(2)基于心理特征的分类

心理特征(如学习动机、学习风格、人格特质等)是影响学员行为和偏好的重要因素。通过分析学员的心理特征，设计者可以制定更加个性化和有效的游戏化策略。

①学习动机

学习动机是指学员参与学习活动的内在或外在驱动力。根据学习动机的不同，学员可以分为内在动机型和外在动机型两类。内在动机型学员主要受到兴趣和自我提高的驱动，更喜欢具有探索性和挑战性的游戏化元素。而外在动机型学员则主要受到外部奖励(如积分、徽章和排名)的驱动，更喜欢明确的目标和即时反馈。因此，设计者可以根据学习动机设计不同的游戏化激励机制。

②学习风格

学习风格是指学员在学习过程中偏好的信息处理方式和学习策略。常见的学习风格包括视觉型、听觉型、动觉型和读写型等。视觉型学员更喜欢通过图像、视频和动画进行学习，听觉型学员则更喜欢通过听讲、讨论和音频材料进行学习。动觉型学员喜欢通过实际操作和互动体验进行学习，读写型学员则更喜欢通过阅读和写作进行学习。因此，设计者可以根据学习风格选择适当的游戏化元素和学习内容，以满足不同学习风格学员的需求。

③人格特质

人格特质是指个体在不同情境中的行为倾向和情感反应。常见的人格特质分类包括大五人格（开放性、责任心、外向性、宜人性和神经质）和其他特质（如自信心、耐挫力和合作性等）。不同人格特质的学员在游戏化学习中的表现和需求也会有所不同。例如，外向性强的学员更喜欢社交互动和团队合作，开放性强的学员则更喜欢探索和创新。因此，设计者可以根据人格特质设计适合不同学员的游戏化活动和社交互动。

(3)基于行为特征的分类

行为特征（如学员在学习平台上的互动行为、任务完成情况和参与度等）是反映学员实际学习情况和游戏化效果的重要指标。通过分析学员的行为特征，设计者可以调整游戏化策略，提供更加个性化的学习支持。

①互动行为

学员在学习平台上的互动行为（如点击次数、访问频率、讨论参与等）可以反映他们的参与度和兴趣点。高频互动的学员通常具有较高的参与度和学习动机，而低频互动的学员则可能需要更多的激励和支持。因此，设计者可以根据互动行为设计适当的游戏化激励机制，如即时反馈、任务提醒和社交互动等。

②任务完成情况

学员的任务完成情况（如任务完成率、正确率和时间花费等）可以反映他们的学习进展和能力水平。任务完成情况良好的学员通常具有较强的自主学习能力和问题解决能力，而任务完成情况较差的学员则可能需要更多的指导和帮助。因此，设计者可以根据任务完成情况调整任务难度和提供个性化的学习支持，如分层任务、提示和反馈等。

③参与度

学员的参与度是指他们在学习活动中的积极性和投入程度。参与度高的学员通常对学习内容具有较高的兴趣和动机，而参与度低的学员则可能需要更多的吸引和激励。因此，设计者可以根据参与度设计多样化的游戏化活动和互动机制，如竞赛、合作任务和奖励系统等。

(4)基于数据分析的智能分类

随着大数据和人工智能技术的发展，基于数据分析的智能分类在游戏化学习中的应用越来越广泛。通过收集和分析学员的大量数据，设计者可以利用机器学习和数据挖掘技术，自动识别和分类学员，从而提供更加个性化和智能化的游戏化学习体验。

①数据收集和处理

数据收集是智能分类的基础。学习平台可以通过日志记录、问卷调查、传感器数据等途径，收集学员的互动行为、心理特征和人口统计学特征等数据。在数据收集的基础上，数据处理包括数据清洗、数据标准化和特征提取等步骤，以保证数据的质量和可用性。

②机器学习算法

常见的机器学习算法包括监督学习、无监督学习和强化学习等。在智能分类中，无监督学习(如聚类分析)和半监督学习(如分类树和支持向量机)是常用的方法。通过对学员数据的训练和建模，机器学习算法可以自动识别学员的特征和行为模式，进行精确地分类。

③实时调整和反馈

智能分类不仅可以实现精确的学员分类，还可以实现实时的策略调整和反馈。通过实时监测学员的行为数据和学习进展，系统可以动态调整游戏化策略和学习内容，提供个性化的学习支持和反馈。例如，当系统检测到某个学员的参与度下降时，可以及时推送激励任务或提示，帮助学员重新投入学习。

3. 游戏化元素的选择

常见的游戏化元素包括积分、徽章、排行榜、任务、挑战、虚拟货币、角色扮演和故事情节等。

(1)积分和徽章

积分和徽章是最常见的游戏化元素之一。积分系统可以通过奖励学员完成任务后的积分,激励他们不断努力。徽章系统则可以通过奖励学员在特定领域的成就,增强其成就感和自信心。

(2)排行榜

排行榜通过展示学员的排名,激发他们的竞争心和动力。学员可以看到自己的进步和在同伴中的位置,从而更加努力地参与学习。

(3)任务和挑战

任务和挑战是游戏化学习中的核心元素。通过设置不同难度的任务和挑战,学员可以逐步掌握知识和技能,并通过解决问题来增强自己的能力。

(4)虚拟货币

虚拟货币系统可以为完成任务的学员奖励虚拟货币。学员使用虚拟货币可以在兑换中心购买道具或兑换礼品,从而增强学习的趣味性和互动性。

(5)角色扮演和故事情节

角色扮演和故事情节通过设定虚拟角色和情节,使学员沉浸在虚拟世界中,增强学习的体验感和代入感。学员可以通过扮演角色,完成任务和解决问题,获得更多的学习成就。

在选择游戏化元素时,需要考虑这些元素如何与学习目标和学员特征相匹配。例如,如果学习目标是提高学员的记忆力,可以设计包含积分和排行榜的记忆游戏;如果学习目标是培养团队合作能力,可以设计包含协作任务和团队竞赛的游戏活动。从游戏元素的作用来看,通常积分和徽章适合用于激励持续学习,排行榜适合用于激发竞争,任务和挑战适合用于提高技能。

五、应用潜力

在铁路企业培训中，游戏化学习用于提升职工的技能和知识。例如，通过游戏化的培训模块和竞赛机制，激励职工积极参与培训，增强培训效果。另外，通过设计有趣和互动的培训活动，使职工在轻松愉快的氛围中学习新知识和技能。例如，通过在线培训平台，职工可以参加互动测验和挑战任务，获得积分和奖励。此外，通过团队合作任务和竞争机制，职工还可以与同事合作，增强团队合作能力和竞争力。

第四节　自适应学习

一、概念

自适应学习(adaptive learning)是一种利用现代信息技术手段动态调整学习内容以为学员提供个性化学习体验的培训方法。自适应学习系统可以跟踪学员学习进度、参与度和表现等，并使用相关数据提供个性化学习方案，其技术特点主要体现在数据驱动、学习路径定制、即时反馈干预和动态资源调整等方面。

(1)数据驱动。自适应学习系统通过收集学员的答题情况、学习时长、知识点掌握情况、错误模式、工作绩效等各方面的行为数据，分析学员当前的学习状态，为个性化调整学习路径和动态匹配学习资源提供依据。

(2)学习路径定制化。根据学员的能力和学习目标，动态推荐视频课程、练习题、学习资料等，调整学习难度、学习顺序等，避免“大水漫灌”式教学。

(3)即时反馈干预。自适应系统在学员学习过程中提供即时反馈，例如答题错误原因、建议补充的前置知识，或者在学员遇到学习瓶颈时调整学习任务安排(如降低难度)。

(4)动态资源调整。根据学员学习进展,自动推送有针对性地强化练习、强化知识点,或者跳过已掌握的学习内容,避免重复学习。

随着铁路改革发展对于培训效能不断提出更高要求,自适应学习在铁路教育培训领域的应用需求不断释放。大模型等人工智能技术突破式发展,大幅改进自适应学习效果并降低应用门槛。铁路企业自适应学习系统建设与应用进入快速发展阶段。

二、构成

按照自适应的对象,可以将自适应学习分为自适应内容、自适应顺序和自适应评估。

(1)自适应内容是指根据学员的行为反应提供反馈,例如提示、相关知识的复习材料等,而不会改变知识的整体顺序。

(2)自适应顺序是指通过不断收集和分析学员相关数据,自动调整学员后续学习的内容,例如根据学员学习历史情况,跳过已经学习过的内容,或者增加需要补充学习的内容。

(3)自适应评估是指根据学员对前一个问题的回答来改变学员后续看到的问题,通常情况下如果学员对前一题回答准确,后续需要回答的问题难度就会增加,反之则会变得容易。

三、技术特点

1. 优势

(1)通过提供适应学员个性化需求的课程、测验等,可以让学员更好地了解自己对学习内容的掌握程度并按照自己的节奏学习,间接提高学习参与度。

(2)以结构化方式促使课程目标、课程学习与评估保持一致,有效展示课程内容元素与课程目标的关系。当学员对某个概念或知识点总是出错时或难以掌握时,教师可以检查课程内容元素是否与目标不一致。

(3)能够及时提供学习行为等相关数据,培训管理者和教师可以使用这些数据及时掌握学员表现,识别需要关注的学员,并有针对性地提供指导和帮助。

2. 劣势

(1)高度依赖学员的答题正确率、学习内容、学习时长等行为数据。若数据不完整、有噪声或存在偏差,例如样本量不足、群体代表性差等,则系统推荐可能不准确。对此,铁路企业需要持续全面推进数字化转型,加快构建培训大数据体系,同时在算法推荐中适度增加专家意见,即以人机协同方式生成推荐。

(2)自适应学习多通过人机交互完成,可能减少学员与教师之间、学员之间的交流,影响协作能力和情感支持,而且系统难以识别学员的情绪状态,无法提供情感激励。对此,应适度发展在线互动、线下或线上交流研讨、教师远程支持等环节。

四、开发过程

根据培训需要选择自适应学习类型,如自适应内容、顺序或自适应评估,基本开发过程如下:

1. 识别基本知识单元

在建立知识点体系的基础上,培训管理者或教师需要首先开发与总体学习目标相关的基本知识单元课程,为构建自适应学习场景奠定内容基础。这些课程多以微课形式体现。

2. 制定评估和反馈

在学习内容设计并将其组织成基本知识单元之后,需要开发评估和反馈,以为学员创造个性化的学习体验。与一般的考核评估一样,自适应学习评估需要与学习目标和学习活动保持一致,评估结果或数据要能够帮助确定学员的学习路径。考虑到学员自主学习情境,为了及时给予学习支持,提供在线反馈也很必要。

3. 收集数据和学员建模

收集学员身份特征、行为特征等信息，如年龄、专业、学习目标、历史学习记录、答题记录、提问等数据，建立学员特征工程，并以此为基础开发学员知识掌握模型、学习风格测量模型等，量化学员认知特征和知识状态。

4. 动态规划自适应学习路径

对学员表现进行评估，之后根据不同的学习场景选择有针对性的自适应策略，例如在新增知识点培训中，采用根据布鲁姆分类法动态调整学习课程难度，根据难度匹配推送学习建议；在既有知识培训中，采用知识差距识别来匹配和推荐学习课程。总体来讲，在铁路企业培训中，培训管理者或者教师可以先按照知识从简单到复杂的过程为学员对象设定初始学习路径，之后由自适应学习系统根据学员表现评估情况为其提供个性化建议，例如，如果学员在某课程评估中表现不佳，则可能会建议学员在进入下一个单元之前先复习一下之前的单元。

5. 迭代调优

自适应学习推荐策略需要根据学员学习效果、使用体验等不断进行调整优化，例如，按照难度升级的推荐策略和按照知识差距的推荐策略可能带来的效果哪个更优。自适应学习系统开发本身也是一个长期动态过程，数据基础、学员学习风格等变化都有可能影响自适应学习系统的合理性。

五、应用潜力

随着大模型等生成式人工智能取得突破性进展，自适应学习系统的构建和应用难度降低，但是对建模、技术等仍然有较高的专业性要求。铁路企业可以结合培训管理系统的建设，由易到难，循序渐进推进自适应学习系统开发。例如，前期可以根据组织培训要求、岗位胜任力要求、岗位层级与晋升状态等设定一些简单的学习路径推荐策略，在应用中不断深化学习推荐开发。

自适应学习除了满足个性化学习需求外，也能够用于提高培训资源管理效能。例如通过监测学员学习时的注意力数据，如页面停留时间、互动频率、答题正确率、答题速度等，自动简化课程的冗余内容以减少培训时间成本，或者进一步完善相关知识点的课程设计以提高知识点掌握率。

技术突破预期也将使得自适应学习从在线教学场景走向多模态领域，例如在实作培训中通过整合视频、语音、生理信号等数据，在全息学习场景中实现自适应训练。还有一些前沿技术也可能会进一步突破自适应学习应用边界，例如通过脑电波监测实时评估认知负荷，动态调整教学内容呈现方式。

第五节 案例教学

一、概念

案例教学是一种通过对实际案例进行分析和讨论来促进学员学习知识和解决问题的方法。这种方法强调学员的主动参与和互动，主要优劣势如下：

1. 优势

(1)培养问题解决能力。学员在分析和讨论真实情境或问题的过程中，促进批判性思维和问题解决能力的形成，帮助学员更好地将理论知识应用于铁路工作实际。

(2)促进学习参与。案例所提供的真实场景能够让学习更具互动性和吸引力，而且往往需要小组讨论，无形中促进铁路运输生产工作中必不可少的团队合作和沟通技巧训练。

(3)有助于知识记忆。从真实案例中学习可以帮助学员将理论与学习的过程联系起来，有助于增强信息记忆。

2. 劣势

(1)时间成本高。案例的准备、讨论和分析可能会消耗大量的课堂时间,有可能会影响理论知识的讲授。

(2)对教师要求高。为了确保讨论的深度和有效性,教师需要具备丰富的实践经验和较强的课堂引导能力。

二、设计步骤

1. 确定学习目标和挑战应对预案

根据教学目标明确案例教学拟达到的学习目标,包括:

(1)明确为什么要在课程中使用案例教学方法。

(2)明确案例教学需要实现哪些学习目标,可以采用 SMART 框架方法、布鲁姆教学目标分类方法等。

(3)评估案例教学中可能会遇到的问题或挑战,包括学员课前准备不足,或者学员本身的知识积累或水平不够,或者课堂讨论中学员发言不积极等,对这些问题或挑战提前准备预案。

2. 设计评估与反馈

针对学习目标是否达成以及案例教学的有效性等制定评估和反馈方案,包括:

(1)使用什么评估方式和标准来评价学员的预习或参与案例讨论的情况。

(2)如何利用 TMSP 开展在线评估,例如在线答题测验、在线提交作业、在课堂上使用观众反应系统等。

(3)如何使用在线手段(例如在线问卷、在线考试或线下考核)评估案例教学法的有效性以及评估指标如何设置。

3. 案例选择

选择与课程内容紧密相关的案例,可以是成功的经验,也可以是失败的教训,最好具有较高的真实性和一定的挑战性,能够反映学员在未来工作中可能会遇到的问题或挑战,以便于让学员能够在真实情境中理解和应用所学知识。

案例来源可以是既有案例、定制撰写的案例或者学员提供的案例。按照案例所述内容或问题是否已经完成，可以将案例分为：

(1)已经完成的案例。这类案例所述问题已解决或者已有解决方案，其本身在教学中主要用于分析使用。

(2)尚未完成的开放式案例。这类案例的结果尚不明确，学员需要针对问题做出决策并提供决策依据。

按照案例所述内容或问题是否真实发生，可以将案例分为：

(1)模拟案例。案例是由教师虚构或者结合实践改编而来，可以是已经完成的，也可以是尚未完成的。为了保证教学效果，模拟案例既要有一定的复杂度，同时太多的不相干因素又会模糊或者干扰学习的目标。

(2)事实案例。这类案例主要来自新闻报道或真实事件报告、视频、录音等原始材料。使用这类案例，要从中能够提出正确或者有价值的问题，另外在教学中对同一主题的多个案例进行对比，往往更有利促进分析和讨论。

案例选择还需要考虑案例教学在整个课程学习中处于什么位置，与其他理论知识讲授等教学活动如何衔接等。

4. 案例讨论

明确案例讨论的方式，包括课前是否需要预习，课堂中学员如何分组，小组规模多少，如何确保每个学员都能参与其中，讨论结束后需要提交什么东西，教师在案例教学过程中发挥什么角色，如何在信息平台即 TMSP 支持下完成这些工作。

5. 学员准备

学员需要完成哪些准备或作业，例如课前在线阅读案例、课前观看案例视频、完成答题测验、提前准备问题的答案等。

三、实施策略

1. 教师应提前将案例材料准备好，包括文本、视频、图片等，然后将这些材料上传到 TMSP，确保学员能够方便地访问和使用。

2. 教师在学员进行案例讨论和分析中积极承担引导者角色（类似于“催化师”的概念）。学员通过视频会议或直播课堂功能进行小组讨论，教师则在整个过程中提供指导和反馈，确保学员深入理解案例并进行有效地分析。教师还可以利用 TMSP 提供的监控工具，跟踪学员的参与情况和学习进度。

3. 采取辩论、角色扮演、基于交互式课堂教学工具或学员反应系统等策略促进学员参与案例学习，见表 6-8。以角色扮演为例，这种方法不仅能促进学员之间相互联系，也可以促进跨部门之间对于一些争议或者冲突所带来的不良后果（如相互缺乏合作）的认知。

表 6-8　学员参与案例学习的策略

策略	作用	教师角色	学员要求
辩论	培养批判性思维和技能	组织并促进不同观点之间的辩论；留出时间并要求学员反思过程	以团队形式制定和提出论点，并汇报辩论情况
角色扮演	培养创造性思维、同理心等	组织角色扮演和分组汇报；活动结束时，要求学员反思过程	扮演案例中的一个角色，了解角色的观点或要求
基于交互式课堂教学工具或学员反应系统	衡量学员的学习情况；让所有学员参与回答问题；促进案例讨论	教师分阶段介绍案例，并在工具或系统中提出问题，学员使用移动设备进行回答	使用移动设备回答问题；个人思考；与周围同伴讨论

4. 教师可以通过在线测试、作业提交和讨论参与度等多种方式评估学员的学习效果。评估不仅关注学员对案例的理解，还应关注他们的批判性思维和问题解决能力。教师可以通过 TMSP 为学员提供详细的反馈，帮助学员改进学习。

5. 技术支持在信息化案例教学中至关重要。使用 TMSP,可以方便地分发案例材料、组织学习活动和跟踪学习效果。还可以结合虚拟仿真、数字仿真等或远程直播案例教学来丰富学习体验。

第六节 案　　例

德国铁路股份公司(Deutsche Bahn AG,以下简称 DB)长期推进数字化学习。DB Learning World 是 DB 提供技术和跨专业培训的综合学习管理平台。该平台的目标是通过在线学习、混合式学习或基于绩效的学习,更有效地提高学习效率,更好地将职工任职能力提升融入日常工作中,促进每位职工的个人素质发展。该平台支持职工随时随地通过不同设备实现个人学习。

该平台的重点在于自主学习。以学员为中心的设计,使得学员能够以个人和目标为导向,通过直观的界面和方式来使用系统学习相关内容。例如通过使用游戏化方法,学员可以在课程中收集分数,并将分数保存在榜单列表中,匿名比较自己和他人的分数,与他人进行竞争。

DB Learning World 拥有 15 万余用户,提供 1 000 多个课程及学习资源,涵盖铁路运营、基础设施、维护和安全等多个专业领域,适应从新职工到高层管理者等不同岗位层级人员的培训需求。下面对该平台上的一些课程以及 DB 使用在线教学的过程进行介绍。

1. 课程示例

(1)铁路运营基础

①目标:理解铁路运营的原理,掌握安全有效地运营铁路车辆所需的知识及其相互关系。

②内容:铁路构成、线路保护、信号系统、欧洲列车控制系统(ETCS)、GSM-R 等。

③受众:管理者、专业技术人员。

④证书:结业证书。

⑤无需先决条件或预备知识。

(2)ETCS基础

①目标:全面了解欧洲铁路交通管理系统(ERTMS),特别是欧洲列车控制系统(ETCS),掌握关键组件和操作模式。

②内容:ERTMS/ETCS的历史与概况、指挥控制和信号、ETCS轨旁设备和车辆部件、GSM-R通信的使用等。

③受众:新职工、管理者、专业技术人员。

④证书:结业证书。

⑤无需先决条件或预备知识。

(3)铁路RAMS基础

①目标:理解RAMS(可靠性、可用性、可维护性、安全性)的基本概念及其在铁路业务中的重要性,学会在产品生命周期内管理RAMS。

②内容:RAMS基本概念、相关标准概述、RAMS管理、安全文化、典型RAMS分析技术等。

③受众:新职工、管理者。

④证书:结业证书。

⑤无需先决条件或预备知识。

2. 课程的学习方法与特点

(1)在线研讨会:所有课程均通过在线研讨会的形式进行,学员可以远程参与,灵活安排学习时间。

(2)互动学习:课程内容通过互动形式呈现,包括实时讲座、案例分析和小组讨论,确保学员能够积极参与并与讲师和其他学员互动。

(3)个性化学习路径:根据学员的背景和职业需求,提供个性化的学习路径,帮助学员在特定领域深入学习和发展。

(4)无先决条件:所有课程均不要求学员具备任何先决条件或预备知识,便于不同背景和经验水平的学员参与学习。

3. 在线课程的开发过程

(1)开发流程

①需求分析:通过与行业专家和潜在学员的交流,确定课程主题和学习目标。

②课程设计:根据需求分析结果,设计课程结构和内容,包括模块划分、学习目标和评估方法。

③内容制作:制作多媒体教学材料,如视频讲解、互动练习和案例分析,确保课程内容的生动性和实用性。

④平台集成:将制作好的教学材料上传到在线学习平台,设置课程导航和学习路径,确保学员能够顺利访问和学习。

⑤测试与反馈:在课程上线前进行测试,收集学员反馈并进行改进,确保课程质量和学习效果。

(2)教学工具与资源

①视频讲解:通过高质量的视频讲解,学员可以直观地理解课程内容,掌握关键知识点。

②互动练习:设置互动练习,帮助学员巩固所学知识,提升学习效果。

③案例分析:通过真实案例的分析,学员可以将理论知识应用于实践,提升问题解决能力。

④讨论论坛:提供讨论平台,学员可以与讲师和其他学员交流,分享学习经验和观点。

4. 在线考试与评估

在线学习平台不仅提供高质量的课程内容,还包括多种形式的考试评估,以确保学员掌握所学知识和技能。

(1)考试评估形式

①在线测验:通过多选题、填空题和简答题等形式,测试学员对课程内容的理解和掌握情况。

②案例分析报告:要求学员根据所学知识,撰写案例分析报告,评估其应用能力和问题解决能力。

③项目作业：设置实际项目作业，要求学员运用所学知识解决实际问题，评估其综合能力。

④讨论参与：通过学员在讨论论坛的参与情况，评估其学习态度和团队合作能力。

(2)证书颁发

①结业证书：学员完成课程后，将获得结业证书，证明其参与学习并掌握了课程内容。

②技能认证：部分课程提供技能认证，学员通过考试后将获得相应的技能证书，提升其职业竞争力。

5. 在线教学带来的收益

通过在职业教育和培训中有针对性地使用在线学习功能，不仅可以促进职工自我激励，还能提高资格认证措施的可持续性。DB 认为资格性培训中使用在线学习的优势有以下几个方面：

(1)减少脱产时间。

(2)根据需要多次重复学习内容，提高学习通过率。

(3)通过考试评估控制通过率。

(4)便于快速更新学习内容。

(5)为学员提供良好学习体验。

(6)为满足各种学习需求提供有效支撑。

第七章　混合教学

第一节　混合教学概述

一、概念

想象一下这样一个场景：一位教师发送了一个视频链接供学员业余时间观看，视频课程结束时自带有在线测试题，然后学员通过手机或电脑在 TMSP 上完成视频观看和答题，该教师在家里或办公室通过电脑或手机端可以实时查看到学员观看视频情况和答题情况，这无疑为后续在面对面课堂中进一步研讨或者开展更有针对性的教学奠定了基础。

混合教学正是这样一种融合传统面对面教学和在线教学优势的教学方法。这种教学方法通过整合线下课堂互动与线上数字化资源，打破时空限制，形成更加灵活和多元化的学习环境，混合教学与传统教学、在线教学的关系如图 7-1 所示。

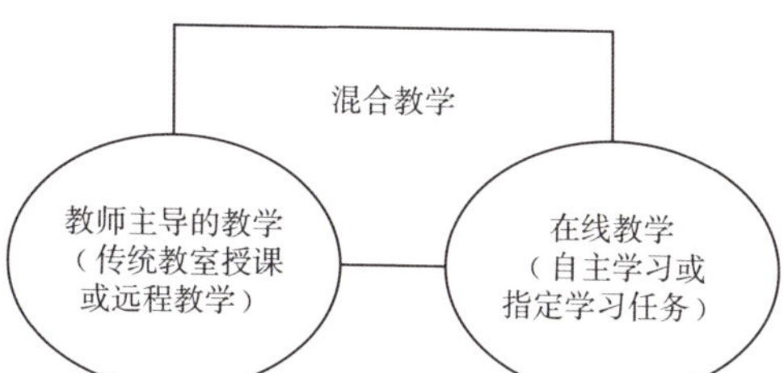

图 7-1　混合教学与传统教学、在线教学的关系

相较于传统面对面教学，混合式教学则强调学员是学习的主体，学员的学习过程及知识技能目标的达成是教学活动的中心，即

从“以教师为中心”转变为“以学员为中心”，促进学员对教学活动的参与，提升教学效果。

需要强调的是，混合教学也包括各种教学手段的混合应用，例如在传统面对面教学中，可能会同步使用雨课堂之类的辅助教学数字工具，本书所指的混合教学更多强调的是传统面对面课堂与在线教学这两种基本教学方式的混合。

二、优劣势

1. 优势

(1)便于开展自学。对于成人学员能够灵活地定制和管理自己的学习路径至关重要。对于成人来讲，工作、生活与学习之间需要平衡，培训应该促进而不是阻碍这种平衡。混合式学习通过提供灵活的教学解决方案，帮助组织和学员更灵活高效地达成培训目标。

(2)提高学员的参与度。真正提升学习成效的关键在于积极调动学员的参与热情，让其全身心地投入到培训过程中。混合学习模式能够显著提升学员的参与度，这得益于混合教学通过提供多样化的学习机会和充分利用数字工具，使学习体验变得更加生动、灵活且易于获取。

(3)促进学习迁移成功。混合教学中的一些模式，例如“翻转课堂”，安排学员按照自己的节奏单独学习基础知识(如教材、课件等)，然后利用课堂交流研讨、实际操作等促进学员反思理解和练习其所学的知识，从而更成功地实现学习迁移。

(4)对学习更全面地分析。在传统课堂教学环境中，教师或许能够了解到学员完成测验所需的时间、答题次数、答题进展等信息，但是收集每位学员的这些详细数据需要付出大量的时间和精力。在混合教学中，TMSP 会自动跟踪记录所有相关信息，使培训管理者和教师能够轻松掌握学员的学习进度和成果。这些数据可以帮助培训管理者或教师清晰地看到每位学员的长处与短板，判断他们是否已经准备好学习下一阶段内容，是否需要复习巩固某些知识点等等。

2. 劣势

(1)对培训管理者和教师提出更多的技能要求。混合教学涉及多种信息技术、教学技术等应用，特别是有一些数字工具可能会有一些复杂性，例如课件制作工具、问卷设计等，而且并不是每个管理者或者教师都渴望或愿意投入时间和精力来熟练掌握新技术。对此，除了加强培训管理者和教师专业技能培训以外，还需要从文化角度进行长期引导。

(2)短期内可能会导致培训成本增加。混合教学对 TMSP 的功能支撑要求要比单纯的在线教学所需要的多。加之铁路企业既有理论培训，又有实作培训；既有集中脱产调训，又有在岗培训；既有资格性培训，又有适应性培训。复杂的培训需求导致 TMSP 功能复杂庞大，而且所需要配套的软硬件设施(包括传统教师环境的改造)等，都可能导致短期内培训成本费用增加。但是长期来看，一方面培训边际成本会下降，另一方混合培训所带来的更大范围、更高质量的培训效果提升所产生的效益也是显著可观的。

第二节 典型模式

混合教学技术多样化，具有较高的灵活性，本节重点介绍五种常见模式。

一、面对面驱动模式

1. 概念

面对面驱动模式是将传统的课堂教学与在线学习工具相结合的混合教学模式，即在传统以老师为中心的课堂教学中，通过视频点播、互动直播、在线考试练习、课堂内容同步软件等数字工具来补充教学资源,以加深理解、提供额外的练习或引入新的教学方法,如图 7-2 所示。

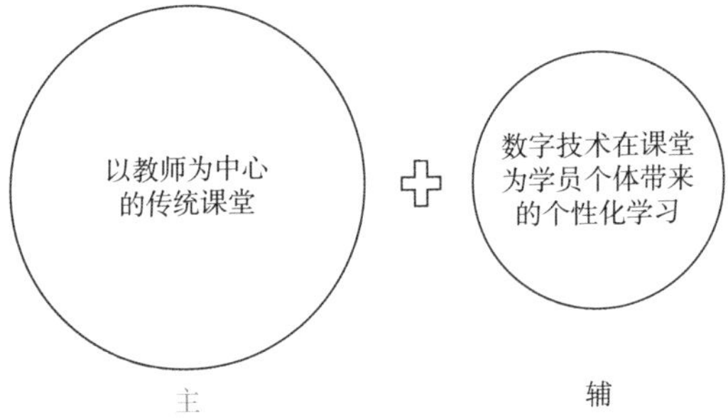

图 7-2　面对面驱动模式示意

2. 实现方式

面对面驱动模式不仅促进教学对于相关学习风格的支持,也促进学员数字素养的提升。实现面对面驱动模式的基础是传统教室的信息化,即构建智慧教室。智慧教室是一种将教室的物理空间与信息技术深度融合的新型教学环境,其目的是通过数字化、网络化和智能化手段,优化教学过程、提升学习效率并促进师生互动。

智慧教室的建设内容主要包括智能化硬件设施、软件与平台支撑、信息基础设施和空间布局。智能化硬件设施主要包括交互式教学设备、学员终端设备、环境感知设备、音视频系统。软件与支撑平台主要包括培训管理系统(课堂管理模块)、在线类互动工具、学习行为分析系统等。信息基础设施包括物联网集成、有线和无线网络覆盖等。空间布局包括桌椅布局、多屏协同显示等。

二、在线驱动模式

1. 概念

在线驱动模式是指以在线教学为核心、传统课堂教学为补充的混合教学模式,如图 7-3 所示。与传统在教室里面的学习相反，在线驱动模式完全依赖于在线学习工具。具体来讲，该模式融合了同步培训（互动直播课程、小组互动学习等）和异步培训（自定进度的电子课程学习），通常不需要学员之间、学员和老师之间进行面对面的交流。学员主要通过在线学习平台或培训管理系统访问课程、考试测验、提交作业、浏览相关资源等。线下的实体教室和老师呈现为支持者的角色，根据学员的需要来介入或提供帮助。

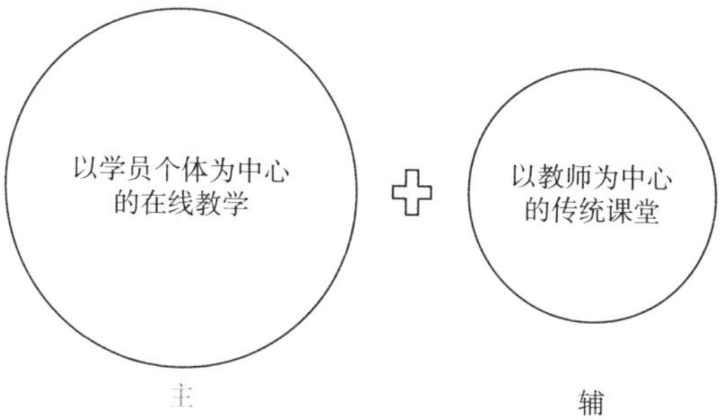

图 7-3　在线驱动模式示意

2. 实现方式

在线驱动模式依赖于在线教学工具。值得注意的是，这种模式下，铁路企业培训教学活动从物理空间转移到虚拟空间，全流程、智能化的培训管理就显得尤为重要。因此，这里的在线教学工具不仅仅包括在线视频学习、互动直播、考试练习等教学方式，还包括对培训全流程的管理信息化，也是本书前述的培训管理服务平台的主要功能模块。

三、轮换模式

1. 概念

轮换模式是将面对面教学与在线教学相互结合起来的动态的学习方法，如图 7-4 所示。轮换模式允许学员按照设定的时间表在不同的学习方式之间进行切换，例如在传统课堂接受教师的直接指导、以小组为单位的学习、个人在线学习和实践活动等。该模式提供了一种结构化而灵活的学习方式，可以较好地满足同一教室内不同学员的不同需求和学习风格。

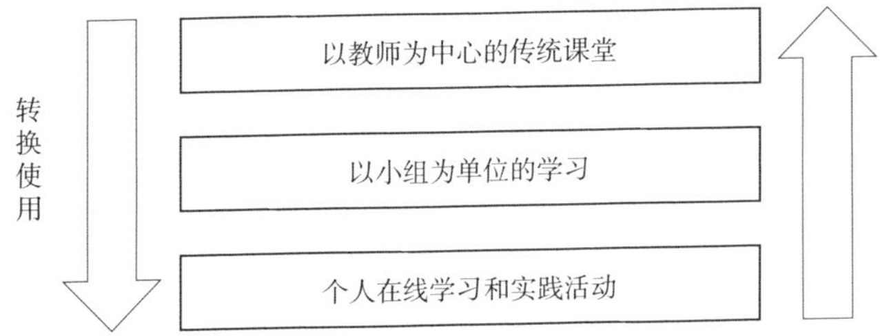

图 7-4　轮换模式示意图

2. 实现方式

轮换模式下教学活动在物理空间和虚拟空间之间不断切换。为了保障教学活动的有序、高效和质量，实现轮换模式除了依赖于传统课堂的信息化（如智慧教室）和在线教学工具，也需要培训过程管理信息化支撑。

四、翻转课堂模式

1. 概念

翻转课堂是一种将传统发生在教室里的教学活动转换到课堂外，同时把传统发生在课堂外的教学活动转换到课堂内的教学模式，其主要特征有以下几方面：

(1)教师将传统课堂上的学习活动（例如知识讲授）与为课堂外而设计的学习活动（例如问题思考、内容预习、参考材料等）进行转换。

(2)利用信息技术来提高课堂内容的可访问性，例如提供在线视频、教学软件等多媒体资源，以提高学员参与学习的积极性。

(3)学员利用学习资源课前完成相关知识学习，学员之间、学员和教师之间在教室里进行更深层次的交流讨论。

与传统教学相比，翻转课堂赋予学员更多学习上的自由，把更重要的知识内化过程放在课堂内，两者的主要区别见表 7-1。

表 7-1 翻转课堂与传统教学的对比

教学模式	课前	课中	课后
传统教学	学员根据提前给定的教学主题和教学安排到教室	教师讲授知识，提供必要的学习材料	学员通过完成作业或者相关活动巩固所学知识
翻转课堂	学员提前预习学习资料，对相关知识和信息进行理解记忆	学员之间、学员和教师之间对相关学习内容进行交流讨论	学员通过完成更深入的学习活动来检查和确认自己对相关内容的理解

2. 特点

(1)优势

①促进个性化学习。翻转课堂允许学员根据个人需求与能力，以个性化节奏开展学习，例如，学员可以根据自己的时间安排，按需随时访问学习资源，也可以跳过已掌握的学习内容。

②促进主动学习。翻转课堂强调主动学习，鼓励学员在课前通过在线讲座、阅读或互动活动参与课程内容。这种预习使课堂讨论更有意义，增强了学员学习的参与度。

③促进课堂互动。通过课前预习，翻转课堂优化了课堂时间，用于深入讨论、解决问题和开展协作训练等。这种与其他学员、教师之间的积极互动有助于学员更深刻地理解概念，并通过实时反馈提升批判性思维与分析能力。

④即时反馈机制。课前预习材料中的互动元素（如考试练习）为学员提供即时反馈，帮助学员评估其理解程度并调整学习策略。这种机制使学员能及时了解自己的学习进度，积极参与学习过程。

(2)劣势

①对信息技术应用依赖性强。翻转课堂高度依赖于在线学习、考试、实作训练等各种在线教学工具。对于一些使用手机或PC电脑访问在线课程等资源存在障碍的学员来讲,可能需要有额外的支持或者培训。对此,培训管理者需关注学员的数字素养,并提供必要的资源与支持。

②学习的工作量增大。翻转课堂要求学员在课前自主参与材料学习,如观看讲座、阅读资料、参加考试测试等,对于本身就需要平衡多重责任的成人学员而言会带来学习的工作量增加。对此,培训管理者需要关注学员的时间管理能力和学习承诺。

③可能会存在学习风格不匹配问题。翻转课堂虽然对多数人有效,但并非适合所有学员,特别是那些偏好教师主导、结构化学习环境的学员,或者偏好于听觉、动觉学习方式的学员,翻转课堂可能不完全契合其学习风格,导致学习效果差异。对此,教师需要根据学员反馈或者事先调研,尽可能提供多样化的学习资源,例如更直观的图片、视频、3D视频等。

④课前参与度衡量困难。翻转课堂缺乏面对面互动和即时反馈,使得评估学员课前学习参与度具有挑战性,依赖最常见的在线考试也可能无法准确反映学员的理解程度,且部分学员可能只是形式参与。这可能导致教师难以及时提供针对性反馈,进而影响翻转课堂的有效性。对此,铁路企业需要有功能强大的培训管理系统提供技术支持,例如在线观看视频、阅读材料、考试等学习行为分析。

3. 实施步骤

翻转课堂实施过程分为前期准备和正式实施两个阶段,其中正式实施又分为课前、课中、课后三个环节,翻转课堂教学模式实施步骤如图7-5所示。

(1)在前期准备阶段,教师需要明确学习目标,准备关教学材料,如录制和发布微视频课件、准备阅读材料、发布测试题等。

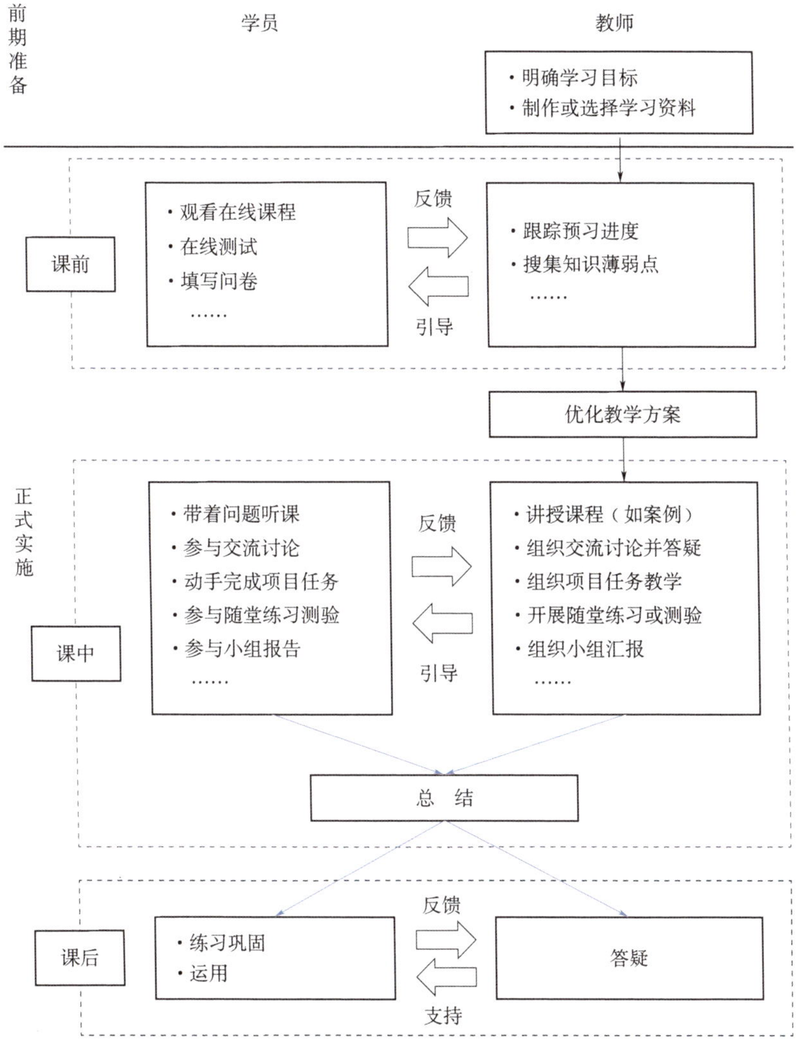

图 7-5　翻转课堂教学模式实施步骤

(2)在课前环节，学员通过观看在线课程、阅读材料、在线测试等进行预习，教师则通过培训管理系统对预习情况进行监控，搜集学员知识薄弱环节，并更新教学方案。

(3)在课中环节,教师按照计划进行教学活动、评估活动和总结,其中,教学活动尽可能以高度交互和以应用为导向,例如开展案例教学、交互式讲座、项目任务等,评估活动可以是随堂练习或测验、小组报告等多种形式,总结过程通常虽然很短,占整个课堂时间的10%左右,但是其对于促进知识保留率并将知识升华为能力至关重要。

(4)在课后环节,学员主要依靠自己来练习巩固以及运用相关知识,其间可以通过培训管理系统等远程向教师提问,教师通过远程答疑帮助学员更好地将知识转化应用。

五、弹性模式

弹性模式代表了一种以学员为中心的方法,其中教学主要通过在线方式提供,允许学员控制学习的进度和路径。这种模式的特点是灵活的学习环境,学员通常在铁路企业在线教学平台上工作,教师根据需要提供面对面的支持。教师更多地充当教练,提供指导和支持,而不是直接指导,如图7-6所示。

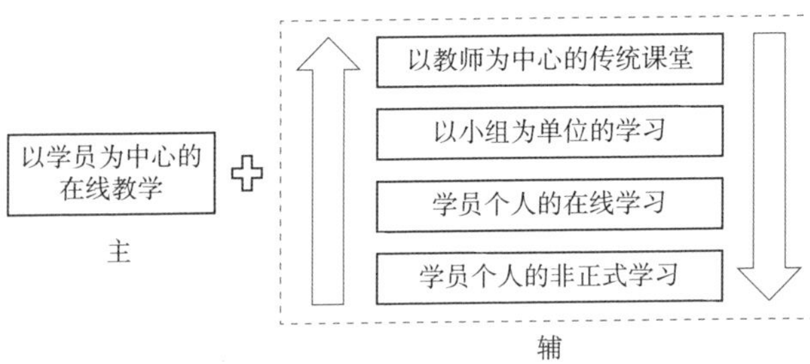

图7-6 弹性模式示意

选择"最佳"的混合学习模式并不是一个放之四海而皆准的场景。例如,轮换模式可能非常适合年轻的学员,因为其迎合了各种学习风格,并通过多样性让学员参与其中。另一方面,弹性模式可能更适合年龄较大的学员或以培养自主学习和批判性思维等技能为主的培训中。

此外，混合教学模式的有效性会受到信息技术基础设施、教师准备情况和学员对在线学习平台或培训管理系统可访问性的影响。例如，当学员使用网络访问在线学习平台或培训管理系统较困难时，使用大量的在线学习工具可能不如以面对面教学为主的模式有效。另外，任何混合教学模式的成功都取决于教师将技术融入教学的能力。

归根结底，“更好”的模式是与学习目标保持一致、满足学员需求并得到可用资源和基础设施支持的模式。

第三节　设计与实施

一、基本构成

混合教学的基本构成包括教学设计、课程内容交付方式、技术设施、学员投入与交互策略、评估与反馈设计、教学支持与资源、持续改进与评估等。

1. 教学设计

(1)课程结构

①学习目标。准确定义课程或者培训结束时学员需要掌握的知识或技能。

②模块构成。把教学内容拆解为相互关联的结构化单元或模块，这些模块或者单元可能是阅读材料、视频课程、作业、讨论等。

③详细的教学大纲。为学员提供学习路径、时间安排、评估方法、技术或环境要求等，以确保学员正确参与教学。

(2)学习路径

①线性学习路径。这种路径通常按顺序一步一步推进，多适用于基础知识学习。

②柔性学习路径。学员可以自由选择学习顺序或方式，以提升学员参与度，促进个性化学习。

2. 课程内容交付方式

(1)同步学习

①面对面课堂。传统的教学课堂或者实作培训室内教学。

②直播课堂。基于互动直播系统的远程实时教学,支持实时反馈、实时研讨、多人协作等。

(2)异步学习

①预先制作好的音视频课件。

②Word、PDF 等各类阅读材料。

③在线论坛、在线小组研讨等讨论区。

④学员在规定时间内可以自主进行学习的其他项目或教学活动。

3. 技术设施

(1)信息系统(TMSP)

信息系统(TMSP)需要能够全程支撑混合教学的各种功能需求,例如:

①在线阅读材料、视频课程、作业等资源或信息。

②记录学员各种学习行为与表现,以便及时提供反馈。

③对学员学习投入、参与、进度等进行分析,形成学习报告。

(2)交流与协作工具

①实时音视频交流平台,即互动直播教学系统,以为同步学习提供支撑。

②在线提问与答疑工具,一对一提问或者讨论区。

(3)硬件设备与网络环境

①电脑、手机等必要的硬件设备。

②良好的网络带宽及稳定性。

③有效的技术支持。

4. 学员投入与交互策略

(1)增加学习投入的策略

①鼓励学员之间尽快熟悉起来的一些破冰与热身活动。

②问题驱动教学，即以真实场景或者案例学习激发学习思考和团队协作等。

③游戏化教学，包括采用榜单、徽章、积分系统等对学习进度进行激励，有意刺激学员之间的竞争等。

(2)协作学习

①在虚拟课堂例如直播课堂中采用分组讨论、小组头脑风暴等方法。

②团队或小组学习任务。

5. 评估与反馈设计

(1)形成性评估

①随堂测验，一般多以客观题为主。

②简短的论文。

(2)总结性评估

①正式考试或考核，一般发生在课程完成以后或者整个培训结束时。

②研究性的任务。

③报告或演讲汇报。

(3)反馈机制

①针对考试测验的即时反馈，比如错题及分析等。

②教师针对论文或项目任务的评阅。

6. 教学支持与资源

(1)必要的文字提醒，例如针对视频课件提供必要的字幕等。

(2)合理的工作与学习时间安排。

(3)快速的 IT 技术支持。

7. 持续改进与评估

(1)数据驱动的培训决策

①学习投入衡量，包括出勤率、视频观看时长、讨论参与度、作业提交情况等。

②学习表现分析，包括识别学员在哪些知识点或环节存在学习困难以便有针对性地提供帮助。

③反馈调查，包括课程难度、教学节奏、教学方法有效性等。

(2)迭代优化

①不定期审视课程内容的有效性。

②采用新技术进一步提高学员参与学习的便捷性。

③培训管理者以及教师等相关人员的技能提升。

二、策略技巧

1. 合理选择教学模式

从早期的学徒制到今天的企业学习计划，培训工作已经发生了很大变化，但很难确定线下教学、在线教学还是混合教学哪种最好，真正重要的是关注培训对象本身的特点及需求，把培训对象放在首位并选择或者调整教学模式，才能真正提高培训效能。具体到几种典型混合教学模式的选择，需要综合考虑教学内容、学员对象、学员规模、工学时间安排等因素，目标是实现培训效果最优。

2. 把握同步学习与异步学习之间的平衡

教师通过同步学习可以立即向学员提供反馈，并确保所有学员都在同一水平上。另一方面，异步学习允许学员按照自己的节奏学习，并为具有不同学习风格的学员提供更大的灵活性。综合教学目标、知识特点等，合理平衡两者的比例至关重要。

3. 建立与教学模式匹配的教学环境

根据选择的混合教学模式，有可能需要重新设计教学环境，确保整体课堂设计能够激励学员参与学习并保持积极性。

4. 对学员提供明确的要求和指导

在混合教学环境中，教师需要采用多种方式，向在线和面对面教学的学员提供明确的要求和指导。例如，及早发布课程计划，提供资源列表，对学员如何参与学习、如何提交作业作出明确说明等，以鼓励学员保持专注并按计划完成任务。

5. 使用有效的课堂管理工具避免倦怠

混合教学环境给教师在课堂管理方面带来了新的挑战，尤其是在线上教学环节，教师很难像线下课堂那样全方位掌握学员学习状态。对此，可以使用基于 TMSP 的课堂管理子系统或模块，帮助教师自动跟踪学员的学习进度和参与度等。由于教学形式既有线上也有线下，对 TMSP 的要求比传统的在线学习系统显然要高。

6. 给远程参与学习的学员留出必要的时间

如果使用同步教学工具开展线上和线下同步教学的情况，则教师需要考虑远程参与学习的学员的需求，包括网络接入是否稳定可靠，在课堂讨论环节能否有效参与研讨和反馈意见等。

7. 主动引导促进学员参与在线交流研讨

线上研讨环节，可能会由于学员之间不熟悉或者缺乏投入感而发言不积极的情况。教师需要进行必要的监控，例如，轮播讨论画面，同时也需要积极运用多种策略引导学员学习投入，例如课程开始前可以邀请学员自我介绍，促进学员之间熟悉。

8. 提高教师和学员的数字素养

混合教学环境对信息技术的依赖性较强，教师组织在线学习、考试、研讨、测验、反馈等都需要用到大量的数字化工具，同时对于学员管理也需要从传统粗放转向数据驱动。对教师进行混合教学相关的数字素养培训，确保其掌握使用各种数字工具的能力，是成功实施混合教学的前提。学员由于需要使用在线教学工具，也需要具备一定的数字技能。

第四节 案　　例

法国国家铁路公司（以下简称 SNCF）为新招聘的列车调度员提供为期数周的面对面学习课程，向其传授核心知识和技能。培训结束时,职工将参加期末考试,只有通过考试才能上岗,否则就必须招聘新人,带来时间和资源浪费,因此,必须提高学员培训效果。

然而,由于培训期间工作量很大,因此学员忘记所学内容的可能性很高。对此,一方面需要确保每位学员在考试前做好充分准备,以提高考试通过率;另一方面需要通过持续强化知识和技能来保证学员能够现场应用所学知识。2018 年,SNCF 决定采用数字化来应对这些挑战。

虽然大部分概念必须在课堂上学习,但是 SNCF 的目标是将数字技术更多地融入职工的学习路径中,以增加培训所产生的短期和长期影响。为了实现这一目标,SNCF 建立了一套混合学习系统。基于这套混合学习系统,培训师能够使用各种工具来设计和发布视频课程、监控员工的技能发展并确保学习得到强化,比较典型的变革如下。

(1)培训师在课堂完成关键概念或知识点讲解之后,学员隔几天会收到关于这个概念的提醒——以测验的形式检查学员是否已经记住这个概念或知识点。如果答案正确,下一次提醒将在大约一周后发送;如果答案错误,下一次提醒将提前发送。通过这种方式,混合学习系统针对整个课程中学习到的每个概念,都会通知学员并向他们发送不同主题和频率的个性化提醒。这种提醒机制的背后是混合学习系统基于每个学员的测验情况来衡量其学习的优势和劣势,估计其遗忘曲线(或记忆能力)并进行个性化的强化。

(2)混合学习系统自动向培训师提供学习过程报告。混合学习系统会自动生成学员的学习数据,并被传输到数字“仪表板”。培训师通过“仪表板”,可以看到学员对于哪些概念的学习是较好的,对于哪些概念的学习是有困难的,以便调整培训课程。另一方面,培训师可以查看每个学员的详细信息,了解需要帮助的学员,并与其一起规划适应性培训。

职工可以通过 PC 端和移动端使用该混合学习系统。从第一次部署开始，SNCF 就发现期末考试的通过率提高了 35%，而在两个月的学习中，职工在混合学习系统上的平均时间仅为 29 min，这一结果得益于混合学习系统能够根据每位职工的认知状况调整强化内容。

混合学习系统所带来的长期效益也显而易见，职工通过考试开始上岗后，会继续收到系统发来的提醒，以促进其技能的发展及相关知识的实际应用。这相当于提供了一个虚拟教练，能够在正确的时间推送正确的提醒，让职工尽可能地完成好工作。

第八章　在线考试

第一节　在线考试概述

一、特点

在线考试又称为电子化考试，是利用互联网、计算机或专用设备等对学员进行考试测评的过程，主要特点如下：

(1)依赖于在线考试系统。在线考试系统通常至少具备题库管理、试卷管理、成绩管理、在线监考等模块，实际中通常支持计算机自动或辅助判卷，以帮助教师快速提供考试结果。

(2)考试结束后通常可以在线查询到考试成绩，对于答题情况能够提供即时的数据分析，例如错误率、熟悉度等，有助于学员和组织全面了解其考试答题呈现出来的学习效果规律。

(3)学员参加在线考试可以在特定的物理环境(如机房、实训室)下进行，也可以通过计算机、App 等在任何具备内部或外部互联网条件的环境中进行。

二、分类

铁路在线考试分为选拔性测评、诊断性测评、考核性测评、开发性测评。

(1)选拔性测评主要用于铁路企业相关部门选拔关键岗位人才。

(2)诊断性测评主要用于职工自我检验其对相关知识的掌握情况，以帮助其制定学习策略、安排学习计划等，通常体现为在线练习。

(3)考核性测评又称鉴定性测评,主要用于组织对职工相关专业知识具备情况的检验或鉴定,以为组织开展相关评价、改进培训等提供依据。

(4)开发性测评多体现为心理测验,这类测评的结果不一定存在好与坏之分,主要是帮助组织或个人了解其能力或素质的优劣势,以寻找更好的培养发展路径等。

三、设计策略

在线考试设计的关键点在于试题内容来源、试题类型选择、试题数量规模、出题或组卷策略、监考方式、技术支持等设计,在考试之初就需要明确这些方面的基本要求或对策。

1. 试题内容来源

试题内容来源即出题依据,主要取决于在线考试目的。

(1)诊断性、考核性测评的试题内容来源主要为教材、规章制度、课件等培训材料,多为特定岗位任职对知识、技能的要求。

(2)选拔性测评的试题内容来源通常比诊断性、考核性测评更宽泛一些,可能涉及超出当前岗位要求的知识、技能要求,例如更深层次的原理性知识、相近专业的交叉知识等。

(3)开发性测评的试题通常需要进行专门的量表设计,对于一些成熟度较高的测评内容也可以选择成熟的量表作为试题。

2. 试题类型选择

试题类型分为主观试题和客观试题两类。通常来讲,客观测试可以衡量学员回忆或组织信息的能力,主观测试方法可用于评估学员的高阶/批判性思维技能,包括理解、应用、分析、评估和创造。在题型选择上选择适合的题型以确保全面评估职工的能力。常用的题型包括:

(1)选择题:用于评估知识点的掌握情况。

(2)判断题:用于评估综合知识的掌握情况。

(3)填空题:用于测试对特定信息的记忆和理解。

(4)简答题:评估分析和综合能力。

(5)图文题:适用于操作岗位,评估实际操作能力。

(6)案例分析:评估解决实际问题的能力和决策能力。

(7)实作测试:通过实训系统评估其实际操作能力。

针对不同的考试人群和其他岗位任职要求,适度混合主观试题和客观试题往往更有效,在条件具备的情况下,创建需要高阶思维的问题,例如创建分析、综合和评估级别的问题,更有利于考试作用发挥。

3. 试题数量规模

理论上来讲,试题对于考试内容的覆盖越全越好,试题量相应的也应该越大越好。如果试题用于考试,通常卷面试题数量与题库数量之间的比值不高于1∶10。

4. 出题或组卷策略

出题或组卷中通常需要考虑不同题型的试题数量、试题分值、试题的难易程度等因素。

(1)根据考试目的、考察内容项点等,明确主观试题、客观试题的数量以及每道试题的分值。

(2)如果是选拔性、考核性测评,通常需要考虑试题难易程度及其搭配。

(3)在试卷形成方面,常见的策略是随机化出题,即在保证考察内容项点一致的情况下,不同学员的试卷内容往往并不相同,这种不同有两种体现形式:试题顺序随机化或者试题内容随机化。通常来讲,如果题库数量充足,在选拔性、考核性测评中采用试题内容随机化的方式更优。

5. 监考方式

如果是线下集中考试,则采取监考人员现场监考的方式。如果是线上远程组织考试,则需要对监考方式进行设计,做好人员、设备等相关准备,并提前告知学员。

6. 为技术问题做好计划

提供包含一些与实际考试无关的问题的模拟考试，让学员有机会熟悉在线考试功能。

第二节 题库建设

一、计算机辅助出题

1. 试题生成

传统人工出题方式由教师或相关专业领域专家根据教材、教学大纲、考试大纲、命题要求等进行线下出题，试题通常保存为Word、Excel等电子文档，之后导入在线考试系统用于考试。铁路培训考试出题数量庞大，教材、规章制度等培训内容更新频率较高，人工出题效率较低，出题管理的成本总体较高。

随着技术进步，采用人工智能辅助出题展现出巨大潜力，尤其是对于标准化程度较高的知识和技能，由经过训练的大语言模型系统根据教材、教学大纲、考试大纲、命题要求等生成试题及其答案，相关考试系统对生成的试题进行自动去重之后，交由教师或专业领域专家进行审题，符合条件的试题直接进入正式题库，以备后续使用，具体流程如图8-1所示。

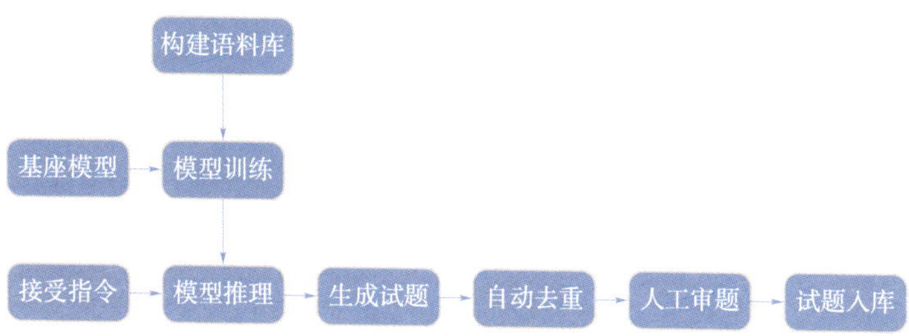

图8-1 基于大语言模型的出题流程

(1)构建语料库。语料库一部分来源于既有题库试题的清洗、原文还原等形成的训练语料,一部分来源于通过教材等由人工新增标注的语料。为了保证试题内容的正确性,语料库需要覆盖最新的教材、规章等学习资料。

(2)选择基座模型。考虑训练成本等条件,可以直接选择较为成熟的中文支持度较好的预训练大语言模型作为基座模型,以提高大语言模型的训练效率。

(3)模型训练。考虑训练成本、效率等因素,模型训练通常采用对基座模型进行微调等方式。

(4)模型推理。训练以后的专业大语言模型系统可以根据 API 接口传递的指令信息进行推理,并将推理结果通过 API 接口逆向反馈。

(5)生成试题。将模型推理结果按照一定的试题格式进行整理和存储。

(6)自动去重。在相关系统例如考试系统中,通过检索等,去除和题库中已经重复的试题。

(7)人工审题。教师或者专家逐题进行审核、修正或丢弃。

(8)试题入库。通过审题的试题由相关系统如考试系统自动存储到试题库中。

为了保证试题来源的及时性、准确性,也可以通过大语言模型+检索增强生成(retrieval-augmented generation,RAG)提高试题出题质量,具体流程如图 8-2 所示。

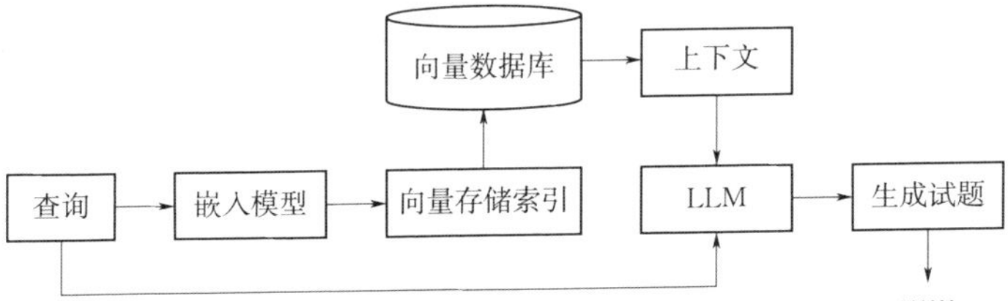

图 8-2 基于 LLM+RAG 的出题流程

(1)将教材、规章等材料文本切分成多个段落,使用嵌入模型(Embedding Model)将这些段落转换成向量,然后把这些向量存入一个索引里。

(2)为大语言模型创建一个提示,引导模型根据在搜索步骤中找到的上下文来回答输入的问题或指令。在实际运行时,通常会对用户的查询进行向量化处理,在索引中搜索这个查询向量,找出最相关的前 k 个结果。

(3)从数据库中提取对应的文本段落,并将它们作为上下文融入大语言模型的提示中。

2. 试题难度

为了满足有些考试测评场景中对试题难度的需求,可以给试题设置难易程度属性。试题难易程度的确定有多种方法,例如专家评审、小范围测试、历史数据统计分析等。这里采取历史数据统计分析的方法来确定试题的难度系数,其中客观题的计算公式为:

$$\text{难度系数}=1-\frac{\text{该试题答对人数}}{\text{总考生人数}} \tag{8-1}$$

主观题的计算公式为:

$$\text{难度系数}=\frac{\text{该试题平均得分}}{\text{该试题满分}} \tag{8-2}$$

试题难易程度的确定本身也是一个动态过程,职工对知识点的不断学习或者更多的考试测评样本都可能会改变试题的难度系数。

二、题库存储共享

1. 试题分级分类

根据铁路培训管理组织体系特点,试题库建设与维护分布在铁路企业不同层级和不同部门,例如铁路局集团公司级不同业务部门、站段级、培训基地等。同时,为满足不同使用场景下的试题管理需求,通常需要从多个维度对试题进行分类,例如,按照知识点分类、题型分类、难度分类、考试类型分类、出题者分类等。

2. 题库共享策略

由于培训管理需要,题库资源天然存在多头重复建设、数据孤岛等现象,通过共享题库能够提高题库建设和使用效率,构建共建共享局面。考虑到试题数据安全性、隐私性和考试测评目的可能不同等因素,题库共享的基本策略是内部授权制,即使用方应向试题库所有者申请使用授权,且只能使用不能修改题库。

为了简化操作,在考试系统中可以内置一些授权策略。以铁路局集团公司机关、站段、车间三个管理层级为例,由于同一专业系统的题库内容共性较强,而且相关业务也是按专业垂直管理,因此同一专业系统默认都有使用授权。不同专业系统之间,各部门或单位之间可以查看题库信息,但是实际使用需要申请使用授权,题库资源共享策略如图 8-3 所示。

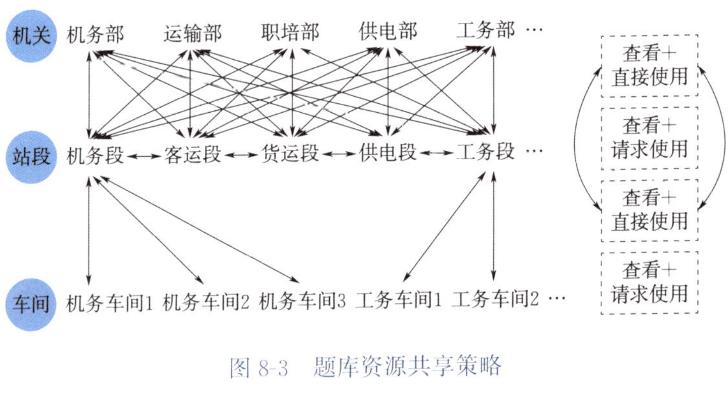

图 8-3　题库资源共享策略

3. 试题存储策略

试题存储需要考虑试题维护和试题使用的便捷性。

(1)随着试题来源发生变更,例如规章制度、教材等更新或废除,相应需要对试题进行更新或者删除。因此,在试题存储时,需要设置相关的来源属性,便于以后对试题进行召回处理。

(2)铁路培训管理系统中的试题数据使用频率极高,为了应对每日数万人次以上大量的练习与考试对试题数据调用需求。因此,在保证数据安全的前提下,需要综合使用数据库优化技术、缓存技术等提高试题数据访问效率,例如通过将试题数据中的热点字段数据(如考试信息、题目信息)预先加载到缓存中,显著减少数据库查询次数,降低数据库压力。

三、题库关联使用

1. 题库与课程关联

(1)直接关联。将题库与特定的课程进行直接关联,即为该课程创建一个对应的题库。这样做可以确保题库中的题目与该课程的内容相匹配,方便员工进行针对性地练习和复习。

(2)标签分类。为题库中的每个题目添加相应的标签,将标签与课程对应。员工在学习某一课程时,可以根据该课程的标签进行选择和筛选题目。

2. 题库与教材关联

(1)教材章节对应。将题库中的题目按照教材的章节进行分类和归档,确保每个章节都有相应的题目。这样,职工在学习某个章节时,可以通过题库进行对应章节的练习和巩固。

(2)题目涵盖教材知识点。题库中的题目应该覆盖教材中所涉及的知识点,确保职工在完成教材学习后,通过题库练习可以全面复习和巩固所学的知识。

3. 试题标签维护

(1)定义标签。确定题库中需要使用的标签类型,例如可以根据题目类型、难度级别、知识点、来源等分类来选择标签类型,同时确保标签的定义清晰、简洁明了。

(2)标签添加。根据题目的类型和特点,不断补充、更新和添加新的标签,便于不同场景下对试题关联使用的精准性。

(3)标签分配。对于现有的题目,根据其内容和特点进行适当的标签分配。可以根据题目的关键词、题干内容以及答案选项来判断应该分配哪些标签。

第三节　自适应练习

一、必要性

在线练习是学员学习的重要方式。在传统练习模式下,基于TMSP,学员可以从题库中选择一定的试题范围进行练习,在选择试题范围时,通常有两类策略:

(1)学员设定部分固定参数,例如知识点范围、各种题型的出题数量、难度系数要求等,TMSP根据参数从题库中出题。

(2)由系统随机抽取试题供学员练习,实际中这种方式也可能会与第(1)种方式结合使用。

传统练习模式标准化程度较高,但是对于学员本身的能力或状态等考虑欠缺。学员在练习过程中可能会碰到一些影响学习情绪或学习成效的问题,例如:

(1)已经掌握的知识点或试题可能会不断重复出现,影响学员学习热情。

(2)应该掌握而未掌握的知识点或试题可能没有练习到,如果题库试题量很大,这种问题发生的概率越大。

(3)每次练习不断设定参数等,增加学员操作,影响学习体验。

因此,在练习出题时,如何能将学员的个性化特征如能力或状态等纳入出题策略中,形成个性化的出题模式显得十分重要。

二、特点

自适应练习是指培训管理系统或自适应练习系统根据学员的能力和状态等特征,动态调整练习的出题内容,以便学员能够在最合适的难度水平上进行学习。自适应学习需要考虑以下三个目标：

(1)温故知新。根据艾宾浩斯遗忘曲线，人的记忆有其自身的规律，因此需要帮助学员及时查漏补缺，帮助其复习掌握不熟练甚至遗忘的知识。另外，学习任务也需要尽快完成，因此还需要在适当的时候，引导其学习新的知识。

(2)难度循序渐进。学习过程本身是需要循序渐进的，在推荐题目过程中难度不应该变化过大，算法需要自适应调整使得被推荐题目的难度变化较为平滑，减少学员学习的挫败感。

(3)练习游戏化。如第六章所述，游戏化学习提高成人学习效能的重要途径。TMSP 需要能够在推荐出题的过程中，采取一些策略来调动和保持学员的积极性和兴趣，例如适当的时候保留一些“送分题”等。

三、实现方式

自适应练习的核心是预估学员的能力水平并根据其能力水平匹配相应难度的试题。推断或者预估学员能力水平的常用方法之一是项目反应理论(item response theory，IRT)。IRT 通过对测试题目的反应来推断其潜在能力水平，是计算机自适应练习或考试的重要基础。

1. IRT 模型

IRT 中的关键概念和参数如下：

(1)项目，是指练习或考试中的单个试题。

(2)潜在能力(θ)，是指学员在某一特定领域中的能力或特质，是一个连续的潜变量。

(3)项目参数，主要包括难度参数、区分度参数和猜测参数，用来描述试题本身的一些特性，这些特性会影响学员的答题结果。

许多专家学者在实际应用中提出了多种 IRT 模型，较为常用的是基于二分值测验的 logistic 模型。在 logistic 模型中，根据参数不同，又可以分为以下几种：

(1)一参数模型(1PL,也称 Rasch 模型),只包含试题难度参数,即

$$P(X_i=1|\theta)=\frac{e^{\theta-b_i}}{1+e^{\theta-b_i}} \tag{8-3}$$

其中,$P(X_i=1|\theta)$表示个体在能力水平 θ 下回答试题 i 正确的概率(1 表示正确,0 表示错误,下同),b_i 表示项目的难度参数。使用一参数模型时,学员回答的样本数量建议不少于 100 个。

(2)二参数模型(2PL),包含项目难度参数和区分度参数,即

$$P(X_i=1|\theta)=\frac{e^{a_i(\theta-b_i)}}{1+e^{a_i(\theta-b_i)}} \tag{8-4}$$

其中,a_i 表示项目的区分度参数。使用二参数模型时,学员回答的样本数量建议最少 250 个,最好不少于 500 个。

(3)三参数模型(3PL),包含项目难度参数、区分度参数和猜测参数,即

$$P(X_i=1|\theta)=c_i+(1-c_i)\frac{e^{a_i(\theta-b_i)}}{1+e^{a_i(\theta-b_i)}} \tag{8-5}$$

其中,c_i 表示项目的猜测参数,使用三参数模型时,学员回答的样本参数建议不少于 1 000 个。

2. 基于 IRT 模型的练习流程

基于 IRT 模型的自适应练习通常从学员能力初始值开始,通过不断出题和对回答结果的分析来更新能力值,直到达到练习停止的条件,基本流程如图 8-4 所示。

练习终止策略一般有 3 种,即学员的能力水平达到特定的阈值(例如能力水平改进程度小于 5%),或者达到设定的题目数量,或者达到设定的练习时间。

在 TMSP 中实现自适应练习,需要对题库设计等进行一定扩展,例如需要给试题增加试题难度、试题区分度、试题猜测度等字段。

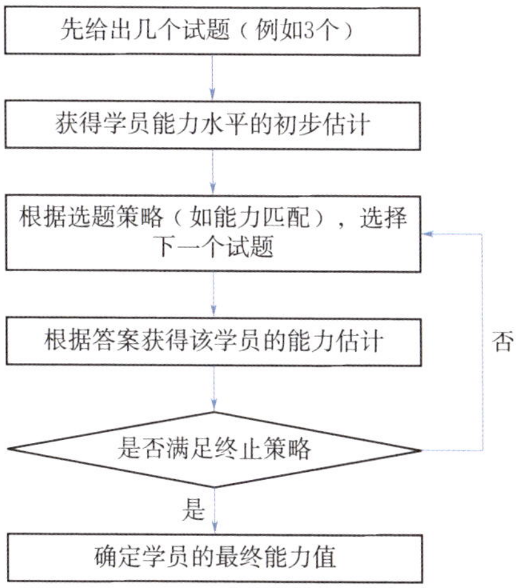

图 8-4　基于 IRT 模型的自适应练习实现流程

第四节　考试组卷与监考

一、组卷参数

不同的考试测评目的可能有不同的组卷要求，通常来讲组卷需要涉及知识点覆盖率、题型、难度系数、分数分配或试题数量、时间限制等参数的确定。

1. 知识点覆盖

根据考试测评目的，明确试卷需要覆盖的知识点。在有些考核性测评中，考虑到知识点数量庞大，也可能需要从较大一些的知识点分类角度来设定知识点覆盖要求。

2. 题型分布

规定各种题型（选择题、填空题、简答题、论述题等）的数量。如本章第一节所述，通常选择题适合考察员工对知识点的记忆和理解，填空题适合考察学员的知识应用能力，简单题和论述题适合考察学员的综合应用和创新能力。

3. 难度级别

设定试卷中各题目的难度比例。试卷难度一般按照如下公式估算，即

$$试卷难度系数(P)=\frac{测试样本平均得分}{试卷总分} \tag{8-6}$$

易、中、难的标准可以用试卷难度系数(P)表示；易：$P\geqslant 0.7$，中：$0.4\leqslant P\leqslant 0.69$，难：$P\leqslant 0.39$；$P$ 值越大，难度越低，P 值越小，难度越高。一般来说，难度值平均在 0.5 最佳。实际中多高的难度水平合适，还取决于测验的目的，如果是诊断性测试(例如培训前的摸底等)，则为了真实、准确地了解员工的知识掌握情况，测验难度通常大一点。

4. 分数分配

明确每种题型或每个知识点的分数。

(1)通常难度越高、知识点越重要则题目分数越高。

(2)不同题型所需时间和努力不同，分数也应有所区别，例如简答题和论述题比选择题通常分数要高。

二、组卷方法

1. 随机抽取法

根据预先设定的组卷参数(例如题型、数量、难度系数等)，由计算机从相应题库随机抽取特定数量的试题放入试卷，此过程不断重复，直到组卷完毕，或已无法从题库中抽取满足数量要求的试题为止。该方法结构简单，对于单道题的抽取速度较快，但是对于整个组卷过程来说组卷成功率低，即使组卷成功，花费时间也很庞大。当题库中各类试题平均题量较低时，组卷失败的概率较大。

2. 回溯试探法

回溯试探算法是一种建立在随机抽取算法基础上的有条件的

深度优先搜索算法。它随机从题库中抽取一道试题，记录下第一个状态，继续进行搜索，搜索一旦失败，系统就会释放上一个记录的状态类型，不断重复这一过程，直到组卷完毕。这种组卷算法通过废弃上一步的操作而不是废弃当前的整个组卷结果来进行新一轮的组卷，在一定程度上能够解决随机抽取算法的试题重复率高、组卷质量低的问题，但是运行起来可能造成较大的时间冗余度。

3. 遗传算法

遗传算法的计算过程模拟了遗传选择和自然淘汰的生物进化过程，通过简单的编码技术来表示各种复杂的结构，并通过对一组编码表示进行简单的遗传操作和优胜劣汰的自然选择来指导学习和确定搜索的方向。遗传算法得到的结果取决于繁衍的代数、适应度函数的计算等，计算过程主要包括初始化阶段、选择阶段、交叉阶段、变异阶段和验收阶段。如果在组卷过程中约束条件较多，例如难度、题型、试题数量等多种因素，则比较适合用遗传算法进行组卷。

除了以上常规的组卷方法以外，针对一些诊断性考试测试也可以参照自适应练习的模式，开展计算机自适应考试。与自适应练习不同的是，基于 IRT 进行组卷时，有可能需要控制预期成绩分布，对试题选择相应需要增加一些控制，例如特定难题的试题的数量等。

三、监考方式

1. 在线监考特点

在线考试的监考方式可以分为现场监考和远程监考，本章重点介绍后者。远程监控又称为在线监考，是指通过互联网技术和相关系统或软件对考试过程进行监控和管理的一种方式，主要特点如下：

(1)监考范围广

理论上员工可以在任何有网络连接的地方参加考试，监考人员也能在不同地点进行监考。

(2)技术性强

①对于资格性考试,试卷信息有可能需要加密传输。

②身份验证依赖于密码、生物识别等技术。

③对考生动作和环境的监考需要使用摄像头、音频采集和监考设备等。

④监考人员可以通过屏幕共享实时查看考生的电脑屏幕,监督考生操作。

⑤基于技术的辅助工具,例如计算机/系统锁定、按键监控、停止/开始测试的能力以及许多其他辅助监考流程需要被集成到监控过程中。

(3)自动化程度高

①通过在线考试系统及其他相关监考软件(如多机位监考时,可能需要打开多个软件)可以记录考生的所有操作,包括切屏、离开考试界面等行为。

②通过分析考生的行为数据,可以发现异常行为和潜在的作弊行为,及时向监考人员发出警报。

③考试结束时可以自动提交考生的试卷。

(4)灵活性强

①在线监考允许考生在规定的时间段内灵活选择考试时间。

②可以快速适应不同类型的考试和不同规模的考生群体。

在线监控也存在技术调整和监考难度问题,例如需要确保所有考生都有可靠的技术设备和稳定的网络连接。随着人工智能技术不断进步,在线监考正变得越来越高效和普及。

2. 监控方法

(1)身份验证

在考试测评过程中对考生真实身份的比对和鉴别,以确保是考生本人参加和完成测评。身份验证的方法包括账号登录验证、身份证或 IC 卡识别、人脸识别、一次性密码或验证码、按键分析、眼动追踪、指纹识别等。其中，账号登录验证、一次性密码或验证码和按键分析通常不需要使用特殊的计算机外设，身份证或 IC 卡识别、人脸识别、指纹识别等需要有相应的设备（例如读卡器、摄像头、指纹识别装置等），眼动追踪多用于虚拟现实考试系统。

(2)使用限制措施

为了避免考生在测评过程中误操作导致测评中断或者故意作弊，通常对考生使用的计算机或其他操作设备进行必要的功能限制，常见的限制措施包括：

①禁用复制/粘贴。

②禁止退出全屏。

③禁用打印屏幕。

④禁用右键单击。

⑤禁用其他应用程序运行。

⑥禁用打印。

⑦禁用浏览器的控制键。

⑧禁用功能键。

⑨禁用通讯应用程序/工具。

⑩禁用同时多入口进行测试。

⑪禁用虚拟机使用。

⑫禁用远程桌面连接。

⑬禁止退出测试。

⑭禁用快捷键组合。

⑮禁用桌面和工具。

⑯禁用菜单和图标。

⑰禁止多屏使用。

(3)监控方式

按照监考所使用的手段又可以分为人工监考、半自动监考（机器和人工监考）、全自动监考（机器监考）、记录监考等。随着目标检测技术/算法越来越先进，机器辅助监考成为最基本的监控方式。在线考试场景下，常见的特定检测目标包括身份识别与验证、行为特征评估、异常行为识别等，相关技术与算法包括基于卷积神经网络（convolutional neural network，CNN）的机器学习技术、人脸识别算法、头部姿势估计及检测技术、自然语言处理（natural language processing，NLP）技术、遗传算法等其他智能算法。

（4）远程干预

根据考生行为采取必要的措施进行干预，包括推送消息/公告/警告或语音连线提醒、远程结束考试答题、远程临时冻结答题等。

第五节　成绩分析

一、基本统计

考试成绩分析是考试活动的重要组成部分，可以帮助组织和学员个人更好地理解考试结果，从而指导教学和学习改进。描述性统计是最基本的分析方式，主要包括：

（1）成绩的趋势和分布，如平均分、中位数和众数，以及成绩的分布情况。

（2）成绩的集中趋势，如计算平均分，可以了解班级整体的成绩水平，并与其他班级进行比较。

（3）离散程度，如标准差和方差，可以了解成绩的波动范围和离散程度，有助于分析成绩分布的原因等。

（4）极值，如最大值和最小值，可以帮助识别极端表现的学员，以了解其在某些方面需要额外的关注或支持。

描述性统计分析的结果尽可能通过图表（如柱状图、折线图、饼图等）直观展示，有助于快速理解和沟通数据。

二、错误分析

识别学员在哪些问题上犯错误，并分析错误的原因，特别是应该关注那些错误率比较集中的试题及其对应的知识点，以便为培训改进提供有力支撑。例如，如果班级学员普遍错误率高、分数低，则有可能是教学策略的问题，如教师授课水平低或者教学方式不太匹配等。关于错误分析的方法在第五章第三节有详细介绍，在此不再赘述。

三、学习增益分析

学习增益分数是指学员对于特定学习内容在学习前和学习后的成绩增益，可以用来衡量学习收获，也是成绩分析经常需要计算和分析的内容。对于单个学员来讲，其学习增益的计算公式如下：

$$\text{学习增益分数(个体)}=\frac{\text{后测分数}-\text{前测分数}}{\text{满分}-\text{前测分数}} \tag{8-7}$$

例如，某学员在培训前的考试测评得分为45分，培训后的考试测评得分为70分，则其学习增益分数为(70－45)/(100－45)＝45%，即该学员培训后获得了45%的改进。另外，学习增益分数也可能是负的。

对于整个班级来讲，可以所有学员的学习增益分数均值来衡量其学习收获，计算公式如下：

$$\text{学习增益分数(班级)}=\sum\left(\frac{\text{后测分数}-\text{前测分数}}{\text{满分}-\text{前测分数}}\right)/\text{学员人数} \tag{8-8}$$

关于学习增益分数的计算理论上还有其他一些方法，例如直接采用培训前后的标准分数差，或者用前测和后测的分数差距除以两项之和等等。但是，总体来讲，都存在一些缺陷。

第九章　实作培训信息化

第一节　实作培训概述

一、概念

实作培训是一种让学员在真实工作环境或者尽可能接近真实工作环境下边做边学、以实际操作为主的培训方式。实作培训强调学员在真实或模拟的工作环境中进行操作练习，以掌握特点的知识和技能，其优点主要包括：

(1)提高学习效率。有关研究表明，如果职工有机会练习所学知识，则其对相关知识的记忆或保持率可达 75%，即学员通过实作培训可以更快地掌握必要的技能和操作流程。

(2)有助于经验积累。在真实或模拟的仿真环境中进行实践操作，有助于学员积累宝贵的工作经验，对于培训学习成果迁移大有好处。

(3)提高问题解决能力。通常鼓励学员自主解决实际工作中可能遇到的问题，有助于培养批判性思维和解决问题的技能。

(4)具有较强的吸引力。由于学习内容具有相关性和即时性，学员积极性较高，并且在培训过程展现较高的参与度。

(5)安全意识要求较高。在真实或模型的工作环境中，通常需要在确保安全的前提下进行学习或操作，有助于培养安全意识。

实作培训在实践中也存在一些挑战：

(1)通常需要比理论培训更多的老师。虽然实作培训活动侧重于演示技能，但是培训过程中学员可能会有各种问题，通常需要1名老师讲解或演示操作，其他老师四处走动检查学员操作的进度并回答问题。

(2)对设施设备要求较高。真实的工作环境通常培训能力有限，即使采用模拟的仿真环境，也可能因为设备欠缺或者教师数量不足，学员练习机会少。

二、基本流程

实作培训通常需要教师进行讲解、演示、指导和反馈，也需要学员亲自练习，其教学流程主要如下：

(1)根据培训内容，向学员介绍实作培训所涉及的设施设备，以及开展实作培训所需要的一些辅助工具。

(2)向学员演示实作的具体内容，例如，如何执行任务、如何使用技术、如何推进工作程序等，一边讲解需要做什么，一边演示具体的操作步骤，适当的时候借助辅助工具。

(3)鼓励学员向周围的人(例如身后的学员)讲述刚刚学习的内容或操作过程，提高学员对知识的掌握程度，这种方式也可以作为一种针对学员掌握程度的测验或考查。

(4)可以向学员进行必要的提问，询问学员刚才讲解的一些关键要点，同时为学员答疑。

(5)在教师指导下，学员亲自进行实际操作。

(6)教师根据学员操作情况，给予积极反馈，及时帮助学员纠正错误。

(7)学员自主不断练习，直到能够准确掌握实作培训内容。

通常会涉及需要使用一些辅助工具。这些工具通过为职工提供方便、易读易懂的实时信息、指导、提醒或步骤等，辅助其正确操作或执行任务，提高工作效率和准确性，通常可以分为信息来源类、流程提示类和指导建议类工具，一些具体的辅助工具形式见表9-1。

表 9-1　实作培训一些具体的工作辅助工具形式

工作辅助工具形式	描述	适用的工作任务
检查清单	列出完成任务所需的所有步骤，确保不遗漏任何重要环节	不需要按特定顺序完成步骤的任务； 需要检查、观察或规划后续操作的任务
流程图	带有任务顺序以及各项任务决策内容、决策条的示意图	有几项类似于“是/否”决策的任务； 必须按特定顺序做出决策的任务； 由问题答案引导其完成路径的任务
工作表单或电子表格	指导员工完成整个过程，并需要其填写或记录信息的指引	必须按特定顺序完成步骤的任务； 涉及案例计算的任务； 带有必须要记录的信息以便日后参考的任务
参考信息	完成任务所需要的信息	不需要按特定顺序完成步骤的任务； 需要数据而不是过程或流程绩效的任务
操作步骤说明书	提供详细的操作步骤、说明和图解，指导如何使用设备或软件	操作步骤必须按照特定顺序完成的任务； 过程是线性的且期间不需要做决策的任务； 只有唯一正确操作路径的任务

三、实现方式

根据实作培训环境的构成特点，可以将实作培训分为基于真实工作环境的实作培训和基于仿真环境的实作培训两类。

1. 基于真实工作环境的实作培训

基于真实工作环境的实作培训(简称现场实训)是指利用工作现场进行实作培训教学、训练或考核评估,是铁路企业开展日常演练、日常学习的主要方式之一。其优点有:

(1)真实的工作体验。学员在实际工作环境中操作,能够获得真实的工作体验,有助于技能掌握。

(2)便于学习迁移。由于培训发生在真实工作环境中,学员更容易将所学知识、技能迁移到真实工作中。

(3)便于团队成员之间协同训练。学员在真实的工作环境中,容易与其他同事进行协同作业,便于培养团队协作能力。

然而,由于工作环境的定位与培训并非完全一致,利用其开展实作培训也存在一些缺点,包括:

(1)成本高。在实际工作环境中开展实作培训,会涉及对运输生产设施设备或资源的占用,这些设施设备或资源的机会成本可能十分高昂。

(2)风险高。真实的工作环境可能会存在安全风险,尤其是铁路运输生产本身就是安全风险较高的行业,另外培训中不当操作也可能会给现场带来额外的安全风险甚至安全事故。

(3)培训范围有限。由于实际工作环境的限制,一些非正常操作场景或者一些涉及设施设备内部结构等知识难以在培训中复现或呈现。

2. 基于模拟装置的实作培训

模拟装置是指学员开展实作训练的仿真环境。随着信息技术快速发展,基于模拟装置的实作培训越来越多,在铁路车务、机务、工务、电务、供电、车辆、信息化、安全等各个领域都有应用,并且成为发展趋势。根据模拟装置的物理形态进行分类,模拟装置可能是硬件,也可能是软件,或者软硬件混合,相应地其实现途径可分为实物仿真、数字仿真和混合仿真三种类型。

(1)实物仿真是指按照一定比例搭建物理原型。根据仿真模拟对象的物理构成和培训功能需求等，可能涉及物理模型制作、计算机仿真、传感器等技术应用。

（2）数字仿真是指利用信息技术构建虚拟原型。根据仿真模拟对象的物理构成和培训功能需求，可能涉及计算机仿真、虚拟现实、增强现实、人工智能等技术应用。

（3）混合仿真是指实物仿真与数字仿真相结合构建混合原型，根据仿真模拟对象特点和培训功能需求，通常会常涉及计算机仿真、虚拟现实、增强现实、物联网等技术。混合仿真在一定程度上与计算机仿真领域的硬件在环（hardware-in-the-loop，HIL）仿真原理类似。

实际中，通常根据培训内容和条件来选择实作培训的实现方式，但是总体上基于真实的工作环境开展实作培训会越来越少，基于模拟装置的实作培训成为趋势。为了保证培训质量，在有些专业例如机务、车辆等，可能会同时采用实物仿真、数字仿真、混合仿真等多种方式，以尽可能满足不同教育培训条件下学员对各类知识、技能的学习需求。

第二节　仿真模拟技术

一、计算机仿真

1. 概念

计算机仿真（computer simulation）是一种通过计算机程序或软件来模拟真实系统或过程的技术，其核心是建立真实系统的数学描述或模型并通过计算机程序或软件加以实现。计算机仿真操作主要通过个人计算机或工作站来完成，属于桌面级仿真。

基于计算机仿真的实作培训（简称计算机仿真实训）是指利用计算机软件或程序来模拟铁路相关的设备、系统或环境，以进行实作教学、训练或考核评估，其中，计算机程序或软件既包括基本的数值计算程序，也包括复杂的3D仿真软件。与现场实训相比，计算机仿真实训具有操作可重复性、安全性、可控性等优点，可以帮助学员更好地理解相关设备、工艺原理、操作程序等。

计算机仿真实训在铁路实作培训技术领域扮演重要角色，在铁路车务、机务、电务、牵引供电等各专业领域都有应用，有时候是独立应用，例如车务领域的接发列车演练系统；有时候是与其他仿真技术例如虚拟现实等相结合，例如动车组司机模拟驾驶系统。

2. 分类

按照仿真的系统类型、模型、目的等不同的维度，计算机仿真有多种分类方法，其中，按照仿真的真实系统类型，通常可以分为离散事件系统仿真、连续系统仿真和混合系统仿真。

离散事件系统是指系统状态在特定时间点上发生离散变化的真实系统。离散事件系统仿真主要关注真实系统运行过程中发生的一系列离散事件。例如，对铁路各种设施设备的故障维修实作培训主要关注人员对特定故障的处置操作，在计算机仿真实训中，可以用特定的离散事件来体现设施设备的状态及其对人员操作的响应。

连续系统是指系统状态随着时间连续变化的真实系统。连续系统仿真关注真实系统状态随时间变化的情况。例如，对动车组司机驾驶列车实作培训需要关注列车运行过程中司机在任意时间点的操作行为，这就需要在计算机仿真实训中，动车组列车状态（位置、速度、加速度）以及列车对司机操作和环境的响应都是连续的。

混合系统是指真实系统同时存在连续系统和离散事件系统的特性。由于铁路运输系统本身的集成性、复杂性等特点和铁路教育培训管理的特性，铁路实作培训涉及的真实系统大多是混合系统，仿真实训多涉及对离散事件系统仿真和连续系统仿真技术的混合应用。

3. 技术特点

(1)参数化。计算机仿真模型不是静态模型,通常具有可调整的参数,允许学员或者教师通过调整这些参数,模拟不同的实训场景或操作条件。参数化可以让仿真实作培训系统具有较强的扩展性。

(2)依赖模型与算法。计算机仿真模型是所模拟的设施设备或软件系统的数学描述。算法通常决定计算机仿真模型如何随着学员操作而变化。通过这些模型和算法来模拟真实世界里的相关对象或过程。

(3)可能涉及随机性。为了使得培训环境更加接近真实世界,有时候需要在仿真模拟过程中增加一定的随机性,例如司机模拟驾驶过程中可能会有随机异常等。

4. 案例

某铁路局集团公司以车务段的调度集中系统为仿真原型,通过计算机仿真方式建设了CTC车务终端仿真实训系统,为车站接发列车演练提供实训环境,如图9-1所示。

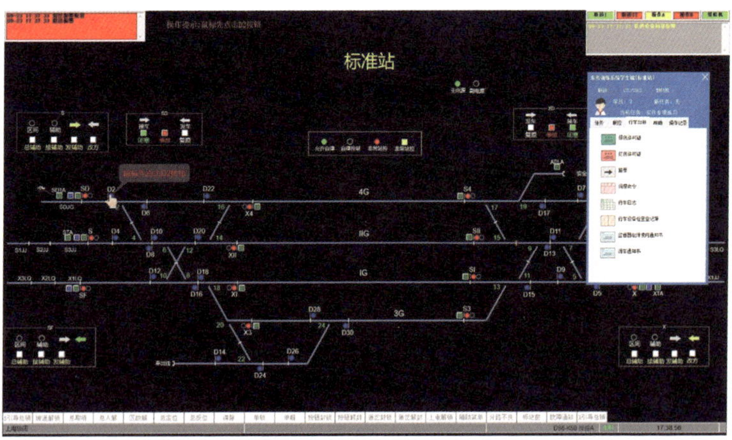

图9-1　接发列车演练仿真实训系统客户端界面示意图

该实训系统按照用户角色类型可分为学员端和教师端。学员端可实现演练模拟操作，包括 CTC 操作方式切换、计划控制状态选择、人工手动排列进路、人工取消进路、道岔单锁、道岔单解、行车日志等，覆盖了相关岗位人员日常工作内容的主要知识和技能项点。

教师端负责培训场景设置及培训过程管理，包括学员列车控制、故障设置、阶段计划及调度命令下达、邻站模拟、时钟管理、学员操作监控、学习资源管理、考核评估管理等模块，为教师管理教学和学员通过该实训系统进行操作提供后台支撑。

二、虚拟现实

1. 概念

虚拟现实(virtual reality，VR)是指通过计算机技术、虚拟现实设备等创建的用户可以通过视觉、听觉和其他感官进行互动和体验的模拟环境，通常不仅具有高沉浸感，也继承了计算机仿真的精确模拟特点，用于模拟真实世界中的系统、过程或情境。

基于虚拟现实的实作培训(简称虚拟现实仿真实训)是指利用虚拟现实技术模拟铁路相关的设备、系统或环境，以进行实作教学、训练或考核评估，其中，在培训操作方式上，可能是通过个人计算机，也可能是通过虚拟现实头盔、手柄或者人的眼睛、肢体、语音等。与计算机仿真相比，虚拟现实仿真实训具有更强的沉浸感、互动性、趣味性，可以帮助学员更真实地体验培训环境和实际操作结果所带来的变化等。

2. 分类

随着 VR 软硬件技术不断发展，时至今日已经形成了桌面 3D、沉浸式虚拟现实(immersive virtual reality，IVR)、增强现实(augmented reality，AR)、混合现实(mixed reality，MR)、全息投影等多种技术。

(1)桌面 3D 虚拟现实指在计算机显示器上呈现三维图像和动

画，允许用户通过键盘、鼠标或其他输入设备与虚拟环境进行交互。桌面3D虚拟现实技术的出现使得三维设计、建模和仿真变得更加便捷，丰富了培训课件、实作培训系统等形式，提高培训学习体验和教学效果。

(2)沉浸式虚拟现实是指通过头戴显示器和其他设备(如手柄、触觉反馈设备等)将用户完全沉浸在虚拟环境中。在培训教学过程中，这种技术通过遮蔽外界环境，为学员提供高度真实的视觉、听觉和触觉体验，使学员产生身临其境的感觉，增强学员学习互动性和趣味性。

(3)增强现实是指将虚拟信息叠加到现实世界中，用户通过智能手机、平板电脑或AR眼镜等设备看到叠加了虚拟信息的现实场景。增强现实技术的发展始于20世纪90年代，随着计算机视觉、传感器技术和移动计算设备的发展，增强现实在近年来得到了广泛应用。在教育中，增强现实可以将虚拟模型叠加到教科书或实物上，提供丰富的学习资源。

(4)混合现实是一种将真实世界和虚拟世界融合在一起的技术，通过在现实环境中叠加虚拟内容(例如图像、视频、3D模型等)，创造出新的环境和视觉呈现，让用户可以在物理和数字世界之间进行交互。混合现实可以模拟复杂和危险的操作环境，提高培训的安全性和效果。学员通过混合现实可以进行操作模拟，练习复杂的操作技能。

(5)全息投影是一种利用干涉和衍射原理记录和再现三维图像的技术。全息投影可以在空气中或透明介质上投射出三维图像，用户无需佩戴任何设备即可看到逼真的三维影像。全息投影技术的发展始于20世纪中期，近年来随着激光技术和数字成像技术的发展，全息投影在多个领域得到了应用。

3. 技术特点

(1)桌面3D虚拟现实。桌面3D技术的主要优势在于其易用性和广泛的应用范围，用户通常只需一台普通的计算机即可体验三维内容,成本较低。然而,桌面3D的沉浸感较低,用户无法完全沉浸在虚拟环境中,互动性和真实感也有所欠缺。

(2)沉浸式虚拟现实。沉浸式虚拟现实的实现通常需要高性能的计算机硬件和软件支持。其中,头戴显示器通过追踪用户的头部和眼球运动,实时更新虚拟环境的视角。触觉反馈设备可以模拟物体的质感和力量,使用户的互动更加真实。此外,还可以结合其他传感器,如运动捕捉系统、手部追踪设备等,提高互动的精确度和自然度。

沉浸式虚拟现实的主要优势在于其高度的沉浸感和互动性,使用户能够完全沉浸在虚拟环境中,体验更加真实。然而,这种技术的实现需要昂贵的硬件设备和高性能的计算机支持,成本较高。此外,长时间使用沉浸式虚拟现实设备可能导致用户产生晕动病等不适。

(3)增强现实。增强现实的实现依赖于计算机视觉、图像处理和传感器技术,其基本原理是通过摄像头捕捉现实世界的图像,使用图像识别和跟踪算法识别场景和物体,并在其上叠加虚拟信息;通过传感器等追踪显示设备的位置和姿态,确保虚拟信息与现实场景准确对齐。

增强现实的主要优势在于其能够将虚拟信息与现实世界结合,提高信息的直观性和互动性。学员无需沉浸在虚拟世界中,可以在现实环境中获取额外的信息和体验。然而,增强现实的实现需要高效的图像识别和跟踪算法,技术复杂度较高。此外,增强现实设备的视野和显示效果也有限,无法提供完全的沉浸感。

(4)混合现实。混合现实的实现依赖于多种关键技术和设备。其中,头戴显示器允许用户同时看到现实环境和虚拟对象,摄像头、传感器并结合计算机视觉技术可以实时捕捉和分析用户的环境、姿态和动作,空间映射技术允许混合现实设备创建和维护用户环境的三维地图,定位技术确保虚拟对象在现实环境中的位置和姿态保持稳定,手势识别、语音识别和控制器等多种交互方式使用户能够自然地与虚拟对象进行交互。

混合现实的主要优势在于其能够将虚拟和现实环境无缝结合，提供高度的沉浸感和互动性，使学员能够自然地与虚拟对象进行交互。然而，混合现实的实现需要复杂的技术支持和高性能的设备，成本较高。此外，混合现实设备的佩戴舒适性和电池续航也是目前需要克服的挑战。

(5)全息投影。全息投影通过记录并再现光波振幅和相位信息来实现三维立体影像，其核心原理是基于光的干涉与衍射效应。在记录阶段，使用激光光源将物体的光波分成两束，一束直接照射到记录介质上，另一束经过物体反射后照射到记录介质上，两束光在记录介质上形成干涉图案；在再现阶段，再现时，通过激光照射记录的干涉图案，干涉图案会衍射出与原物体相同的光波，形成三维影像。

全息投影的主要优势在于其能够在空气中或透明介质上再现逼真的三维图像，用户无需佩戴任何设备即可观看，体验更加自然和便捷。然而，全息投影的实现需要高精度的光学设备和复杂的图像处理技术，成本较高。此外，全息图像的分辨率和显示效果也受到记录介质和再现条件的限制。

4. 开发步骤

(1)确定目标与需求分析

如第三章培训管理业务模型中实施环节所述，开发 3D 仿真实训系统或课件之前，首先需要开展培训需求分析，明确教学目标。相关过程在此不再赘述。

(2)课程内容规划与脚本编写

在明确了目标和需求后，开始设计课程内容和编写脚本，具体过程分为两步：

①做好课程内容规划。根据教学目标设计课程的总体结构和各个模块的内容，确定每个章节的学习目标、主要内容和重点。例如动车组受电弓实作培训课程可以包括受电弓的结构、工作原理、

操作方法、故障排除和维护技巧等。编写详细的课程内容大纲，列出每个模块的具体内容和学习活动。

②撰写详细的脚本。描述每个场景中的叙述、对话和互动。例如在动车组受电弓故障排除实作培训中，脚本应包括受电弓故障排除操作的详细说明、虚拟助教的提示和指导、学员可能的操作和反馈等。脚本应尽可能详细，以为开发提供明确的指导。

(3)选择开发工具和平台

常见的开发工具包括 Unity3D、Unreal Engine 等，这些工具提供了丰富的功能和插件，支持三维建模、动画制作和交互设计，另外通常还需要选择合适的建模软件，如 Blender、Maya、3ds Max 等，进行复杂专业的三维建模，以及选择图像处理和动画制作工具进行素材的制作和优化。

课件发布平台包括 PC 端、移动设备、Web 端，或者头戴显示器如 Oculus Rift、HTC Vive、Google Cardboard 等。考虑目标受众的设备情况和平台特点，选择适合的发布平台。如果需要跨平台支持（如 PC、移动设备、Web），需要考虑不同平台的技术要求和兼容性。

(4)三维模型和素材准备

三维模型和素材是 3D 课件或系统的核心，其设计和制作步骤如下：

①三维建模。根据课程内容，设计和创建所需的三维模型。使用建模软件进行建模，并导出为开发引擎兼容的格式。确保模型的细节和质量，以提供逼真的视觉效果。

②添加材质和纹理。为三维模型添加材质和纹理，确保模型的外观逼真。使用图像处理软件绘制和编辑纹理，调整材质的反射、透明度等参数。材质和纹理的设计应符合实际情况和教学需要，以增强职工的直观理解。

③动画制作。为模型添加必要的动画，例如角色的动作、设备的操作等。使用动画软件进行动画的制作和导出，确保动画的流

畅性和真实性。

④多媒体素材。

a. 音频:录制或选择适合的背景音乐、旁白和音效。使用音频处理软件进行编辑和优化,确保音频质量。将音频文件导入开发引擎,设置播放方式和触发条件。

b. 视频:录制或选择需要嵌入的教学视频。使用视频处理软件进行编辑和格式转换,确保视频质量和兼容性。将视频文件导入开发引擎,设置播放方式和触发条件。

c. 图片与文字:准备教学过程中需要的图片和文字说明。使用图像处理软件进行编辑和优化,确保图片清晰、文字易读。将图片和文字导入开发引擎,设置显示方式和位置。

(5)场景设计与搭建

场景设计和搭建是创建沉浸式学习环境的关键。

①场景设计。根据脚本设计虚拟环境的布局和元素位置,确定每个场景中的关键元素和交互方式。确定光照、阴影和环境特效的设置,以提升沉浸感和视觉效果。

②场景搭建。将三维模型导入开发引擎,按照设计搭建虚拟场景。设置场景的光照、音效和环境特效,确保场景的真实性和沉浸感。调整模型的位置、大小和旋转角度,确保场景布局合理、美观。添加场景中的互动元素,如按钮、开关、工具等,设置其交互逻辑和反馈。

(6)交互设计与实现

有效的交互设计可以增强职工的参与度和理解力。交互设计和实现是确保职工能够有效参与和互动的关键。

①交互设计。设计用户与虚拟环境的交互方式,如点击、拖拽、视线控制等,明确每个交互点的具体操作和反馈机制,如提示信息、声音效果等。

②交互实现。使用开发引擎编写交互逻辑,添加脚本控制。测试和优化交互效果,确保交互的实时性和准确性以及用户体验

流畅。对交互功能进行必要的调试，确保所有交互操作都能正常执行并提供预期的反馈。

(7)测试与优化

为了保证质量和用户体验，在课件或系统发布前应进行全面的测试和优化，以确保其功能性和用户友好性，主要步骤如下：

①功能测试。全面测试课件的各项功能，确保无错误和漏洞。检查各交互功能的实现是否符合预期，测试所有按钮和控制器的响应。模拟用户使用过程，发现和修复可能的问题。

②性能优化。优化三维模型、材质和场景，确保课件运行流畅。调整渲染设置和资源加载方式，提升性能。减少不必要的多边形和材质数量，优化代码和脚本，确保课件在目标平台上的流畅运行。

③用户体验测试。邀请目标受众进行体验测试，收集反馈意见。观察用户的操作行为，记录他们的意见和建议。根据反馈进行改进和调整，提升用户体验。例如，如果用户反馈某个交互操作不直观，可以重新设计交互界面，提升操作的便捷性。

(8)发布与部署

发布与部署是将课件或系统交付给用户的重要步骤，具体包括：

①格式导出。根据发布平台要求，导出最终的课件文件。确保所有资源和文件完整无误，格式兼容。导出过程可能需要多次测试和调整，以确保课件在不同设备上的正确显示和运行。

②部署发布。将课件上传到指定平台，进行测试和验证。确保课件在目标平台上的正常运行和交互。

③使用手册。编写用户使用手册，提供详细的操作步骤和注意事项，帮助用户了解如何使用课件。提供技术支持和维护服务，解决用户在使用过程中遇到的问题。

(9)后续跟踪与评估

后续跟踪与评估是确保课件持续改进和优化的重要步骤，主要包括：

①效果评估。收集用户使用数据和反馈，评估课件的教学效果，以及反馈意见和改进建议。

②持续改进。根据评估结果和用户反馈，持续优化和更新课件。修复发现的问题，改进用户体验。增加新的内容和功能，保持课件的吸引力和实用性。定期发布更新，确保课件与最新技术和教学需求同步。

5. 案例

(1)伯灵顿北方圣太菲铁路公司(BNSF)

总部位于沃斯堡的BNSF是北美领先的货运公司之一。作为行业安全领导者，BNSF将沉浸式技术应用到其机车检修培训计划中，以确保工人的安全，利用虚拟/增强和混合现实来加强安全策略，并提高检修人员的技能准备度。

在VR学习解决方案提供商Roundtable Learning的帮助下，BNSF创建了基于虚拟现实的培训解决方案，以应对特定风险场景，从而避免在工作中发生事故和受伤。BNSF利用虚拟现实培训计划，通过强化传统培训模式无法复制的学习技巧，补充现有的教师主导的检修师培训课程。经过两年多的时间，BNSF已拥有八个VR检修培训模块，涵盖Tier IV机车的维护流程，包括三个安全简报、燃油泵安装和拆卸、喷油器安装和拆卸以及专用工具张紧/松开过程等。通过培训，这种类型的机车排放量显著减少，保障机车满足美国环境保护署的最新排放标准。

VR课程通过深入接触的循序渐进过程，为机械职工师提供了体验式学习机会，加强了检修人员对个人防护装备重要性的认识，提高其风险意识，并不断提高其操作技能熟练程度。每次职工在VR体验中遇到安全隐患时，VR系统都会发出警告，并进行应对措施提醒。

(2)德国铁路股份公司(DB)

德国铁路股份公司(Deutsche Bahn AG，以下简称DB)通过与微软的合作，开发了一款基于 HoloLens 的混合现实应用，用于工程师的培训。这款应用可以模拟铁路部件的拆卸和组装，使工程师能够在虚拟环境中练习复杂的维修任务，而无需实际接触设备。这种方法不仅降低了培训成本，还减少了对真实设备的依赖，提高了培训的灵活性和安全性，具体应用案例包括：

①工程师和维护人员的培训

工程师可以利用混合现实设备进行铁路部件的虚拟拆卸和组装，了解各个组件的功能和位置。通过虚拟场景中的互动，学员可以在安全、无风险的环境中反复练习，提高技能熟练度。例如在虚拟环境中模拟列车的刹车系统，工程师可以了解刹车组件的工作原理和维护方法。

②故障诊断和维修培训

维护人员可以通过混合现实模拟各种故障情况，学习如何诊断和修复问题。混合现实提供详细的步骤指导和实时反馈，帮助学员掌握复杂的维护流程。例如通过 HoloLens 设备，学员可以看到虚拟的故障点和维修步骤，提高故障排除的效率和准确性。

③安全培训

混合现实技术可以模拟真实的工作环境和紧急情况，帮助学员在无风险的环境中进行实践，增强他们在真实情境中的反应能力和操作安全性。例如，模拟火车出轨或隧道火灾等紧急情况，培训学员如何快速反应和采取有效措施。

④跨平台应用

混合现实技术可以在多种平台上应用，包括 PC、移动设备和专用 MR 设备。这使得培训内容可以更加灵活地分发和使用，适应不同的培训场景和需求。例如通过移动设备进行远程培训，学员可以随时随地进行学习和练习。

DB 还利用全息投影技术进行工程师和维护人员的培训。通过全息成像，学员可以看到铁路设备的内部结构和工作原理，例如列车发动机和刹车系统的操作过程。全息投影技术提供了动态的设备操作过程,帮助学员理解各个部件的功能和相互关系,提高实际操作技能。通过模拟复杂的维护任务,全息投影减少了对实际设备的依赖,降低了培训成本和风险。

①工程师和维护人员培训

a. 设备结构与操作。全息投影技术被用于展示铁路设备的内部结构和工作原理。例如通过全息投影,学员可以观察到列车发动机和刹车系统的详细结构,了解各个部件的功能和相互关系。动态的操作过程展示帮助学员更好地理解设备的工作机制。

b. 虚拟拆卸与组装。学员可以通过全息投影进行虚拟拆卸和组装练习。这种方法不仅避免了对实际设备的损耗,还允许学员在无风险的环境中反复练习,直到熟练掌握操作技能。

②故障诊断与维修培训

a. 故障模拟。全息投影技术可以模拟真实的故障情景,帮助学员进行故障诊断和维修操作。例如通过全息图像展示信号系统的故障点,学员可以了解故障排除的步骤和方法,提升故障诊断能力。

b. 实时反馈与指导。在维修培训过程中,全息投影提供实时的步骤指导和反馈,使学员能够及时纠正操作错误,确保培训效果。

③安全培训与紧急情况演练

a. 紧急情况模拟。全息投影技术可以用于模拟各种紧急情况,如火车脱轨、火灾和紧急疏散等。通过全息投影,学员可以在安全的虚拟环境中进行应急演练,提升应对突发事件的能力和操作技能。

b. 应急反应训练。通过模拟真实的应急场景,学员可以练习如何快速反应和采取有效措施,提升安全意识和应急处理能力。

(3)香港铁路有限公司

香港铁路有限公司(以下简称港铁)使用全息投影技术培训职工如何处理紧急情况和日常维护工作。例如通过全息投影模拟火灾和列车脱轨等紧急情况，学员可以在无风险的环境中进行应急演练，提升应对突发事件的能力。此外，港铁还利用全息技术展示和解释复杂的信号系统和控制设备的工作原理，帮助员工更直观地理解和掌握操作方法。

①设备操作与维护培训

港铁利用全息投影技术进行复杂铁路设备的操作和维护培训。通过全息投影，学员能够看到设备的内部结构和工作原理。例如，全息投影展示了列车发动机和刹车系统的内部运作，使学员能够详细了解各个部件的功能及其相互作用。这种动态展示方式不仅提高了培训效果，还减少了对实际设备的依赖，降低了培训成本和风险。

②紧急情况和安全培训

全息投影技术被用于模拟紧急情况和安全演练。例如，学员可以通过全息图像参与火灾、列车脱轨等紧急事件的模拟演练。这种沉浸式的虚拟环境使学员能够在无风险的条件下练习应急响应，提升其在真实紧急情况中的反应能力和处理技能。

③虚拟课堂与远程培训

在新型冠状病毒肺炎期间，港铁通过全息投影技术提供虚拟课堂和远程培训，确保培训计划的连续性。全息投影技术支持学员在家中或远程位置参与培训，解决了传统课堂培训在时间和地点上的限制。这种方式不仅提高了培训的灵活性，还吸引了更多潜在学员参与。

④技术技能提升

港铁开发了一系列基于全息投影的应用程序，如 Traction-Builder 和 Track-SIM，这些工具提供了全面的虚拟培训环境。Traction-Builder 允许学员虚拟组装和检查列车，了解列车各个系统的运作；Track-SIM 则提供了虚拟驾驶体验，帮助学员熟悉列车操作和铁路系统。这些应用显著提升了学员的技术技能和操作熟练度。

(4)西门子股份公司(Siemens AG)

西门子股份公司铁路部门的 Mobility Academy 项目,利用全息投影技术为其铁路系统的工程师提供培训。通过全息投影技术,学员可以进行虚拟拆卸和组装,了解列车和信号设备的内部结构和操作步骤。全息投影技术允许学员在虚拟环境中反复练习,提高技能熟练度,避免了对实际设备的过度依赖和磨损。

6. 评价与挑战

美国交通研究委员会(Transportation Research Board)开展了一项关于利用 AR 技术提高铁路基础设施和运营检查安全性的研究。通过开展实验,总结了职工对于铁路应用 AR 技术的评价。

(1)正面评价

①AR 可以帮助检查员提高检查的准确性。

②AR 可以评估检查员的工作并激励其提高检查质量。

③通过先进的 AR 技术,检查的准确性和速度可能会提高。

④AR 有助于提高检查工作的安全性。

⑤AR 有利于新职工培训。

(2)负面评价

①目前的 AR 头盔很重,在长期检查中可能会导致疲劳。

②电池续航时间不长,需要尽快充电。

③检查员需要接受培训才能使用 AR 进行检查。

尽管这一调查是基于作业环境下使用 AR 技术的反馈,但是其中一些问题也是在实作培训中应用虚拟现实技术的共性问题。结合铁路企业虚拟现实应用实践反馈,在实作培训中应用虚拟现实的挑战主要有以下几方面:

(1)配置成本较高。高质量的虚拟现实仿真实训系统通常需要昂贵的硬件设备和软件,对于使用频率不高的培训项目来讲,成本上存在一定的压力。

(2)内容开发过程比较复杂。在目前的技术体系下,在虚拟现实仿真实训系统中开发与特定操作技能培训相关的内容依赖于专业知识和专业技术，这可能导致内容开发的成本和时间都较高。

(3)用户体验尚存在不足。长时间使用 VR 设备可能会导致用户感到晕动或不适，这限制了培训的连续性和效率。另外，目前的 VR 设备的舒适性和易用性也是一个挑战，特别是对于需要长时间佩戴设备的培训项目。

(4)真实感与精确度。虽然 VR 可以模拟操作环境，但模拟的真实感和精确度可能无法完全达到现实世界中的水平，这可能会影响培训效果。

(5)培训环境需要定制。VR 培训环境需要根据不同的操作技能和培训需求进行定制，这要求系统具有高度的灵活性和适应性。

为了克服这些挑战，铁路企业需要有专业稳定的技术团队做支撑，以定制开发适合自身需求的解决方案，同时需要持续跟进虚拟现实技术前沿，加强对更先进适用的新技术的迭代应用。

三、人体姿态估计

1. 概念

人体姿态估计与跟踪，又称为人体姿态识别，是计算机视觉领域的分支，其任务是通过检测、关联和跟踪语义关键点即人体关节、骨骼等来识别人体当前的姿势，如图 9-2 所示。人体姿态识别既包括人的动作识别，也包括其身份识别。

随着人体姿态估计从早期探索使用计算机生成人体模型来进行姿态识别，到后来应用机器学习、深度学习方法取得突破性发展，其应用范围和应用场景不断拓展，例如体育领域的健身指导、培训领域的动作训练、安防领域的异常行为检测、娱乐与游戏领域的人机交互、动画制作等等。

在铁路培训特别是带有肢体动作的实作培训中，由于人体姿态识别可以帮助识别和纠正学员操作动作，特别是有助于学员开展自助训练，进而提升培训学习体验和培训质量，成为铁路企业重点关注和发展的关键技术之一。

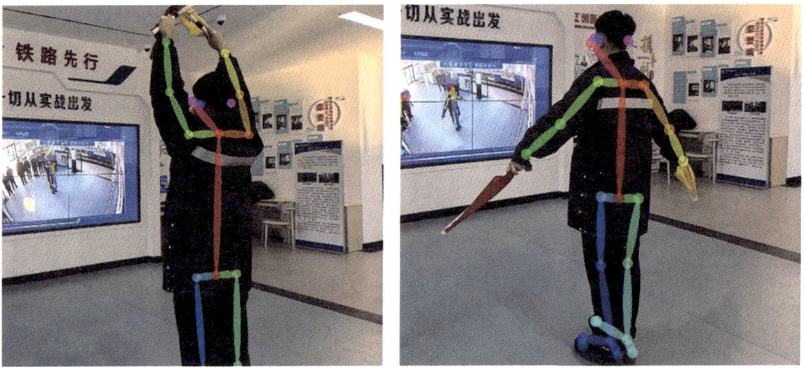

图 9-2　基于姿态估计模型的人体姿态识别

2. 分类

从技术角度，根据输入数据维数不同，姿态估计可分为 2D 和 3D 姿态估计。

（1）2D 姿态估计特指识别和定位图像中人物的关键身体部位（如头部、颈部、肩膀、肘部、手腕、臀部、膝盖、脚踝等）在二维平面上的位置。2D 姿态估计的目标是定位并识别出关键点，将关键点按顺序相连，得到人体的躯干，从而辨别人体的姿态，其主要应用于动作识别、姿态跟踪等领域。

（2）3D 人体姿态估计的目标则是预测出人体关键点的三维位置和角度等信息，以为动作识别等后续处理任务提供更全面的信息支撑。3D 姿势估计的最大优势在于其能够捕捉大范围的运动，并能对更复杂的身体姿势进行建模，但是涉及的数据复杂且计算大，往往耗时较长。

3. 技术特点

(1)检测方法

常见的人体姿态估计方法分为骨骼模型(skeleton-based models)、轮廓模型(contour-based models)和体积模型(volumetric models)。

①骨骼模型通过检测和跟踪人体关键点(如关节位置)并将这些关键点连接成骨骼结构来表示人体的骨架。

②轮廓模型通过识别和跟踪人体的轮廓或边缘来估计姿态,可以捕捉身体部位的连接,主要用于2D姿势估计。

③体积模型通过创建人体的3D体积表示来估计姿态,其创建了身体姿势的真实表示,一般由圆柱体和圆锥体等几何形状组成。

实际中,选择哪种模型取决于具体的应用场景、所需的精度、计算资源以及可用的数据。同时,随着技术的发展,这些模型也在不断地融合和改进,以适应更广泛的应用需求。

(2)基本流程

为了正确地估计一个人的身体姿势,人体姿态估计模型需要在图像中识别这个人,并检测其语义关键点,例如,膝盖、脚踝、手臂、肩膀等。为了实现此目的,通常有以下两种方法。

①自上而下的方法。人体姿态估计模型首先识别图像中的人,然后再检测其身体上的关键点。在这种模式下,首先创建人体检测器,然后进行姿势计算。

②自下而上的方法。人体姿态估计模型首先检测图像中的兴趣点,然后再将这些坐标合并以将属于每个人的身体部位分组在一起。

在识别人体并检测其身体上的关键点后,人体姿势估计模型使用这些坐标来形成其位置的2D或3D表示。

(3)发展趋势

在技术应用方面,一些开发框架如AlphaPose、OpenPose、DeepCut、DeepPose等可以帮助开发人员快速构建人体姿态识别系统,另外也可以基于transformer、卷积神经网络(CNN)等建立新的人体姿态估计模型。

从发展趋势来看，基于 transformer 的大模型通过自注意力机制，能够捕获图像中长距离的依赖关系，解决传统卷积神经网络(CNN)在姿态估计中可能忽略的全局上下文问题。例如在遮挡或复杂背景下，大模型能更准确地推断被遮挡关节的位置。因此，结合视觉、语言、运动传感器数据的大模型将进一步提高人体姿态识别的智能水平。

4. 案例

某铁路局集团公司某机务段基于虚拟现实、人体姿态识别等技术探索建设了基本功演练考评系统。该系统基于实物部件和投影仪、动作识别摄像头、视频智能分析装置以及虚拟现实显示技术、动作捕捉识别技术等建立了半实物仿真实训环境，如图 9-3 所示。基于该环境开展实作培训比工作现场环境要更为安全，同时要比纯实物仿真环境也要更具有沉浸感和互动性，有助于提高学员培训积极性。

图 9-3　仿真实训环境

在培训内容方面，该系统提供标准作业、防护用品、消防用品、信号标识、手信号、救援用品、机车部件认知和非正常情况的标准化学习、演练及自动评价，见表 9-2。对于现场实际可能产生的新的培训需求，可以通过拓展开发来增加新的培训内容。

表 9-2　基本功演练内容(部分)

序号	演练区	类别	演练考评项目
1	非正常和救援演练区	非正常防护用品	响墩、短路铜线、火炬用品培训、演练和自动考评
2		防溜作业	防溜铁鞋操作培训、演练和自动考评
3		救援设备	各类型复轨器操作培训、演练和自动考评
4		接触网部件	接触网各类部件认知、识别和自动考评
5	信号设备和行车演练区	手信号操作	各类手信号操作培训、演练和自动考评
6		固定信号	各类固定信号认知、识别和自动考评
7		地面信号	各类地面信号认知、识别和自动考评
8		机车部件认识	车顶、车内和车下各类部件认识、识别和自动考评
9		消防用品	灭火器、灭火毯、防毒面具使用培训、演练和自动考评
10	基本功演练区	连挂作业	机车摘挂车钩、风管操作培训、演练和考评
11		钳工作业	更换钩舌和风管拆解、组装培训、演练和考评

在教学方式方面，该系统采用标准化作业模型比对等人体姿态识别、语音播报等技术，对学员作业动作、工具使用和作业内容进行虚拟教员指导、动作规范纠错、动作智能识别评判，提高了培训学习和多人协同演练的自助化水平，如图 9-4、图 9-5 所示。

图 9-4 作业动作识别

图 9-5 大屏同步显示作业内容及判别结果

从案例中可以看出，基于摄像头的人体姿态识别在动作技能自动判别方面具有专业优势，有助于降低对教师数量的要求，提高自助训练效率。然而，受视频采集、人体姿态识别本身的技术水平等限制，目前使用成本尚较高，培训内容定制的灵活性还不够。未来，随着技术不断发展和成熟，其应用场景和范围会越来越广泛。

四、数字孪生

1. 概念

数字孪生是实体对象或系统的虚拟模型，其通常使用物联网、虚拟现实、人工智能等技术将实时数据从实体对象或环境传输并映射到虚拟模型。数字孪生与模拟密切相关，但有所不同，模拟通常专注于一个特定的过程，涉及对象规模较小，周期较短，较少使用实时数据，而数字孪生通常是对实体对象或系统整体较长周期甚至是全生命周期真实状态的映射或复制，可以运行多个模拟过程。数字孪生可以帮助职工更真实地开展培训或训练，提高培训效能。

基于数字孪生的铁路实作培训是指利用数字孪生技术创建虚拟训练和模拟环境，以进行实作教学、训练或考核评估。数字孪生可以捕捉并解释物理孪生的行为和过程，通过分析从物理空间发送到虚拟空间的数据，为解决基于实物仿真开展实作培训所面临的自动化考核评估、自助训练等传统难题提供了有效途径。

基于数字孪生的实作培训在铁路教育培训领域具有广泛的应用前景。铁路动车组司机模拟驾驶实作培训很早就有数字孪生技术应用，例如，其提供了与真实线路环境数据一样的虚拟训练和模拟场景，让模拟驾驶操作环境高度逼真。在铁路车辆、供电、电务等其他专业领域，特别是设施设备操作培训中，也都在积极探索运用数字孪生实现自助训练、自动化考评。

2. 分类

数字孪生技术有多种分类方式，例如，按照建模颗粒度可以分为组件级数字孪生、产品级数字孪生、系统级数字孪生和流程级数字孪生；按照实时性要求可以分为实时数字孪生、离线数字孪生和混合数字孪生；按照技术实现方式可以分为基于物理模型的数字孪生、基于数据的数字孪生和混合数字孪生。

在铁路教育培训领域，数字孪生的作用主要在于提高复杂培训或训练的质量，因此从建模颗粒度看，主要是流程级数字孪生；从技术实现方式看，既有基于物理模型的数字孪生，例如动车组检修实训数字孪生系统，也有基于物流模型的数字孪生，例如基于真实运行数据的接发列车演练数字孪生系统等。

3. 基本架构

在铁路实作培训场景下，实作培训数字孪生系统主要由实体对象、虚拟对象、数字孪生引擎和实作培训管理系统构成，如图 9-6 所示。实体对象不仅仅包括实作培训物理设施设备，还包括人及其操作行为，称之为物理环境中的实作培训系统。虚拟对象不仅仅包括设施设备 3D 模型，还包括人的操作行为，称之为虚拟环境中的实作培训系统。数字孪生引擎包括负责单向或双向同步各对象及其状态或行为数据的软硬件设施设备。实作培训管理系统作为培训管理服务平台的子系统，负责实作培训全过程信息化管理。

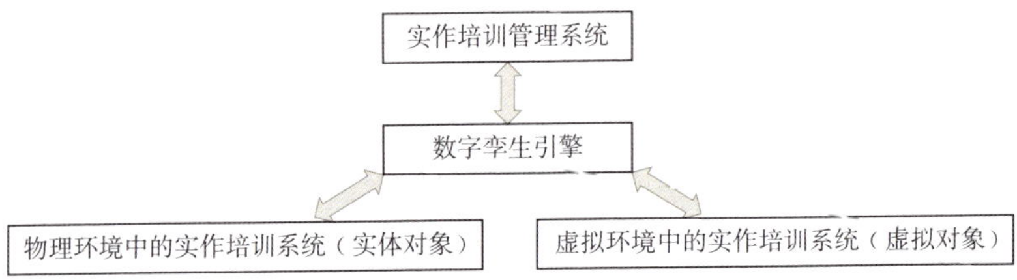

图 9-6　实作培训数字孪生系统的基本构成

4. 技术特点

数字孪生技术是计算机技术、虚拟现实、物联网等多种技术的集成应用，相关技术特点不再详细赘述。值得强调的是，近年来人工智能技术特别是大模型技术飞速发展为数字孪生带来新的改进。例如计算机视觉技术快速发展使得物联网设备能够更好地理解和交互外部环境；又如大模型技术能够极大提高数字孪生引擎对于海量交互数据的理解，特别是人的行为数据，从而更好地响应培训考核评估等关键需求。

第三节　实作培训可视化管理

一、管理视角

实作培训管理是指对实作培训进行计划、资源准备、实施、行政支持、监督的活动或过程，目标是确保实作培训需求得到满足、实作培训目标能够达成。由于铁路岗位工种多，实作培训方式形式多样，过去很长时间里为了能够便捷地开展实作培训，实作培训信息化聚焦于仿真模拟环境、设备或系统的构建方面，以尽可能多地模拟各种工况并能够让职工进行安全、有效的实作训练。

近年来，随着车务、机务、工务、电务、车辆、货运、客运、信息化、安全等各个领域的信息化水平提高和实作培训设施设备日益先进，加之铁路企业对培训质量要求不断提高，可视化的实作培训管理变得更加可行且日益重要。单从业务角度看，实作培训管理也是一套相对完整的培训体系，但是从职工培训整体来看，实作培训只是职工培训的一个方面。为了能够更好地有利于职工培训工作整体和职工培训效果提升，实作培训管理在基本流程管理基础上，重点关注以下几个方面。

(1)以实现职工知识、技能、安全等培训目标为核心，基于混合教学理念，在培训计划、资源准备、实施、行政支持、监督等各类活动或过程中，将实作培训流程管理与理论培训管理融合到整个培训管理流程体系之中。

(2)利用人工智能、大数据等信息技术和现代教育培训理论方法，加强实作培训教学本身的有效性、趣味性、灵活性，例如融入游戏化学习、自适应练习等理念或方式，实现自动化考评等。

(3)在实现实作培训操作功能的基础上，通过数字化工具或者实作培训实施设备自建功能模块，加强对各类实作培训行为数据的自动化采集，从源头上为实作培训决策提供基础数据支撑。

(4)以实现对职工知识、技能、安全等各项能力动态画像为核心,基于 TMSP,融合职工的实作培训与理论培训数据,构建职工培训行为大数据,为更精准的实作培训、理论培训管理提供全量数据支撑,推动构建数据驱动的培训管理体系。

二、数据集成

为了把握职工实作培训需求,实作培训管理本身所需要的数据不仅包括实作培训过程中所产生的职工行为数据,还涉及职工的作业行为、任务完成或绩效、理论培训、师带徒、心理健康等其他结果或行为数据。对于这些数据的采集、共享和集成是实作培训管理信息化的基础。从实作培训管理涉及的数据范围来看,相关数据类型多样,有在线考试、在线学习等结构化数据,也有课堂表现、实训操作等涉及的视频、图像等非结构化数据,而且数据分布在多个应用中。对此,有必要建立一定的数据共享规范,以职工为中心,将其不同场景下的行为、结果等数据进行集成,形成培训大数据。

1. 数据共享规范

考虑到 xAPI 标准将学习或行为的记录从线上拓展到了线下,同时支持跨平台数据共享与交换,能够很好地覆盖铁路企业各种教育培训场景。因此,基于 xAPI 规范提出铁路企业多源异构数据规范。

结合 xAPI 规范 Statement 声明结构的规范化描述,建立铁路培训通用数据规范格式:“ID(唯一标识)+Actor(操作者)+Timestamp(时间情境)+Location_Context(位置情境)+Device_Context(设备情境)+Verb(动作)+Object(对象)+Time_span(时间跨度)+Result(结果)”。通过该数据格式可以全面反映出铁路企业培训过程中什么主体、在什么时间、什么地点、使用什么设备、采取什么动作、涉及什么对象或事情、持续多长期限、取得什么结果,数据格式定义为 JOSN 格式,示例如下:

```
{
    "ID":"P-1××-×××-×××-×××",
    "Actor":{ "张三":{ "id":"1××××××××××××××××××", "class_id":"2024××××××" }},
    "Timestamp":"20240103×××××××",
    "Location_Conte×t":{ "第×教室":{ "id":"2××××", "building":{ "id":"××××××", "name":"第×教学楼"}, "floor":"5"}},
    "Device_Counter":{"××模拟系统":{"id":"S×××××××","version":"1.0"}},
    "Verb":{"操作":{"id":"×××××××××"}},
    "Object":{"××课程":{"id":"××××××××××","teacher_id":"×××××"}},
    "Time_span":"××",
    "Result":"××××"
}
```


2. 数据特征提取

从视频图像中提取特征数据，主要采用图像识别、人体姿态识别技术，例如，在课堂学员学习视频图像中，通过基于卷积神经网络(CNN)、循环神经网络(recurrent neural network，RNN)为代表的基于深度学习的姿态识别算法识别学员上课抬头、低头、举手、起立、玩手机、打瞌睡、交头接耳等行为数据，再通过系统将这些行为数据按照数据规范进行转换，得到相应的特征数据。又如，在安防监控视频图像中，采用类似的方法来识别学员等轨迹、不安全行为等。需要注意的是，考虑到企业成人学习特点，从尊重学员隐私、提高学习积极性角度，除了考勤之外，尽量不进行人脸识别，可以采取固定座位等方式对学员进行定位。

从文档资料中提取特征数据，主要采用基于深度学习的自然语言处理技术，例如大语言模型技术。例如对于学员在线提交的反馈信息，基于大语言模型对其情感进行判断(例如表扬、愤怒)。又如对教师课前提交的教学资料、学员考核评语、班主任培训总结等文档资料，通过大语言模型提取摘要信息并进行相应判断，如资料是否正确齐全等。此外，借鉴有关研究技术路线，从教师讲课视频中提取其讲话内容后，通过大语言模型对其讲话内容的讲课技巧用语、逻辑性等生成评价。

从结构化数据库中提取特征数据，主要通过系统进行，采用RESTfull数据交换方式从培训管理系统、一卡通系统、监控系统等获取相关数据，对数据进行必要的合并、统计等预处理。

3. 数据特征融合

多源异构数据融合方法主要有数据级融合、特征级融合和决策级融合。数据级融合主要是对原始数据简单预处理之后进行关联等，之后再作为数据进行特征提取；特征级融合则是在数据先完成特征提取之后，再对特征数据进行关联融合；决策级融合则是在各数据源独立完成特征提取、分析等决策之后，再将这些决策进行融合，形成一致性的决策结果。

对铁路培训多源异构数据融合采取数据级融合，即根据上文提出的数据共享规范要求，对从不同数据源提取的原始数据进行必要的关联，例如张三在某课程积极回答了若干次问题，生成该数据既需要视频文件提取的回答问题次数，也需要从TMSP中的课程、教师等信息，通过将这些原始数据关联才能形成符合数据规范的特征数据。

三、技能画像

随着职工培训管理水平不断提高，以数字画像为代表的可视化实作培训管理需求越来越强烈。从培训管理需求角度，职工画像主要聚焦于知识技能状态，同时根据管理需求不同，技能画像的指标、展示方式等可能有所不同。这里主要介绍一些常见的指标与可视化方法。

1. 可视化指标

(1)基础信息，包括教育背景、年龄、工龄、专业系统、岗位等级、任职资格、职业技能等级或专业技术职务、受训学时、考核通过率等。

(2)技能状态信息,包括安全规范、操作技能、应急能力、职业素养等。

①安全规范,可以细分为劳动安全考核得分、专业安全考核得分等。

②操作技能,可以细分为技能操作熟练程度(操作用时)、考评得分等。

③应急能力,可以细分为故障排除时间、考评得分等。

④职业素养,可以细分为法律法规等考核得分、非技能类标准化要求(如工具收纳)考核得分等。

⑤心理素质,关注抑郁、焦虑等一些重点心理健康指标。

(3)动态监测指标,包括培训参与预警、培训效果预警、技能退化预警等。

①培训参与预警,可以细分为培训学习完成率、出勤率、培训学时完成率等。

②培训效果预警,可以细分为培训考核成绩或通过率趋势分析、两违趋势分析、任务完成质量趋势分析、绩效趋势分析等。

③技能退化预警,可以细分为考核成绩对比、操作失误趋势分析等。

2. 可视化展示

(1)雷达图。雷达图可综合展示职工的技能状态,为了便于决策,通常需要展现技能差距,例如与技能标准之间的差距,或者与优秀群体之间的差距。对于技能项是否掌握等硬性指标,采用标准比较来确认差距,对于熟练度等非硬性指标,采用常模比较法来寻找差距。

(2)分级标签体系。通过不同的颜色(如红黄绿),一方面可以用来直观显示职工对特定技能维度或技能项目的掌握情况,另一方面可以区分不同职工的技能等级状态或者技能状态变化路径等,便于培训管理决策。

第十章　培训评估信息化

第一节　培训评估概述

一、内涵

培训评估有许多有价值的方法，但是没有“正确”或“错误”的方法，每个组织都有自己独特的情况、选择和限制，也有各种各样的培训评估模型可供选择。这些模型都有其独特的优点和缺点，铁路企业可以根据特定的需求和要求，找到最适合自身情况和环境的方法。一般来讲，铁路培训评估需要关注以下几个方面的问题：

(1)培训是否达到了预期目标？

(2)学员在培训中都学到了什么？

(3)学员是否在工作中运用了学到的知识？

(4)培训对学员所在单位有何影响？

(5)培训项目(如果委外的话)成本效益比如何？

(6)培训还可以改进吗？

二、理论进展

唐纳德·L·柯克帕特里克于1959年提出柯氏四级评估模型，为企业提供了一种评估任何课程或培训计划的方法，也是目前流行和应用广泛的培训评估模型[16]。柯氏评估模型分为四个层次，即反应层、学习层、行为层、结果层。其中，反应层是衡量学员对培训的反应(如满意度)，学习层是确定学员学到了什么，行为层是评估学员将所学知识应用于实践的情况，结果层是衡量培训结果对组织绩效的影响。

1970 年，彼得·沃尔(Peter Warr)、迈克尔·伯德(Michael Bird)和尼尔·莱尔尼奥(Neil Rackham)提出“CIRO 模型”即 Context(情境)、Input(输入)、Reaction(反应)和 Outcome(结果)[17]。CIRO 模型是分层的，即从“背景”评估开始，再到“输入”“反应”和“输出”评估。CIRO 模型是评估管理培训的一种实用方法，得到了世界各地许多组织的青睐。

菲利普斯(Phillips)想在唐·柯克帕特里克的工作基础上进行改进，提出了菲利普斯投资回报率模型，其特点是在柯氏评估模型基础上增加了第五个级别，并为组织提供了一种使用成本效益分析来确定培训计划价值的方法[18]。菲利普斯投资回报率模型受到那些希望为培训结果赋予货币价值的组织的青睐。然而，考虑到应用投资回报率分析的成本和复杂性，实际中通常只有大约 5%到 10%的培训课程实际上需要完整的五级评估。

与菲利普斯投资回报率模型一样，考夫曼学习评估模型是基于柯氏评估模型进行改进，不同之处在于，考夫曼将柯克帕特里克的第 1 级(反应)分为两个部分：1a“输入”和 1b“过程”，同时引入了第 5 个层次即评估培训对组织的客户和社会的影响[19]。考夫曼模型因将“输入”和“过程”区分开，使得培训交付过程对于培训是否成功的影响更加清晰而受到称赞。然而，考夫曼模型的第五层——社会/客户后果，通常被认为对于大多数企业来说是不可行的。

三、传统方式及其不足

传统评估方式主要是满意度调查和考试测评。其中，满意度评价主要通过发放问卷(如电子问卷)调查学员对培训项目的印象，包括对授课教师和培训项目、设施、方法、内容、个人收获大小等方面的看法，以此来反映学员培训效果和培训的有效性。满意度评价过程如下：

(1)编制问卷。一般来讲,培训项目、培训设施、教学方法、教学内容、后勤服务、个人收获等是满意度问卷中常见的问项,有时候也会根据培训管理需求,增加或者细化问项内容。需要注意的是,问项本身应该简洁清晰、问项数量不宜太多,否则容易引起反应偏差。

(2)实施调查。为了规避学员积极性降低和克服记忆曲线问题,通常有两种方式开展问卷调查。一是将问卷调查按照指标拆分成多个小问卷,例如在课程结束时先开展培训项目、教学方法、教学内容等调查,培训结束时再补充调查培训设施、后勤服务等内容。二是在每个课程结束时,都发放完整的问卷调查。

(3)指标分析。根据问卷收集的相关信息,对问卷所包含的指标进行数据收集和处理。指标处理方式与问卷发放形式有一定关系,如果是多次重复调查,需要对同一指标,进行均值处理。

满意度调查可以作为改进培训内容、培训方式、教学进度等方面的建议,或者对学员、教师、教务人员、服务人员等综合评估的参考,但是不能作为评估的结果。从铁路培训管理满意度调查结果的有效性抽样访谈情况来看,普遍认为评价结果可靠性和价值都较低,主要原因有以下几方面:

(1)无论是基于纸质问卷还是电子问卷方式,满意度评价原理都是基于学员感知的满意度来进行评价。然而,实际中受各种因素影响,不少学员认真填写问卷的意愿不足,导致问卷调查收集的原始数据整体失真,相应地最终计算得到的评价结果也失真,培训评价有效性很低。

(2)基于满意度指标开展的培训评价,由于部分指标设置过于笼统和抽象,实际中应用评价结果指导工作改进的难度较大,制约了铁路培训评价工作的有效性,也制约了铁路培训高质量发展。

考试测评主要是在培训结束时,通过理论考试或者实作考试对知识掌握情况进行检验和确认。随着电子化考试不断推广,铁路培训考试效率得到极大提高,考试测评方式相对较为成熟,评价结果的可靠性也较高。

四、培训评估技术趋势

鉴于教育培训评价的重要性，理论界和企业界长期关注教育培训评价创新问题。20世纪50年代，美国学者唐纳德·L·柯克帕特里克提出柯氏四级评估模型，将培训效果评价分为反应层、学习层、行为层、结果层等四个层次的评价，但是实际中反应层等评价主要也是通过满意度问卷来进行，同样面临问卷数据失真、对管理实践指导不足等问题。建立更为可行、高效的培训评估是教育培训领域长期以来人们持续关注的热点。随着数字技术在铁路培训领域广泛而深入应用，培训评估技术发展也呈现出一些新的特点。

(1)培训评估从主观评估为主逐步转向客观评估为主。由于传统问卷调查培训评价存在的数据失真、指导实践过于笼统等不足，在铁路企业培训中的应用呈现出较大的局限性。基于证据的教学评价(evidence-based instructional assessment)是一种系统的评价过程，强调使用可靠的、与教学目标相关的证据来评估学生的学习成果、教师的教学效果以及教学过程的有效性。基于证据的教学评价确保了教学决策是基于实际发生的学习情况，而不是基于直觉或假设，其价值不仅体现在总结学习成果，而且用于指导教学过程中的改进。建立以证据为中心的培训评价，即以主观评价为主转向客观评价为主，成为铁路培训评估积极追求和发展的方向。

(2)培训评估对于数据的需求越来越全面。随着铁路培训管理要求不断提高，仅仅关注一些笼统的指标已经不能适应铁路培训管理创新需要。为了使得培训评估更加精准，为培训管理创新提供更全面的支撑，培训评估对于数据的采集越来越全面，不仅关注满意度等指标数据，更关注培训过程中学员、教师等各类主体的行为数据。

(3)培训评估执行越来越趋向于自动化。铁路培训管理信息化应用正推动铁路培训整体数字化转型。培训大数据的形成和人工智能技术的突破式发展为培训评估走向智能化、自动化提供了重要机遇。随着大模型等人工智能不断发展和铁路算力不断提升,基于“多模态大模型+”的智能化、自动化培训评价将逐渐走向现实。

第二节 评估框架

培训评估是验证培训计划目标实现和改进培训管理体系的关键,通过对培训的准备度、投入性、产出性等评估,从不同层面衡量培训质量与效果。培训评估贯穿于整个培训管理活动中,从评估频率上来讲,大部分评估活动聚焦于实施(I)环节,在监督(S)环节也有部分评估活动。

尽管柯氏四级评估等在教学方面具有理论先进性,但是对于企业培训来讲,柯氏四级评估显然是不够的。成人学习的特殊性,例如培训学习的目的性很强、基于自身经验有选择性地学习、工学矛盾、学习动机复杂等,在难以构建有效的培训奖励激励体系情况下,企业培训大多数时候是具有一定强制性的,这就使得企业培训效果不可避免地受到培训管理效能的影响。因此,铁路培训评估不能仅仅关注学员对教学的感受和培训学习效果,还需要关注培训前期的准备以及学员的参与和其他相关主体的投入情况。对此,本书将铁路培训评估分为准备度评估、投入性评估和产出性评估三个阶段,如图 10-1 所示。

采用准备度的概念来衡量培训前期的准备情况。在铁路培训管理中,准备度指的是组织为开展培训做好前期准备的状况,包括培训计划和环境、设备、师资、信息资产、行政等各类资源。由于铁路培训管理是分级实施的,不同层级、不同角色的单位或部门需要开展的培训前期准备可能有所不同的,例如铁路局集团公司本级

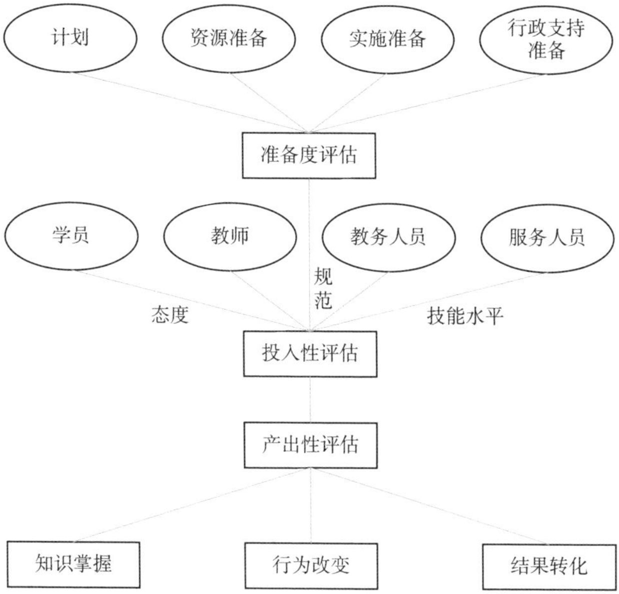

图 10-1　铁路培训评估模型框架

培训管理部门的前期准备重点是培训计划，站段层面的培训管理部门的前期准备重点则不仅仅是培训计划，还有培训环境、设备、师资、行政资源等，到了培训基地则需要开展的前期准备就更为广泛。但是，为了科学衡量各级各类组织培训前期准备状况，统一的能够有效覆盖各类准备事项的准备度评价体系显然是必要的。

采用投入性评估的概念来衡量学员参与及教师等相关主体的投入情况。投入性评估指的是在培训项目启动以后，学员参与培训的态度以及教师、教务人员、服务人员等各类主体参与培训的态度水平、规范水平和技能水平。学员学习态度涵盖了其参与培训直至培训结束过程中的行为规范性、主动性、适应性等，对于学习效果有着重要影响。教师参与培训的态度水平、规范水平和技能水平涵盖了其对教学计划准备的严谨性、教学过程的规范性、教学方式方法的创新性等，对于教学质量起着关键性作用。教务人员和服务人员的态度水平、规范水平和技能水平涵盖了其教学管理、教学服务或后勤服务过程的主动性、规范性、严谨性、创新性等，也是影响教学质量的重要方面。传统培训评价中采用满意度评估的大部分内容实际上属于对投入性的评估，但是问卷调查的方式使得其评价结果可靠性较差。

参考柯氏评估模型等观点，除了培训准备及培训投入评估，重点还需要对培训效果进行评估，即培训的产出性评估。产出性评估主要衡量学员通过培训学习以后，对培训知识的掌握情况、返回工作岗位以后对培训知识的利用情况以及为单位带来的效益情况。参照柯氏评估模型对于学习、行为、结果等层次的评估定义及内涵，将铁路培训管理产出性评估也分为知识掌握评估、行为改变评估、结果转化评估三个层次。这三个层次的产出性评估按照培训完成以后的时间进度来依次进行。值得注意的是，在铁路培训管理活动中，知识掌握评估通常并不仅仅发生在培训结束时，在监督(S)活动中也可能开展知识掌握评估，例如抽考、抽测等。在培训评估活动中，产出性评估理论上来讲最为重要，但是除了知识掌握评估比较容易实施外，行为改变评估和结果转化评估实施成本高、难度大，往往需要铁路企业具备专业化人才或者能力方能实施并取得效果。

第三节　准备度评估

一、评价需求

准备度评估主要衡量计划、资源准备、实施准备、其他行政支持准备等有效性、可用性、质量等情况，反映铁路培训管理体系的基础支撑能力和水平。采用 KJ 法将培训计划、资源准备、实施准备、其他行政性支持准备等需求进行分类组合，建立培训准备度需求层次结构，如图 10-2 所示。第 1 级为培训准备度总需求；第 2 级为培训准备度总需求分类结果，包括培训计划科学完整、培训设施设备完善、师资队伍充分、信息资产完善、后勤设施完善、其他行政性支持到位等;第 3 级为各类需求细化的评估需求,例如,培训计划科学完整包括培训需求把握充分、培训计划可操作性强等。

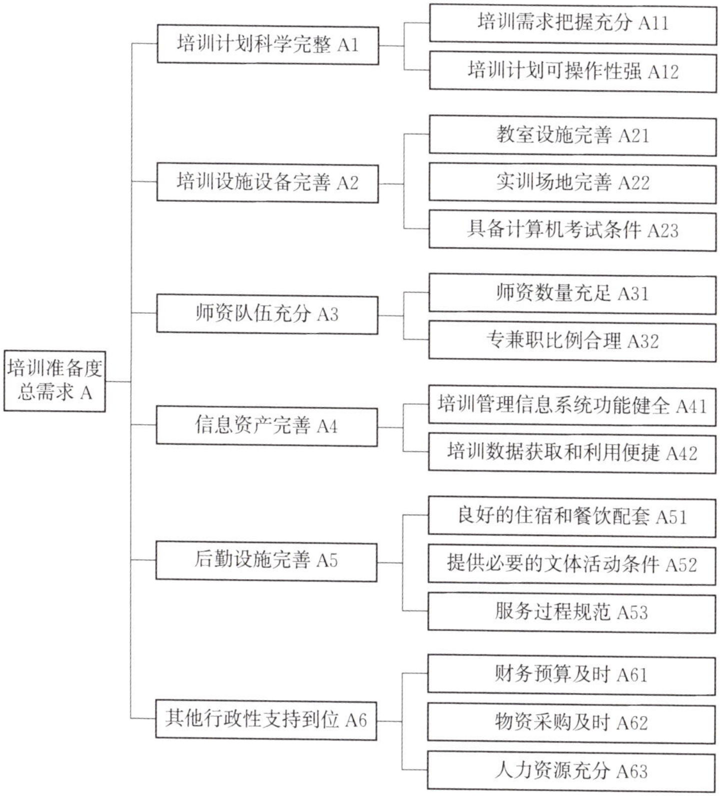

图 10-2 培训准备度评价需求层次结构图

二、基于 AHP 法的评价模型

1. 权重确定

基于层次分析法(analytic hierarchy process,AHP),采用专家打分和随机调查的方式对培训准备度需求各项指标分别进行量化评价。选取的专家对各项评价指标应该非常熟悉并且掌握评分标准和相关依据,评分结果客观性强。问卷调查随机选取的学员应在铁路运输站段从事相关工作5年以上。通过征求专家意见,得到培训准备度需求的判断矩阵;之后对培训准备度需求的2级、3级指标分别采用AHP方法确定其权重系数。判断矩阵可以采用1～5分制分别表示培训准备度需求的重要程度。关于AHP方法的介绍较多,本书不再赘述。

2. 综合评价模型

令 m 为参与评价的专家数量(假设专家的水平都符合评价要求);n 为培训准备度评价指标总数;w_j 为第 j($j=1,2,\cdots,n$)个评价指标对应的权重。假设专家 k($k=1,2,\cdots,m$)对第 i($i=1,2,\cdots,k$)个评价对象(例如铁路局集团公司或者站段等)的第 j 项评价指标的评分为 s_{kij},则第 i 个评价对象的综合评价得分为:

$$G_i=\frac{1}{m}\sum_{j=1}^{n}s_{kij}w_j,i=1,2,\cdots,k \tag{10-1}$$

之后根据 G_i($i=1,2,\cdots,k$)进行绝对值排序,得到评价结果。

三、基于TOPSIS法的评价模型

逼近理想解排序法(也称理想点法)(technique for order preference by similarity to ideal solution,TOPSIS)是通过归一化后的数据规范矩阵,找出多个目标中的正理想解和负理想解(分别用最优向量和最劣向量表示),然后分别计算评价对象与正理想解和负理想解的距离,进而获得各评价对象与正理想解的贴近度,并按照贴近度由大到小进行排序,以此作为评价目标优劣的依据。在准备度评价中,将各铁路局集团公司或站段等作为评价对象,准备度需求指标作为评价指标,按照以下步骤开展评价:

(1)假设 n 个评价对象、m 个评价指标,初始矩阵表示为 $X=(X_{ij})_{n\times m}$,$i=1,2,\cdots,n$,$j=1,2,\cdots,m$。对初始化矩阵进行归一化处理,得:

$$Z_{ij}=\frac{X_{ij}}{\sqrt{\sum_{j=1}^{m}X_{ij}^{2}}} \tag{10-2}$$

（2）对矩阵 $Z=(Z_{ij})_{n\times m}$，取各列的最大值构成最优向量（正理想解）、各列的最小值构成最劣向量（负理想解），记为：

$$Z^{+}=(Z_{\max 1},Z_{\max 2},\cdots,Z_{\max m}) \tag{10-3}$$

$$Z^{-}=(Z_{\min 1},Z_{\min 2},\cdots,Z_{\min m}) \tag{10-4}$$

（3）计算单位 i 的评价指标得分与正理想解（Z^{+}）、负理想解（Z^{-}）之间的欧式距离：

$$D_i^{+}=\sqrt{\sum_{j=1}^{m}(Z_{\max j}-Z_{ij})^{2}} \tag{10-5}$$

$$D_i^{-}=\sqrt{\sum_{j=1}^{m}(Z_{\min j}-Z_{ij})^{2}} \tag{10-6}$$

（4）基于欧式距离，计算单位 i 的培训准备度的综合评价结果 C_i 为：

$$C_i=\frac{D_i^{-}}{D_i^{+}+D_i^{-}}\times 100 \tag{10-7}$$

（5）根据各单位培训准备度的综合评价结果由大到小进行排序，得到评估结果。

第四节　投入性评估

一、总体思路

投入性评估则主要衡量培训实施过程中，学员、教师、教务人员、服务人员等各类参与主体的态度投入或规范、技能水平等能力，反映的是学员、教师等各类主体对于培训过程的重视程度和参与水平。在庞大复杂的铁路企业培训管理体系中，对学员表现、教师教学、班主任管理、后勤服务等进行评价是大规模的常态化的管理活动。

在线教学深入应用使得基于学员在线行为数据来评价学习、教学效果等成为现实。随着机器学习、深度学习等人工智能快速发展,通过摄像头等识别学员、教师等行为,融合多源异构数据对线下培训开展评价走向现实。另外,教育培训评价理念也不断变革,越来越强调从结果转向过程、从感知转向证据,将评价视为基于证据的推理过程,即“以证据为中心”开展投入性评估成为趋势。

二、评价内容

投入性评估以铁路培训全过程数据为基础,建立评价内容与测度指标,通过特征数据提取、特征数据融合获取测度指标数据集,按照特定算法计算得到评价结果。在铁路企业培训实践中,通常由培训管理部门或承办机构对学员学习、教师教学、教务管理、后勤服务等进行评价,但在脱产培训、在岗培训、顶岗实习等不同场景下有不同的培训评价需求。

以铁路培训基地场景为例,投入性评估的对象主要包括学员学习、教师教学、班主任管理、后勤服务等四类。与传统的以学员满意度为基准的培训评价不同,“以证据为中心”的铁路培训评价理念,要求评价内容能够尽可能地直接反映培训管理问题、支撑培训管理决策。因此,基于铁路培训业务流程,从培训前、培训中、培训后三个阶段,归纳得到学员学习、教师教学、班主任管理、后勤服务等评价内容需求,见表 10-1。

表 10-1　铁路投入性评估内容需求

培训阶段	评价内容需求			
	学员学习	教师教学	班主任管理	后勤服务
培训前	报到	备课 上传教学资料	开班准备 通知发布 学员报到 安全教育	宿舍准备

续上表

培训阶段	评价内容需求			
	学员学习	教师教学	班主任管理	后勤服务
培训中	出勤 课堂学习态度 参与班级活动 作息 外出 遵守安全管理要求 考核成绩	是否按时开课 课堂讲课水平 课堂纪律管理 教学成效	教师是否按时开课 学员出勤 学员课堂纪律 学员作息管理 学员外出管理	餐食质量 餐饮服务 客房服务 文体设施可用 安全管理
培训后	—	—	学员考核成绩 培训总结	—

(1)学员学习评价即评价学员培训学习表现及学习成效。从培训管理角度,培训前主要考察学员是否按时报到,培训中则主要考察学员是否按时上课、课堂学习态度、参与教学互动、参与班级活动、按时作息、遵守出入基地规定、遵守安全管理要求等,培训后则主要考察学员考核成绩等。

(2)教师教学评价即评价教师教学水平及教学成效。从培训管理角度,培训前主要考察教师备课完成情况、教学资料是否按时上传培训管理系统等,培训中主要考察教师是否按时开课、课堂讲课水平、课堂纪律管理、课后辅导、教学成效等。

(3)班主任管理评价即评价班主任等教务人员履行班级管理职责情况及成效。从培训管理角度,培训前主要考察班主任开班准备、通知发布、学员报到、安全教育等,培训中主要考察教师按时开课、学员出勤、课堂纪律、作息管理等,培训后主要考察学员考核成绩、培训总结等。

(4)后勤服务评价即评价餐饮、住宿、文体休闲、安防等服务管理情况及成效。从培训管理角度,对餐饮服务主要考察培训中的餐食质量、餐厅服务等;对住宿服务主要考察培训前的宿舍准备以及培训中的客房服务等;对文体休闲主要考察培训中的文体设施设备可用性;对安防主要考察安全管理成效。

三、评价模型

构建对应的测度指标,之后通过客观权重法确定测度指标权重,通过常模参照和标准参照确定测度指标原始得分,建立线性加权的评价计算模型。

1. 测度指标构建

铁路企业近年来不断提升培训信息化水平,截至目前已初步建成覆盖职工培训学习、生活、安防全过程的培训管理信息系统,部分培训基地已经建成摄像头全覆盖、智能化程度较高的智慧教室,智能门禁、智能餐厅、智慧安防等整体上也在有序推进。从数据采集角度,通过音视频、物联网等设备及相关软件系统,已经能够全过程采集对学员学习、教师教学、班主任管理、后勤服务等行为数据。基于此,结合铁路培训基地管理调研,按照可循证原则,归纳提出铁路培训评价内容的测度指标,见表10-2。

表10-2　评价内容对应的测度指标

评价对象	评价内容	测度指标
学员学习	报到	是否在规定时间完成报到
	出勤	出勤率
	课堂学习态度	抬头率,提问/回答问题次数,睡觉、玩手机等负向行为次数
	参与班级活动	是否报名当班委、班级活动出勤率
	作息	未按时返回宿舍次数、教师或班主任评语
	外出	违规外出次数
	遵守生活管理要求	违反安全等生活管理规定的行为次数
	考核成绩	考核成绩档次

续上表

评价对象	评价内容	测度指标
教师教学	教师备课	是否通过备课审核
	教师上传教学资料	是否完成教学资料上传
	教师按时开课	未按课表时间开课次数
	教师课堂讲课水平	班级整体抬头率、提问、回答问题频率等
	教师课堂纪律管理	班级中学员睡觉、玩手机等负向行为人次
	教师教学成效	班级平均考核成绩、学员负向反馈人次
班主任管理	开班准备	开班准备完成率
	通知发布	是否发送通知信息，学员咨询回复率
	学员报到	学员在规定时间内完成报到的人数比例
	安全教育	开课前是否完成安全教育
	教师是否按时开课	所有课程教师未按课表时间开课次数
	学员出勤	规定时间内的学员出勤率
	课堂纪律	班级中学员睡觉、玩手机等负向行为人次
	作息管理	学员未按时返回宿舍人次
	外出管理	学员违规外出人次
	学员考核成绩	班级平均考核成绩
	培训总结	规定时间内是否提交培训总结并通过审核
后勤服务	宿舍准备	规定时间内是否完成床位分配
	餐食质量	平均每餐人均餐食剩余量、餐食垃圾量，学员投诉率
	餐厅服务	餐厅就餐排队时间等
	客房服务	客房设施设备不可用次数(学员投诉次数)
	文体设施可用	文体设施使用人次
	安全风险防范	发现违反生活管理规定的人次

2. 指标权重确定

指标权重计算方法主要分为主观权重法和客观权重法，主观权重法如层次分析法主要依赖于专家的经验判断，客观权重法则注重从样本中提炼权重规律。考虑到铁路投入性评估强调“证据”事实，本文选择客观权重法确定指标数据的权重。另外，作为一项业务活动的不同环节，铁路投入性评估维度之间存在一定的关联性，同时考虑到铁路企业培训标准化程度普遍较高，培训参与主体尤其是学员在各评价维度、测度指标上的强度差异能够较好地反映其在培训活动特定方面的绩效水平，所以本文选择 CRITIC 权重法确定各评价维度、测度指标的权重。

本文指标权重涉及评价内容的权重和测度指标的权重，这里以测度指标为例介绍权重计算方法。为了保证测度指标权重的合理性，通过近期历史数据例如上一年度的数据来计算权重。令 m 条数据记录和 n 个测度指标形成的决策矩阵为 $X=(x_{ij})_{m\times n}$。首先，按照公式(10-8)、(10-9)对数据进行标准化处理，其中，若 x_j 为负向指标，则

$$y_{ij}=\frac{\max(x_i)-x_{ij}}{\max(x_j)-\min(x_j)},i=1,2,\cdots,m;j=1,2,\cdots,n \tag{10-8}$$

若 x_j 为正向指标，则

$$y_{ij}=\frac{x_{ij}-\max(x_j)}{\max(x_j)-\min(x_j)},i=1,2,\cdots,m;j=1,2,\cdots,n \tag{10-9}$$

接着，按照公式(10-9)计算每个指标的标准差 σ_j，按照公式(3)计算指标之间的相关系数，即

$$\sigma_j=\sqrt{\frac{\sum_{i=1}^{m}(y_{ij}-\bar{y}_j)^2}{m-1}},j=1,2,\cdots,n \tag{10-10}$$

$$r_{jk}=\frac{\sum_{i=1}^{m}(y_{ij}-\bar{y}_j)(y_{ik}-\bar{y}_k)}{\sqrt{\sum_{i=1}^{m}(y_{ij}-\bar{y}_j)^2\sum_{i=1}^{m}(y_{ik}-\bar{y}_k)^2}},j,k=1,2,\cdots,n \tag{10-11}$$

然后，根据式(10-12)计算每个指标包含的信息量，即

$$C_j=\sigma_j\sum_{k=1}^{n}(1-r_{jk}),j=1,2,\cdots,n \tag{10-12}$$

最后，根据式(10-13)计算各指标的权重，即

$$w_j=\frac{C_j}{\sum_{j=1}^{n}C_j} \tag{10-13}$$

同理，可以采用类似的计算方法求得各项评价内容的权重，在此不再赘述。

3. 指标分值与评价结果计算

由于测度指标属性差异，有些测度指标可以通过标准参照得到分值，例如，学员“是否在规定时间内完成报到”可以根据是和否状态换算得到 100 分或 0 分；但是也有一些测度指标，例如，学员“抬头率”“回答问题次数”没有绝对标准值作为得分参考，对此，本文提出基于常模参照的得分方法，即根据历史数据统计、回归等建模，构建这类测度指标的分值常模，通过常模对照获取相关指标的分值，限于篇幅，不再赘述常模构建过程。

基于标准参照和常模参照计分方法，结合公式(10-13)得到的各项测度指标权重、评价内容权重，按照公式(10-14)计算得到评价综合得分，即

$$S_i=\sum_{j=1}^{n}w_jz_{ij},i=1,2,\cdots,p;j=1,2,\cdots,q \tag{10-14}$$

z_{ij} 表示当期评价数据形成的评价矩阵元素。

四、技术实现框架

以评价模型为导向，通过数据采集、特征提取、特征融合和模

型计算四个阶段构建投入性评估技术框架，如图 10-3 所示。数据采集方式包括学员、教师等在 App、网页端等培训管理系统的操作，安装在教室的录播、电子班牌等系统，食堂、住宿、门禁等一卡通系统，安防监控、巡更等设备及系统，餐厅智能称重等专用设备及系统。

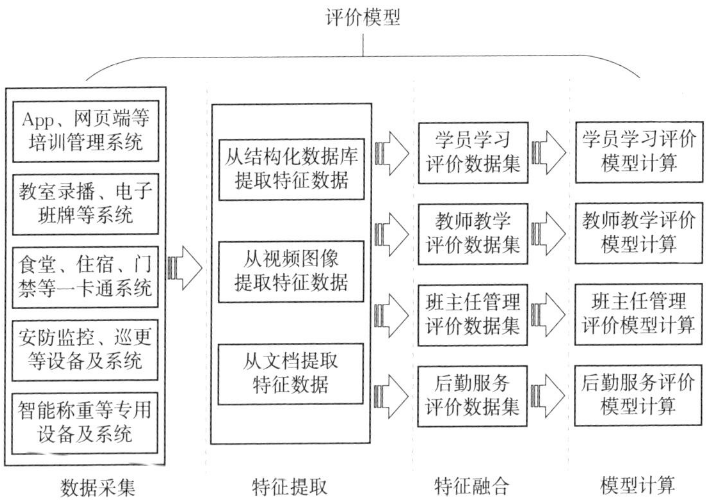

图 10-3　评价技术框架

特征提取是指从多源异构的数据源中提取出具有培训评价价值的代表性特征，包括从培训管理系统、一卡通系统等各类系统软件的结构化数据库中，从课堂中学生学习、教师教学、安防监控等各类视频图像文件中，从学员反馈意见建议、考核表、教师提交的教学资料文档、培训总结等文件中提取测度指标相关数据，对数据进行必要的清洗和规范保存。

数据融合是将从各类数据源提取的测度指标相关数据进行组合，以满足评价方法或模型对数据标准化的要求及其评价结果性能要求。数据融合阶段包括按照学员学习、教师教学、班主任管理、后勤服务等评价内容要求，组合形成测度指标颗粒度的评价数据集。

模型计算是按照评价模型，根据评价数据集，计算得到学员学习、教师教学、班主任管理、后勤服务等各项评价内容和综合评价结果。这里的评价模型可以是经典的多元线性综合评价模型，也可以基于预训练大模型来生成评价结果。基于预训练大模型进行评价，需要先基于历史数据对模型进行微调训练、强化学习等，以确保大模型的性能，限于篇幅，这里不对基于预训练大模型的投入性评估进行详细介绍。

第五节 产出性评估

一、学习评估

1. 形成性评估

形成性评估是在培训教学过程中对学员的学习目标掌握情况进行评估。面向抽样或者全员，通过简短而频繁的测验，帮助教师和学员跟踪学员学习进度，考查学员对阶段性的学习材料和相关知识的掌握情况，以改进教学。

(1)形成性评估的测验题型多为简答题、选择题、判断题，也可以选择篇幅不太长的论文形式。

(2)测验长度通常只有 10～15 个问题，但是涵盖的信息量足够。培训周期较长时，可以要求学员每周提交简短的论文来评估学员是否理解该周的材料或知识，论文应要求学员总结学习收获、提出不清楚知识点。

(3)借助在线考试系统进行自动判卷，可以有效降低测验实施难度。

2. 总结性评估

总结性评估是在培训教学结束时对学员的学习目标掌握情况进行综合评估。总结性评估结果用于评估学员生成绩，并对课程学习目标的掌握程度做出综合结论。

(1)结业考试。教师通过在线考试系统组织考试,如果线下集中考试,需要预留计算机教室,并使用人工监考。

(2)实作考核。借助于专门的实作考试设备或场所,由教师组织学员进行操作考试。尽管由教师评价学员操作是主要考核方式,然而长远来看,借助现代信息技术实现自动化考评是大势所趋。

(3)项目任务。项目可以包括情境模拟、案例研究、解决实际问题等,对于团队管理者,如班组长、车间主任等学员,值得探索这种考核方式的应用。

(4)结业论文。在课程开始时,明确说明论文提交要求。论文长度要求不宜太短。

二、行为评估

行为评估主要关注学员在工作中应用所学知识和技能的情况。根据有关研究,对培训学习满意并不意味着学员真的认真学习了,在培训学习过程中表现出色并不意味着培训一定会影响学员在工作中的表现。因此,尽管有知识评估,但是考虑到其局限性,开展行为评估对于跟踪和改进培训是十分关键的。

由于行为评估复杂的实施过程、较高的实施成本和专业门槛,在铁路培训管理活动中尚不多见。但是,随着铁路培训管理信息化应用深入,特别是人工智能突飞猛进,未来依托人工智能开展智能化行为评估成为可能。行为评估方案设计并没有固定的模板,但是为了保证行为评估效果,需要在实施行为评估之前,对以下几方面进行重点关注。

1. 实施时间

实施行为评估最有效时间段是在培训完成后 3～6 个月,过早进行评估通常得不到可靠的数据。

2. 评估方式

通常使用观察和访谈相结合的方式来评估行为变化。需要注意的是，如同招聘测评，评估者可能需要进行适当的培训，特别是要尽量减少或避免基于个人观点的观察。另外，组织需要为学员提供应用所学知识的机会，例如岗位或者项目任务等。

开始时，使用细微的评估和观察来评价变化。一旦变化变得明显，就可以使用更直接的评估工具，如访谈或调查。

3. 评估内容

开始评估前，需要明确所期望的变化是什么，例如学员应该掌握和使用哪些具体的知识或技能？这些知识或者技能如何展现为学员的行为？培训前后行为的变化程度如何衡量？这种变化的可持续性如何？等等。

4. 制度保障

行为评估实施过程复杂，需要用人单位、学员等配合，因此为了保证行为评估的成功开展，需要在培训管理制度层面加强对实施行为评估的制度保障。

值得强调的是，尽管行为评估结果可能会显示缺乏行为改变，但是这并不一定意味着培训无效，也可能是当下没有应用所学知识或技能的条件，或者其工作职责尚不需要用到某些知识或技能。但是，无论是构建积极向上的学习文化，或是提升员工综合素质，员工参与培训都是有益的。

三、结果评估

结果评估主要是评估行为变化对于业务的影响，以及培训投资是否产生了良好的投资回报。

1. 评估周期与对象

培训行为变化转换到业务影响的周期通常很长，因此结果评估周期一般建议为培训结束以后 6～12 个月。对于每位学员的培训结果评估分别进行结果评估实际上不太现实，因此可以将小组或者团队作为评估对象。

2. 评估指标

在指标方面需要关注对整个组织发展很重要的指标，例如营业收入、客户满意度水平、安全事故率、员工满意度等。如果发现参加了培训的员工比没有参加培训的同专业、同级别员工在这些指标方面产出更高，则可以印证培训对于组织结果影响是有效的。

3. 评估方式

保证结果评估有效性的方法之一是选择对照组进行对比评估，对照组应尽可能地多具有共同点。但是，对照组的实施成本很高，而且在铁路培训管理实践中可行性尚不高。未来随着管理技术改进和管理水平提升，特别数字铁路建设不断深入，从数据层面选择对照组而不是刻意安排对照组更容易之后，这种评估方式应该会得到广泛应用。

尽管结果评估总体实施起来难度较大，但是在一些铁路专业领域或者部分绩效指标方面，仍然具有较强的可行性。例如在客户服务领域，培训评估人员关注的主要指标是客户满意度评级，如果发现经过培训的客服人员的客户满意度评级更高，则可以推断培训对其业务带来的效益。又如，在安全生产方面，如果发现经过培训的人员的安全事故率更低，则可以推断相关业务培训、安全培训为组织带来了绩效提升。还有，在职工满意度方面，可以在培训前和培训后的一段时间发送同一份调查问卷以衡量职工满意度变化。类似的场景在铁路企业中还有很多，只是这些场景分散且细致，搜集整理这些场景需要专业人才和较高的成本。

第十一章　人工智能的影响

第一节　人工智能概述

一、概念

人工智能是通过编程使得计算机程序或机器能够模拟人的智慧，并像人类一样思考和行动，例如能够学习、推理、解决特定问题、感知、交流等。人工智能技术在人们研究人类大脑运行模式和认知过程中不断得到发展，相关理论与方法主要体现在人工智能软件或系统中，例如 ChatGPT、DeepSeek 等。

二、发展历程

1950 年，英国数学家和计算机科学家艾伦·图灵（Alan Turing）在其论文《计算机器与智能》中提出一种评估机器是否具有人类智能的方法，后来被称为图灵测试方法。按照图灵测试的基本思想，如果一个人（被测试者）通过自然语言与一台机器和一位人类进行对话，而无法可靠地分辨出哪一个是机器，哪一个是人类，那么这台机器就可以被认为具有人类智能。此后，尽管存在争议，但是图灵测试作为人工智能领域的“试金石”，不仅推动了技术发展，更引发了关于人类与机器本质的深刻思考，在人工智能领域具有重要的里程碑意义。

1956 年，美国新罕布什尔州达特茅斯学院（Dartmouth College）教授约翰·麦卡锡（John McCarthy）组织了一次研讨会，会议首次提出了“人工智能”（artificial intelligence，AI）一词，同时该会议也标志着人工智能作为一门独立学科的诞生。之后,人工智能进入黄金发展时期。1957 年,心理学家兼计算机科学家弗兰克·罗森布拉特(Frank Rosenblatt)开发了早期的人工神经网络——感知机(perceptron)模型。1958 年,约翰·麦卡锡(John McCarthy)开发了人工智能研究中广泛使用的编程语言 Lisp。1959 年,亚瑟·塞缪尔(Arthur Samuel)开发了一个自主学习的跳棋程序,并提出了“机器学习”一词。1965 年,约瑟夫·魏岑鲍姆(Joseph Weizenbaum)开发了第一个现代的“聊天机器人”——ELIZA。1966—1972 年间,斯坦福国际研究院(stanford research institute international,SRI)开发了 Shakey 机器人,也是首台采用了人工智能的移动机器人系统。但是,进入 20 世纪 70 年代后,人工智能研究在繁荣开始后放缓,到 70 年代中期,政府对人工智能研究的资助几乎枯竭。

1980 年,由卡内基梅隆大学开发的第一个基于人工智能的“专家系统”(eXpert CONfigurer,XCON)投入商用,知识系统和知识工程很快成为人工智能研究的主流,人们希望能够通过庞大的数据库解决知识问题,并为知识推理提供支持。政府部门也在加大投入,1982 年,日本启动了第五代计算机系统项目(fifth generation computer systems,FGCS)拟制造能够执行自然语言处理和专家系统等任务的机器,英国政府和美国国防高级研究计划局(defense advanced research projects agency,DARPA)对 FGCS 项目作出回应,启动或追加了人工智能硬件投资。但是到了 80 年代末,人们发现“专家系统”维护成本高、不能学习且比较脆弱,仅能在少数领域有用,人工智能研究再次开始走下坡路。尽管如此,人工智能在此期间仍然取得不菲成就,例如 1986 年,戴维·鲁梅尔哈特(David Rumelhart)、杰弗里·辛顿(Geoffrey Hinton)和罗纳德·威廉姆斯(Ronald Williams)提出的反向传播算法奠定了深度学习的基础。1988 年,朱迪亚·珀尔(Judea Pearl)将概率和决策理论引入了人工智能,理查德·萨顿(Richard Sutton)提出时序差分方法(Sutton 和 Barto 从 1981 年开始提出的强化学习理论)进一步发展了强化学习理论。1989 年,扬·勒昆(Yann LeCun)和 AT&T 贝尔实验室的研究人员成功将反向传播算法应用于多层神经网络,首次使用卷积神经网络识别手写邮政编码图像。

到了 20 世纪 90 年代末和 21 世纪初,人工智能研究又回到了热点前沿,同时将人工智能的重点放在寻找特定问题的具体解决方案方面。1997 年,赛普·霍赫赖特(Sepp Hochreiter)和于尔根·施密德胡伯(Jürgen Schmidhuber)提出了长短期记忆(long short-term memory,LSTM)模型,广泛应用于手写识别、语音识别、自然语言处理和时间序列预测等。同年,IBM 的"深蓝"在比赛中击败了国际象棋世界冠军创造了历史。2011 年,苹果推出了集成在 iOS 操作系统中的虚拟助手 Siri,使用机器学习来执行发送消息、设置提醒、提供建议和回答问题等任务,标志着人工智能助手对日常消费者的可用性和可访问性有了飞跃。2012 年,亚历克斯·克里热夫斯基(Alex Krizhevsky)开发的深度学习模型 AlexNet 在 ImageNet 图像识别竞赛中夺冠。2016 年,Google DeepMind 的 AlphaGo 击败了世界顶级围棋选手李世石。此后几年,深度学习被应用于语音识别、机器翻译、医疗诊断、游戏等多个领域,并且都表现出了巨大的性能优势。

2017 年,阿希什·瓦斯瓦尼(Ashish Vaswani)等人提出 transformer 架构,基于自注意力机制(self-attention),解决了传统模型的效率瓶颈,同时 transformer 通过大规模数据预训练学习通用特征,减少了人工设计特征的需求,推动 AI 从专家系统向通用模型演进,人工智能新时代拉开帷幕。2020 年,OpenAI 推出了拥有 1750 亿个参数的语言模型 GPT-3,展示了生成类似人类的文本、对话、代码编写、语言翻译等能力,是人类历史上最复杂的 AI 之一。之后几年 OpenAI 不断迭代发布更高级的推理模型,致力于打造通用人工智能(artificial general intelligence,AGI)。尽管国内人工智能研究起步较晚,但是近年来经过奋起直追,一批类似

DeepSeek 的中国科技企业，开源共享推动人工智能技术在全球的普遍应用。

三、技术分类

1. 按照人工智能的能力分类，可分为窄人工智能（或弱人工智能）、生成式人工智能（或强人工智能）和超级人工智能。

（1）窄人工智能是指通过训练可以执行单一或者特定范围内任务的人工智能，通常它比人类做得更快更好。缺点是它的认知能力和先进性体现在特定领域，能完成的任务也是被预先定义好的，无法完成超出事先定义好的任务范围。实际上，截至目前，所有的人工智能都是这种类型，包括 ChatGPT。

（2）通用人工智能目前尚处于概念阶段。按照人们的设想，通用人工智能可以利用先前学习到的知识和技能，在没有人类帮助训练新的模型的情况下，自主完成其他不同环境下的各类任务。按照这一设想，通用人工智能将能够替代人类的各种脑力劳动。

（3）超级人工智能通常是指具有更高智慧的人工智能，如同生成式人工智能（AGI）一样，也是处于理论阶段。按照人们的设想，超级人工智能能够像人类一样思考、推理、学习、决策，拥有超过人类的认知能力。超级人工智能应用将不仅能够理解人类的情感，而且有自己的信念、欲望等。

2. 按照人工智能的技术类型，可以大致分为机器学习、深度学习、自然语言处理、计算机视觉、机器人技术等。

（1）机器学习（machine learning，ML）是让计算机通过数据自动学习规律，并基于这些规律进行预测或决策的技术，无需显式编程。机器学习一般针对某个特定场景采用大量数据训练模型，数据类型主要是结构化数据，同时其特征变量是明确的。

（2）深度学习（deep learning，DL）是基于深层神经网络的技术，通过多层非线性变换自动提取数据特征。深度学习通常也是针对某个特定场景采用大量数据训练模型，但是一般无需人工设计特征,直接从原始数据学习特征,而且擅长处理图像、语音、文本等复杂数据,当然所需数据量和算力(如GPU)也比机器学习要大。

(3)自然语言处理(natural language processing,NLP)是使计算机理解、生成和操作人类语言的技术,例如主流的大模型技术。大模型跟深度学习、机器学习不同,一般是指预训练模型,其不针对某个特定场景来进行训练,致力于学习语言的一般规律和知识,可以适用于许多通用场景。

(4)计算机视觉(computer vision,CV)是让计算机从图像或视频中提取信息并理解其内容的技术,其核心任务是识别物体、场景、动作等,并推断图像中的语义信息。

(5)机器人是结合硬件与AI算法,实现自主感知、决策和行动的系统,核心任务是通过传感器(摄像头、雷达)获取环境信息,自主进行路径规划、避障等决策,并执行机械动作(如抓取物体)。

随着大模型等技术突破发展,人工智能技术越来越走向交叉融合,例如transformer同时推动NLP和CV发展,强化学习赋能机器人决策。总体来看,机器学习与深度学习是基础方法论,为NLP、CV、机器人等提供支撑,NLP、CV着重解决特定模态数据的处理问题,机器人技术更强调逻辑推理及自身与物理世界的交互。

第二节　大模型应用基础

一、应用步骤

构建大模型系统从定义问题开始,之后根据问题和性能需求选择预训练大模型作为基座模型,然后通过提示工程、强化学习或微调等定制开发专用大模型,接着进行必要的信息系统开发和大模型推理配置实现基于大模型的查询与反馈,并实现与用户交互,最后对系统进行上线测试直至正式运行,如图11-1所示。

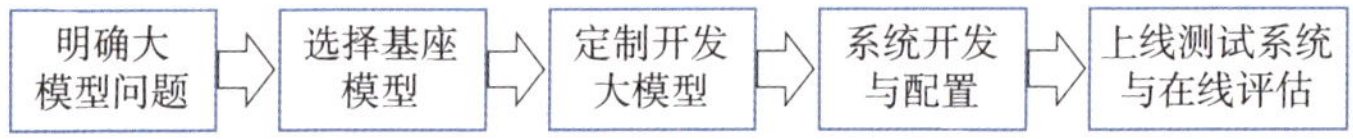

图 11-1　大模型系统构建步骤

1. 明确大模型要解决的问题

不同于传统的信息系统，大模型系统依赖数据、模型、算力等形成问题解决能力。在应用系统建设初始阶段，聚焦于一个规模适当的具体问题，有助于快速取得成功，并不断迭代形成解决更大问题的能力。所谓的规模适当主要指应用系统中需要大模型来解决的问题的复杂性和所需要的大模型自身的架构复杂性、数据的多样性、数据的质量等要求，应当在可行范围之内。例如在大模型管理题库问题中，一开始可以专注于利用大模型出题的功能上，后期再逐步拓展到知识库、题库维护等方面。

2. 选择合适的基座大模型

为了提高大模型应用效率、降低开发成本，通常选择合适的开源的预训练大模型作为基座大模型。

(1)需要注意大模型的使用许可。在使用开源预训练大模型时，需要注意大模型应用许可规定，避免产生商业纠纷。考虑到铁路企业相关规定，不建议使用商业大模型或者由第三方提供 API 服务的大模型。

(2)需要综合考虑大模型的参数规模。传统观点认为，大模型参数越多，则该模型在学习新信息和提供预测方面会表现得更好。然而，小模型性能的提高挑战了这一观点，而且通常也更快、更便宜，因此与超出应用范围的大参数量大模型相比，小模型的竞争力快速提升。另外，在算力紧张条件下，还需要考虑算力成本。

(3)需要考虑大模型的性能。在使用微调、提示工程等技术对大模型进行定制训练之前，应评估模型生成所需输出的效果、速度和一致性。衡量或者评价大模型性能时，使用离线评估。离线评估是在模型上线之前进行的测试，用以评估模型并确保其满足性能标准，这些测试一般通过向模型提问来进行，人类本身知道问题的答案，以此来测量模型的输出延迟、准确性和上下文相关性。

（4）需要考虑大模型的中文处理能力。如果使用大模型解决文本问题，需要考虑其对中文处理能力。当前阶段，同等参数规模的国外大模型在中文处理和生成方面比国内的大模型要略弱一些。

3. 定制开发大模型

目前主要通过提示工程、从人类反馈中强化学习（RLHF）或者微调基座大模型定制所需要的专用大模型，其目的是使得专用大模型更能适应特定任务，例如根据内部材料进行出题并按照特定风格进行输出。

（1）提示工程是指设计有效的输入（即“提示”）来指导模型生成高质量的输出。以下是一些使用提示工程的基本步骤和技巧：

①明确目标。确定希望模型完成的任务类型（例如，文本生成、问题回答、文本分类等），以及希望得到的输出类型和格式。

②设计提示。给模型提供足够的上下文信息，以便它能理解任务的要求，同时使用清晰、具体的指令来指导模型。如果可能，提供一些示例来展示期望的输出格式或风格。

③调整提示。根据模型的输出不断调整和细化提示，以便获得更准确的结果。还可以在提示中使用关键词或短语，强调某些方面或要求。

④迭代改进。对同一个任务尝试不同的提示，看哪个效果最好，也可以根据模型的输出和目标之间的差距，学习如何改进提示。

⑤使用技巧。让模型扮演特定角色或以特定人物的风格来回答问题。也可以调整参数设置，例如温度、最大长度等。

总之，提示工程是一个迭代过程，可能需要多次尝试和调整来获得最佳结果。

（2）RLHF 包含一个用于预训练大模型的奖励模型。奖励模型经过训练可预测用户是否会接受或拒绝预训练大模型的输出。奖励模型的学习结果将传递给预训练大模型，后者将根据用户接受率调整其输出。

RLHF 的优势在于它不需要监督学习，因此扩大了可接受输出的标准。有了足够的人工反馈，大模型可以了解到，如果用户接受输出的概率为 80%，那么就可以生成输出。

(3)微调(fine-tuning)是在特定任务上进一步训练模型，以提升其在该任务上的性能。为了微调预训练模型，需要一个与特定任务相关的数据集。这个数据集包含用于训练模型执行特定任务(如情感分析、文本分类、问答等)的样本。微调允许模型从预训练阶段转移大量通用知识，并专注于学习任务特定的细节，因此微调过程通常涉及较少的训练迭代。

微调可以让大模型在特定任务上表现出色，但是它使用监督学习，需要耗时耗力进行数据标注。也就是说，每个输入样本都需要一个标有正确答案的输出。这样，就可以将实际输出与标记的输出进行比较，并可以调整模型参数。微调使模型能够快速适应新的任务或领域，已成为自然语言处理领域的一个标准做法，尤其是在使用深度学习模型处理各种文本任务时。

4. 系统开发与大模型推理配置

为了满足用户交互使用大模型系统的基本需要，大模型系统通常由以下组件构成：

(1)用户交互工具，包括用户界面、模型库、模型推理引擎、信息基础设施。

(2)输入优化和提示词构建工具，包括数据源、嵌入模型、向量数据库、提示词构建和优化工具、数据过滤器等。

(3)大模型系统性能保障工具，包括大模型缓存、大模型内容分类器或过滤器，评估大模型输出的遥测服务等。

5. 上线测试系统与在线评估

在线评估是指在用户与大模型系统交过程中开展的评估，例如在大模型出题系统中可以评估用户对出题结果的接受率、出题使用频率、系统的易用性、响应时间等。尽管模型可能顺利通过离线测试，但当上线实际应用时，其输出质量可能会发生变化，因为很难预测最终用户将如何与UI交互，因此很难在离线测试中模拟所有用户的行为，因此通常情况下，即使大模型系统上线前已经开展了离线测试，上线后仍然还需要进行在线评估。

二、应用架构

1. 大模型系统运行流程

大模型系统从用户界面接收用户查询指令，经过嵌入查询、生成提示词、大模型推理、内容过滤等一系列处理和计算后，生成结果，并反馈到用户界面，整个运行流程如图11-2所示。

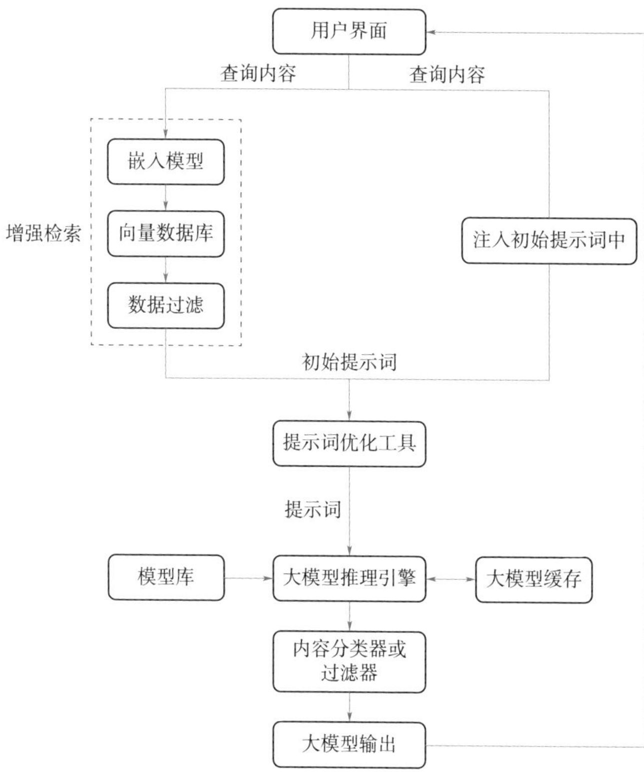

图11-2　大模型系统基本流程

用户界面接受用户输入的查询指令,可以是来自键盘的文本,也可以是来自语音转换后的文本。如果使用语音输入,则需要一个在后台运行的语音转文字翻译工具实时将语音转换成文本并发送给用户界面。

系统接受用户查询内容后有两种处理方式,一种是直接添加到系统事先设置的提示词模板中,形成初始提示词。另外一种是根据用户查询内容进行增强检索,将增强检索到的内容和用户查询输入一块合并成初始提示词。

提示词优化工具将用户查询内容与上下文一起打包发送给大模型。但是会帮助确定哪些上下文嵌入最为相关,以及为了使大模型产生最具上下文相关性的响应,这些嵌入应该如何组织。

为了提高用户响应速度,对于相同的查询,大模型不需要生成新的响应,则可以从缓存中检索到类似查询的输出,这样做除了提高用户响应速度,还可以降低计算成本。但是,如果检测到用户不满意,大模型可以快速从缓存中检索输出。

2. 大模型系统逻辑架构

大模型系统逻辑架构通常由用户交互层、应用接口层、模型服务层、模型训练层、数据层、基础设施层构成,如图 11-3 所示。

图 11-3　大模型系统逻辑架构

(1)用户交互层包括前端展示和交互设计。前端展示通过Web应用、移动应用等方式向用户展示模型结果。交互设计是用户与模型交互的界面和流程。

(2)应用接口层包括API网关和特定的业务逻辑处理。API网关是应用和模型服务之间的接口,主要处理请求路由、身份验证、限流等。业务逻辑处理是根据业务需求,对模型输出结果进行进一步处理。

(3)模型服务层包括模型部署、增强检索、提示工程、访问控制等。模型部署包括将模型文件、推理引擎部署到生产环境中,并通过推理引擎提供模型API服务。增强检索、提示工程、访问控制等是根据需求对模型输出进行增强和管理,以提高生成质量。

(4)模型训练层包括模型开发或基座模型选择、训练框架、模型优化、模型评估等。模型开发是设计、编码和测试模型架构,这种方式成本较高、可行性较低,通常是选择合适的开源大模型作为基座模型。训练框架是选择使用TensorFlow、PyTorch等框架进行模型训练。模型优化是通过参数调整等方法优化模型性能。模型评估是使用验证集和测试集评估模型效果。

(5)数据层包括数据收集、数据存储、数据预处理、特征工程等。数据收集是通过各种方式收集拟解决的问题相关的原始数据,如AI出题相关的教材、试题、PPT等数据。数据存储是使用数据库、数据库或分布式文件系统存储大量数据。数据预处理是对数据进行清洗、转换和归一化数据,为模型训练做准备。特征工程是从原始数据中提取特征,用于训练模型。

(6)基础设施层包括计算资源、存储资源、网络资源等。与传统信息系统不同的地方是对GPU资源要求较高。

三、典型场景

1. 有助于实现个性化教学

个性化学习代表了铁路培训范式的转变,从传统的、同质的教学方法转向把握并满足每位职工的独特需求、能力和兴趣的教学方法。然而，大规模实施个性化学习面临教师时间有限、班级规模大、资源有限等限制，而且现有的教育培训技术在实时调整内容和反馈以构建个性化学习解决方案方面尚不足，难以促进形成真正的个性化学习体验。

NLP领域的大语言模型（large language model，LLM）凭借处理和生成自然语言的能力，可以创建适合职工个人的动态交互式学习环境，包括对学员历史学习行为数据的分析以及基于这些分析提供即时、个性化的反馈和指导，实现一定程度的系统与学员个人之间的个性化交互。这与传统线下教师对学员进行辅导非常相似，但是其大规模应用能力远超人类教师，为实现个性化教学提供了有效的解决方案。

此外，LLM还可以促进自适应学习路径的生成，以随着职工知识技能的发展而调整学习内容的难度或方式。从本质上讲，LLM可以通过自动化创建和提供定制化培训体验来解决个性化学习的可扩展性问题，其理解和生成类人文本的能力可以帮助铁路企业形成面向大规模职工群体的高度个性化的培训方法。在第六至九章的自适应学习、自适应练习、自适应训练等过程中，都迫切需要LLM这种能力。

2. 辅助教学内容创作

LLM能够生成满足不同学习需求、兴趣和理解水平的定制化学习材料，形成新的培训内容创建模式。例如LLM可以为学员生成某个概念的详细技术或过程描述，甚至可以给出具体的案例。总体来看，随着LLM技术不断发展，未来能够辅助创造的教学内容或学习材料不限于以下方面。

（1）学习指南或学习小结。LLM可以根据课程和学生的学习进度总结关键概念和重要信息，生成学习指南或小结，帮助学员改进学习行为。例如学习指南可以根据学生在评估或测验中的表现，突出提示学员需要重点关注的知识或课程。

(2)试题。LLM能够根据学习材料(如教材、课件等)创建与之相匹配的试题,如选择题、简单题等。在学员学习过程中,LLM可以根据学员学习进度来现场出题或者从预先已经出好题的试题库中抽取相关试题,便于学员练习掌握相关知识。

(3)视频课件、模拟系统、游戏等互动学习材料。多模态LLM可以辅助甚至直接生成视频课件、3D模拟系统、闯关答题学习游戏等,将培训内容融入互动性、趣味性更强的学习活动中。多模态LLM的这种能力对于侧重于理论知识培训更为有效。

3. 支撑构建自适应学习平台

TMSP可以利用LLM来分析学员的表现、偏好和学习行为,从而动态调整培训内容和方式,以适应学员个性化学习需要。

(1)实时表现评估。LLM可以评估学生对问题、作业和互动活动的回答,向教师即时反馈学员对当前主题的理解情况,帮助教师及时改变教学策略。一些课堂教学工具,类似于观众反应分析系统,融合LLM之后,作用更为明显。

(2)内容调整。根据评估结果,LLM动态调整向学员呈现的内容的难度级别和类型。如果学员在某个特定概念上遇到困难,TMSP可以提供额外的学习资源、进一步的解释等。相反,如果学员表现出色,TMSP可以引入更具挑战性的内容,以保持参与并促进进一步学习。

(3)适应性学习路径。LLM可以生成个性化的学习路径,指导学员按照自己的节奏学习培训内容。当学员特征或者组织要求发生变化时,LLM会实时根据学员的学习进展重新审视需要额外学习或练习的领域,并呈现相应的学习主题或挑战性练习。

4. 提高培训管理效能

(1)提高培训计划精准度。LLM为第五章培训需求分析相关方法的落地提供了利器,不仅降低了培训需求分析难度和可行性,而且有助于提高分析效果。基于更精确、更及时的培训需求分析,采用LLM可以提高TMSP的培训计划生成质量和效率,改变培训计划制订的范式。

(2)减少培训管理者和教师的工作量。LLM 可以提高教师备课、批阅试卷等效率,或者帮助培训管理者和教师分析掌握学员表现、出勤、学习参与等行为特征,辅助提高学员管理效率和水平,为培训管理者和教师减负赋能。

(3)提高教学效果。通过 LLM 为培训管理者和教师减负,可以让教师更专注于激励、指导和启发学员,形成更有活力和支持性的培训体验,提高学员的学业成绩并加深其对学习的兴趣。此外,教师可以有更多的精力去探索新的教学方法,有助于为学员提供更加丰富和全面的学习体验。

第十二章　信息技术接受和使用

第一节　接受和使用意愿影响因素

职工对培训信息技术应用（如 TMSP）的接受和使用意愿受到多种技术和非技术因素的影响。

一、职工接受和使用意愿影响因素

1. 个人因素

职工个人的自我效能感、对数字化学习的态度、使用信息技术的经验、学习动机、学习风格等会影响其对培训信息技术应用的接受和使用意愿。

（1）自我效能感

自我效能是指职工对其组织和执行指定任务或完成指定目标所需要的能力的判断。相应地，计算机自我效能是指职工个人对其应用计算机技能完成培训任务的能力的自我评估。已有实证研究发现，计算机自我效能对信息系统的感知有用性有显著影响。

（2）对数字化学习的态度

职工对数字化学习的态度是其在数字化学习过程中表现出的认知倾向、情感反应和行为意向的综合体现，直接影响使用意愿和学习效果，但是这种态度并非一成不变，通过技术方面主动适配、对学习内容进行重构（如针对年轻职工提供游戏化学习机制）等，可将其转化为学习动力。

（3）使用信息技术的经验

个人使用信息技术的经验是指个人接触信息技术的情况以及

通过使用信息技术获得的技能和能力，对于职工接受和使用培训信息技术的意愿也发挥着重要作用。尽管互联网和手机等终端大量普及，但是仍然有职工在较复杂的信息系统使用方面会面临技能挑战，这种经验的不足也会对学习过程以及学习结果带来显著影响。从这个角度看，加强信息技术素养提升也是很有必要。

(4)学习动机

学习动机是推动铁路企业职工开展学习的内在动力，也是影响其学习成效的重要方面。成人学习的学习动机包括认知兴趣、职业发展、人际关系、外界期望或影响等。激发铁路职工学习动机可以从培训内容本身(例如提供个性化的在线课程、学习榜单等)、与任职资格挂钩、营造数字化学习氛围等多方面努力。

(5)学习风格

学习风格是指职工在获取、处理、理解和记忆信息时偏好采用的认知方式，例如有的职工是视觉型的(喜欢观看视频等)，有的职工则是动觉型的(喜欢动手实践等)。学习风格在一定程度上反映了不同职工个体对学习环境、方法和内容形式的差异化需求。在铁路培训中，为了尽可能适应职工各种学习风格，鼓励使用混合教学，即通过提供在线教学和课堂内多种教学方法的切换，实现从“标准化灌输”到“精准化赋能”的转型。在TMSP中，可随着自适应学习等模块建设，将学习风格管理纳入功能体系。

2. 教师因素

铁路培训管理信息化不仅覆盖线上教学，也覆盖线下教学。教师的教学风格、对数字化学习的态度、对信息技术的控制、在线响应能力、在线可用性等同样会影响职工对培训信息技术的接受和使用意愿。

(1)教师教学风格

教师的教学风格是指教师在长期教学实践中形成的特色的教学方式、教学策略和互动模式，通常会直接影响课堂氛围、职工培训参与度和学习效果，是影响职工接受培训信息技术的关键因素。

无论是单独的在线教学，还是线下课堂与在线教学混合模式下，教师具有互动教学风格对学习效果都至关重要。

(2)教师对数字化学习的态度

教师是培训信息技术应用的主要推动者，特别是在线教学环境中，视频课件制作、题库建设都依赖于教师，直播课堂更是需要教师主导，因此教师对于数字化学习的态度对于职工在线学习效果有直接的影响。已有研究表明，教师对数字化学习的积极态度对职工在线学习参与有积极影响。

(3)教师对数字化学习的控制

TMSP 与学习效果直接挂钩。当教师在授课中遇到技术问题时，职工会变得不耐烦，因此当职工无法控制网络时，可能会认为教师不合格。已有研究表明，教师对数字化学习的控制多体现在在线教学中，对于学习效果具有重要影响。

(4)教师的在线响应能力

教师的在线响应能力是职工对教师就职工在线问题和请求予以及时响应的感知。教师在线及时响应能够鼓励职工继续采用 TMSP 并接受在线学习，对于职工的培训信息技术应用接受和使用意愿有显著影响。为了增强教师的在线响应能力，铁路企业 TMSP 建设中加强相关功能支撑至关重要。

3. 课程因素

在线课程本身的灵活性和质量对职工接受和使用在线教学方式以及 TMSP 具有直接影响。

(1)课程灵活性

课程灵活性是指职工对在线学习便捷性和学习效率的感知。时间、地点和学习内容的灵活性是职工接受在线教学的重要因素。基于 TMSP 的在线学习需要确保职工能够不受时间和地点的限制而接受培训和开展学习。

(2)课程质量

课程质量是衡量课程有效性和价值的核心指标，也是反映课程在知识传递、能力培养等方面的综合水平。设计良好的在线课程涉及内容结构、呈现形式、交互、考核评估、访问体验等多个方面。

4. 组织因素

便利条件、管理支持和培训是职工接受培训信息技术应用的重要组织因素。

(1)便利条件

便利条件是指职工感知到的外部支持资源和技术基础设施对其培训信息技术应用的接受和使用意愿的促进或限制作用。已有研究表明,当用户感知到充足的便利条件时,即使使用意愿较弱,也可能因外部支持而实际使用信息技术,稳定的信息技术环境能提升用户对信息技术应用效果的信心。对于成人培训来讲,便利条件更是职工接受和使用培训信息技术应用的关键驱动力,而且其作用不仅限于提供技术基础支持,还能间接增强职工对培训信息技术应用的信任和依赖。

(2)管理支持

已有研究表明,高层管理者的推动是企业信息化项目成功的关键因素。同样,高层管理者的推动和支持对于职工接受和采用信息技术有直接的积极的影响。为此,在铁路培训管理信息化应用过程中,高层管理者应公开明确培训信息技术应用的目标及其对组织的重要性,推动和支持相关信息技术的研发、部署和实践应用。高层管理者的支持也会提高职工对组织的满意度。

(3)培训

培训是职工获得完成任务所需技术技能的过程,可以增强其对培训信息技术应用的理解和积极态度,提高感知有用性,对其接受和使用意愿有直接影响。在铁路培训管理信息化应用过程中,可以采用研讨会、在线教程、课程、竞赛等多种方式,促进职工对培训信息技术应用的技能掌握。

5. 技术因素

从技术维度，信息系统质量、信息质量和服务质量会直接影响职工对培训信息技术应用的接受和使用意愿。

（1）信息系统质量

信息系统质量是指信息系统在满足职工需求、高效运行及持续改进方面的综合表现，对职工培训信息技术应用的接受和使用具有显著影响。信息系统质量常见衡量标准包括功能完备性、响应时间、可靠性、灵活性、可访问性、易用性等。根据铁路培训相关信息系统的需求及建设特点，可以从信息系统项目全生命周期管控、用户需求迭代跟踪、用户体验量化等方面，提高铁路培训管理相关信息系统（如 TMSP）质量。

（2）信息质量

信息质量是指信息系统产生的可感知的输出，通常会直接影响职工培训信息技术使用意愿。信息质量一般可通过相关性、及时性、充分性、准确性、清晰度和格式相关的指标来测量铁路培训相关信息质量，例如观看视频学习所获取相关知识信息的相关性、准确性以及视频本身的清晰度等。提高 TMSP 信息质量需要从技术应用和内容制作等多个方面加强力度。

（3）服务质量

服务质量是指信息系统向职工提供的支持服务的质量，其常见衡量指标包括可靠性、响应性、同理心等。已有研究表明，服务质量直接对职工使用信息系统的满意度有显著影响，并间接对感知有用性有显著影响。稳定、可靠、及时的技术支持服务对于铁路培训管理信息化应用可持续发展甚为重要。

二、教师信息技术接受和使用意愿影响因素

教师对于培训信息技术的接受和使用也受到了来自教师本人、组织、技术、收益等方面的因素影响，其中教师本人、组织、技术三方面的因素内容与上一节职工所受到的相关因素构成类似，在

此不再赘述。

收益是指教师使用相关信息技术所取得的绩效改善。在教师层面，如果培训信息技术应用可以节省时间，提供更简单的教学组织和更先进的教学方法，提高教师教学的投入产出，或者提供更好的协作和知识共享等，则都更有利于教师对信息技术的接受和使用。

第二节　信息技术应用能力与学习文化构建

一、教师信息技术应用能力

教师及培训管理者的信息技术应用能力是其在培训过程中有效运用信息技术手段，提高教学质量和效率的能力。对于铁路培训教师来讲，至少需要具备 6 个方面的信息技术应用能力，即电子办公能力、教学设计能力、教学开发能力、教学实施能力、教学评估能力和网络安全素养，各项能力定义见表 12-1。

表 12-1　铁路培训教师部分信息技术应用能力及其定义

信息技术应用能力项	定　义
电子办公能力	运用计算机软硬件设备完成日常工作的能力
教学设计能力	运用相关软件和各类电子资源开展课程设计、教学方式设计的能力
教学开发能力	利用专业软件开发数字化教学资源，如微课、慕课、虚拟现实教学等能力
教学实施能力	运用教学设备、教学软件开展授课与辅导的能力
教学评估能力	利用信息技术进行学习效果评估，或通过数据分析调整教学策略的能力
网络安全素养	主动遵守网络安全规定和防范网络风险的意识

（1）电子办公能力，包括计算机操作系统的基本使用、常用办公软件（如 Word、Excel、PowerPoint）的熟练运用、电子邮件和即时通讯工具的正确使用等。

（2）教学设计能力，包括利用信息技术进行课程设计和制作教案，选择合适的教学资源和工具辅助教学，设计信息技术支持下的互动式、探究式学习活动等。

（3）教学实施能力，包括使用多媒体教学设备进行授课，应用电子白板、投影仪等教学辅助工具，培训管理系统的操作与教学管理。

（4）教学开发能力，包括网络培训资源搜索、筛选与整合，开发数字化教学资源，如微课、慕课等，利用培训管理系统进行资源发布和共享，使用专业软件进行教学，应用虚拟现实（VR）、增强现实（AR）等技术辅助教学等。

（5）评估与反馈能力，包括利用信息技术进行学习效果评估，通过数据分析调整教学策略，运用在线问卷、考试测试等工具收集反馈信息等。

（6）网络安全素养，遵守网络道德规范，尊重知识产权，主动信息安全防护，防范网络风险，倡导学员正确使用网络和信息技术。

培训师在提升自身信息技术应用能力的同时，也应当注重将这些技术合理融入教学过程，以促进学员的学习和发展。

二、学习文化构建

1. 概念

铁路企业组织中的学习文化是一种鼓励和支持学习的工作环境和氛围，包括鼓励和支持持续学习、知识和技能共享以及个人和团队的成长。

（1）持续学习。鼓励职工不断学习新技能和知识，同时组织应主动提供在线学习、自助练习等各种学习机会。

(2)知识分享。营造职工之间交流见解、经验和专业知识的工作和学习环境,包括基于App的学习交流、职工生产微课件等,进一步丰富团队整体的学习体验。

(3)成长心态。倡导和培养职工接受挑战、重视努力并将失败视为学习和改进机会的学习心态。

学习文化对于职工和企业发展的影响是多维度的,除了能够促进职工和组织绩效提升以外,还包括:

(1)提高职工敬业度。真正的学习文化能够有效促进职工的学习和成长,从而帮助企业培养出更加敬业的职工队伍。

(2)提高职工工作满意度。丰富的学习机会有助于增强职工在岗位角色中的成就感,从而提高工作满意度。

(3)巩固和提升业务竞争力。持续学习为职工提供适应市场条件和客户需求所需要的工作技能,帮助企业巩固和提升市场竞争力。

2. 构建策略

(1)定义培训业务战略

铁路企业培训管理部门每年都会有专门的检查调研以评估职工学习和培训工作组织实施情况、收集改进建议、促进先进经验传播,不断提高当前培训管理效能。为了更好地主动适应铁路改革发展需要和内外部环境变化,从更长周期的发展考虑,动态审视培训业务发展的优劣势,定义和加强培训业务战略,促进培训管理对于职工学习发展的引领作用发挥。

(2)建立培训学习框架

清晰的学习框架有助于职工更好地适应和主动满足学习要求,也有助于职工更好地制定学习策略。创建学习框架包括建立明确的职业发展路线图、能力框架和从事当前岗位和未来岗位必备的技能清单。铁路企业目前在这方面开展了大量卓有成效的工作,如何覆盖所有岗位和快速动态更新学习框架是现实挑战。

(3)从职工入职就启动

职工越早适应组织的学习文化,越有利于自身和组织发展。

新职工入职是让其融入组织学习文化的重要机会。因此,需要确保新职工入职教育不仅仅包括基础知识、技能和铁路企业价值观、态度和行为等重要内容,还包括对铁路企业学习文化、学习机会和未来展望的详细介绍。

(4)消除学习障碍

组织的学习文化能够长期坚持下去,必须消除常见的学习障碍。基于 TMSP 提供丰富的随时可以获取的学习资源,允许培训管理者和业务部门为职工构建个性化的学习路径,鼓励职工之间交流学习体会和促进职工参与教学内容制作,创建可交互的 3D 课程、简洁明了的微课件、交互式考试测验等,通过积分、排行榜、讲故事等增强游戏化学习。通过信息技术赋能的培训创新,提高职工参与度和积极性。

(5)注重传播与持续改进

学习文件建设是一个持续的动态过程,需要基于 TMSP 提供更便捷的培训学习提醒,广泛传播培训学习的信息和成效,鼓励并为职工分享学习体验创造条件,重视职工意见的收集和培训管理活动的持续改进。此外,高层管理者的持续重视和对培训投入的持续支持也十分必要和关键。培训管理者也需要加强理念更新和实践创新。

第十三章　培训管理数智化转型路径

第一节　推进路径

一、传统信息化模式挑战

传统信息化模式关注 IT(信息技术,简称 IT)的专业化分工。在铁路行业培训信息化,通常指建设信息系统或软件、建设信息化基础设施,是管理部门或者业务部门为了提高管理效率或者业务运作效率而委托 IT 团队为其研制 IT 工具的一系列活动的总和。在这样的框架下,培训需求部门用业务语言提需求,信息技术部门努力将业务语言翻译成计算机语言并进行专业化开发实现。从这种需供流程上看,似乎各司其职、分工清晰。但是,随着铁路企业发展对培训质量要求越来越高和培训过程中的信息化成分越来越显著,有两个问题较为突出:

(1)业务部门所提出的信息化需求是不是最合理的需求,以及 IT 部门是否真正理解需求?尽管很多培训部门在培训业务方面具有很强的专业能力,对于培训信息化应用也有很多自己的见解和想法,然而,受制于铁路培训管理层级多、培训类型多、管理事项多等客观因素,不同岗位的培训管理者对培训信息化的需求理解和出发点不尽相同,即使较高层级的培训管理者能够将这些需求统筹起来进行标准化规范化,也仍然存在需求表达是不是信息化条件下的客观需求的问题。过去人们把 IT 往往当成为业务部门提供手段或者工具的角色,IT 部门参与培训信息化往往就是按照要求执行编程,边设计、边汇报、边调整,有时候整个项目 50%以上的时间都是在反复确定最终需求方案，而且有时候受项目周期限制不得已先确定形成折中的阶段性方案。

(2)IT部门是否为培训业务改进做了最大贡献，以及IT对培训的赋能潜力是否得到了应有的发挥？IT部门往往最熟悉IT的技术潜力，实践中IT的介入通常会给业务部门带来解决问题的新途径。然而，受制于IT部门投入能力，尤其是缺少既懂培训业务又精通IT应用的复合型人才，IT团队很少参与业务部门信息化需求之前的业务流程诊断或者解决方案设计。另外，由于培训业务、科技本身都在不断发展，为了不断适应新的发展形势和要求，需要利用IT新技术引领产生新的培训业务模式，例如教学方式、教学管理模式等，然而实际中IT部门的技术供应通常总是落后于培训部门的问题需求，IT技术应用和培训业务发展并未实现融合创新，IT对培训的赋能潜力明显受限。

如第四章所述，铁路培训管理数智化转型对培训领域的战略、运作、技术栈等要求远超传统信息化所及深度和广度。适应培训管理发展趋势、推动培训管理高质量演进，需要从战略引领、组织实施、技术应用等维度全方位提高铁路企业培训数智化转型能力。

二、数字化转型推进路径

(1)高层领导和培训部门领导者快速形成数字化领导力。除了通用的领导力，例如IT视野、IT思维，还可以通过案例学习、相关行业标杆学习等来不断提升其人力资源领域的专业领导力。已有大量实践证明，在国有企业，信息化项目能否成功上线或实施(主要指成功上线并运行一两年，更科学的成功是动态的成功，也就是能够不断迭代升级、持续高效响应业务需求)，首要因素就是高层领导是否推动。在大量的铁路信息化实践中，不少铁路局集团公司领导展现了较强的数字化领导力，但是并不是每一个铁路企业的培训信息化都受到了主要领导的直接推动，在一定程度上也影响了相关企业培训信息化发展水平。值得注意的是，高层领导者的数字化领导力更多强调的是数字化的概念技能，非技术技能。

(2)规划培训业务战略框架和培训管理绩效指标。规划铁路企业培训未来五年或者十年的业务战略框架，包括培训业务方向(目标定位)、业务目标(培训规模、培训工作量等)、业务模式(培训组织、实施、管控方式)、培训服务(学习方式、教学方式等)、供应链结构(资源建设、合作方式等)等，关键绩效指标(资源投入指标、管理效率指标、服务质量指标、培训效果指标等)，IT需求(预设的培训需求响应、关键绩效指标实时化、内部信息化支持、培训装备等)。需要强调的是，在业务战略过程中，需要全程融入IT思维，比如可能需要智能化的教学管理系统等。此外，业务战略框架侧重于概念性的规划，需要结合铁路企业新的发展要求动态跟踪开展大量的调研与可行研究。作为大型企业，铁路企业结合五年发展规划的制定，逐年或不定期优化更新培训业务战略框架，可能更为现实。研究制定业务战略框架的主要目的是指导IT项目的需求分析工作，没有远期考虑的IT项目需求分析可能会导致后续无法扩展，或者无法与新增的IT项目进行有效融合。

在业务战略框架下，进一步研究铁路企业培训管理效率、培训服务质量的绩效指标问题，以关键绩效指标为目标，倒推内部培训管理相关IT目标。由于铁路企业培训管理流程复杂，培训管理目标多元化，所以建议重点关注IT对培训管理决策的支持作用，这里的决策不仅包括铁路企业高层、培训管理部门领导对培训关键指标的实时化掌握，也包括各级相关管理者和参与者所需要的决策支持，比如站段培训管理者需要掌握学员从外培训的情况、培训基地需要掌握铁路局集团公司或站段等送培单位的培训需求情况等。需要注意的是，数字化培训管理和培训教学数字化之间不能有数据或信息孤岛。

(3)详细规划IT战略方案。IT战略方案的目标来自培训业务战略。在培训业务战略框架下，应该研究制定铁路企业培训未来五年或者十年内的企业IT架构，重点回答如下问题：数字化培训管理的IT（逻辑）框架是什么？与数字化培训服务对应的IT（逻辑）框架是什么？数据源是什么？基础设施包括什么或者由谁提供？数据运用（大数据）领域有哪些？最后，铁路企业整体未来的IT（逻辑）框架是什么？建设路径怎么定？经费投入怎么配套？人才如何配备和激励？用哪些指标来评价铁路企业培训信息化项目效果？铁路企业IT项目建设的指导性原则（数据一体化、架构、技术规范统一、具备后期自主拓展开发能力等）？

（4）按期滚动明确优先建设项目。培训信息化项目很有可能体量庞大。在经费预算有限的条件下，实践中首期项目往往肩负着IT技术路线责任、成功示范的责任、整合或整改或替代既有系统的压力，所以如何明确首期项目内容十分重要。从成本上，要用边际效率或边际成本的观念来看待首期项目投入。一般来讲，首期项目投入应该能够显著降低未来项目的建设周期和成本。当然，培训管理核心业务的信息化肯定需要优先列入首期项目。在这方面，高层应参与并充分鼓励业务、IT部门讨论论证。

IT建设项目确定后，通常需要形成需求分析报告、网络安全等级保护定级、技术方案及可行性分析、信息化基础设施准备、开发团队确定及开发组织实施。值得注意的是，需求分析报告的形成不能成为对领导要求的简单落实，高层领导或者相关部门领导者应避免列举未经论证的解决方案，以减少下属人员盲从的可能性。如前所述，需求分析是一项要求非常高的任务，建议一方面高层领导要重视需求分析、给予项目组行政支持，另一方面也要避免过早定调、过早表态，过程中注重启发、催化。此外，IT技术团队需要具备稳定性、可持续性、安全性，否则有可能会影响数字化迭代更新效率。

（5）主导开发实施。如前所述，培训部门只负责提需求、技术部门或单位只负责开发实施的传统信息化模式问题显著。更有利的方式是，培训部门主导开发实施（不是编写代码），即相关信息系统、硬件装备等需要采用什么样的架构(例如业务架构、应用架构、技术架构、数据架构等)、什么样的技术栈、开发过程如何管控、后期如何继任这种开发组织能力(不一定要都能自己开发,而是强调开发性运维的可靠性)。另外,按照实践经验,业务部门初期所提需求通常都较为笼统,到了后期不可避免地会出现反复甚至推倒重来的现象,因此,主导开发实施的人选必须精通业务、懂 IT、善于沟通,参与团队(业务方与 IT 管理、技术方)交流学习,并能有效获得高层领导持续支持和授权。

(6)持续迭代更新。新技术的快速发展和应用为铁路培训管理带来效率提升、模式创新、管理创新等多方面的帮助,使得培训更加高效、个性化和适应现代工作环境的需求。同时,信息技术革命不断深入、经济社会环境持续变化、铁路改革发展持续推进、铁路培训管理持续优化等,天然地决定了培训管理信息化本身是一个持续迭代的过程。近年来,铁路企业以岗位培训电子证书、电子档案等为抓手,持续推进培训管理信息化建设,部分铁路局集团公司在推进培训管理信息系统研发应用过程中,逐步实现从视频资源共享到移动端在线学习、从依托电子文档甚至纸质文档传递工作信息到在线管理培训活动、从依靠经验和现场检查到依靠结果数据进行培训监督等等,武汉局集团公司甚至推动培训管理信息化从铁路局集团公司级管理视角向站段、培训基地管理延伸,从理论培训向实作培训管理延伸。可以说,持续迭代是铁路培训管理信息化的基本规律,推出数字化转型需要保持持续迭代的长期思维。

三、数字化领导力提升途径

(1)注重提升高层领导和培训管理者的数字化领导力。根据有关研究,数字化领导者最重要的特征包括:变革愿景(了解市场和趋势、商业头脑、以解决问题为导向)、前瞻性思维(愿景清晰、战略明确、具有远见)、了解技术(既往经验、数字素养)、以变革为导向、领导力强（务实、专注、果断）、协作能力强、团队建设能力强。名称有点学术，但是很实用，尤其是高层需要适度了解技术等传统国企不太关注的方面，在铁路企业培训（在岗、自学、脱产培训）中应该重视并强化。

（2）建立专业化的培训数字化领导机构或研发团队。在铁路培训系统建立数字化专业委员会或者虚拟的专业化研发团队，根据培训信息化发展阶段和自身人才初步情况，必要的情况下可以吸纳外部专家。在有经费或者项目支撑的条件下，可以通过委员会或虚拟研发团队等形式，形成自己的知识交流平台，通过平台持续吸收来自铁路科研院所、外部相关行业企业等方面的新理念、新知识、新技术、新方法、新装备等。值得注意的是，作为职业教育的一类，铁路培训也需要学习了解职业技术院校、高校等相关教育机构的数字化转型情况；培训管理者尤其是铁路局集团公司级的培训管理者，需要深入了解内外部培训机构的具体运行情况，以掌握其痛点等。

（3）培训基地等设置必要的专门的数字化支持部门。培训基地是铁路局集团公司培训任务承担主体，对铁路培训质量影响较大，而且培训基地涉及培训分析、设计、开发、实施、评估、服务、安全等方方面面，数字化转型内容面广，是一项高度集成的复杂系统工程。通过设置必要的数字化支持部门，固化一批专门从事信息技术与培训业务融合创新的专业力量，对于促进培训基地数字化转型具有重要支撑作用。

（4）不断加强培训管理者等领导人员的数字化素养。在培训部门、单位等领导人员选聘等过程中，适度考虑其 IT 基本知识或经验的要求，同时加强对培训管理者的数字化素养培训强化。在人才继任计划或者后备干部培养中，适度轮岗。

（5）持续开展培训理论与技术研究工作。铁路培训数字化价值主要体现在对培训质量和发展能力的贡献方面，如何衡量培训质量和发展能力，需要对相关的绩效指标和新技术应用潜力进行持续跟踪研究。同时,新技术应用也存在一定的风险,通过持续的培训技术研究,有助于规避不当的技术路线选型。

第二节 展 望

无论是从技术角度还是业务角度看,铁路职工培训管理信息化都是一项需要长期坚持的先导性、基础性工程。站在以人工智能引领的新一轮科技革命和产业变革深入发展的风口,铁路职工培训管理信息化面临难得的历史机遇,过去难以想象的场景在新技术赋能下正加快变成现实,但是同时也存在挑战,特别是如何正确把握铁路培训管理业务发展规律和信息化应用创新规律,从顶层设计持续推进新一代信息技术与铁路培训管理业务的深度融合,这在理论和实践上尚需要持续探索和总结。目前来看,以下两个方面值得进一步探讨。

(1)如何更好适应人工智能对培训管理信息化建设的影响。人工智能不仅是信息化的“加速器”,更是“重构者”。从前端来看,人工智能打破了信息系统传统基于规则或图形界面的交互模式,转向更加自然、智能、个性化的交互方式,这种变革不仅提升了用户体验,还重新定义了人机协作的边界。从后端来看,人工智能从代码编写、架构设计到运维管理,正逐步渗透到开发运维的全生命周期,推动后端从“人工密集型”向“智能密集型”转型,同时后端系统将更依赖人工智能驱动的自适应能力,一部分业务逻辑的实现也可能交由大模型系统来完成。在这样的背景下,如何在铁路培训管理信息化推进过程中,以最小的迭代代价主动适应和释放人工智能技术赋能潜力,值得加快探索研究。

(2)如何构建数据驱动的培训管理决策范式。推进铁路高质量发展和现代化建设对职工能力素质不断提出更高要求。铁路科技赋能不断深入、知识更新速度加快,加之铁路职工队伍规模庞大、分布广,客观要求培训管理决策需要更高的系统性和有适度的前瞻性。在不断追求更高效能的培训管理工作实践中可以发现，培训管理多级多类，但又相互联系协作，如何依赖数据构建更高水平的多级管理、多部门协同的培训管理决策范式，包括管理理念、管理原则、决策问题与模型、决策方式与方法等，逐渐成为重要课题。这一课题本身实质上也是铁路培训管理数智化转型所需要面对和解决的效能挑战。

铁路企业培训虽然不像学校教育那样有“百年树人”的艰辛，但是要取得“立竿见影”式的效果是很难的，只有坚持创新、持续迭代，才能在潜移默化中为高素质职工队伍建设提供更有力的支撑，铁路培训管理数智化转型亦是如此。

参考文献

[1] Rakes G. Using the Internet as a tool in a resource based learning environment[J]. Educational technology, 1996, 6(2):52-29.

[2] Mezirow J. Transformative dimensions of adult learning[M]. San Francisco: Jossey-Bass, 1991.

[3] Kolb D A. Experiential learning: experience as the source of learning and development [M]. Englewood Cliffs, NJ: Prentice-Hall, 1984.

[4] Garrison D R. Self-directed learning: toward a comprehensive model [J]. Adult education quarterly, 1997, 48(1): 18-33.

[5] Dewey J. my pedagogic creed[J]. The school journal, 1897, 54, 77-80.

[6] Revans R W. The origins and growth of action learning[M]. Bromley: Chartwell-Bratt Ltd. , 1982.

[7] Mödritscher F. E-learning theories in practice: a comparison of three methods [J]. Journal of universal science and technology of learning , 2006, 0(0), 3-18.

[8] McClelland D C . Testing for competence rather than for intelligence [J]. American psychologist, 1973, 28(1):1-14.

[9] Dessinger J C, Moseley J L, Tiem D M V. Performance improvement / HPT Model: guiding the progress[J]. Performance improvement, 2012, 51:10-17.

[10] Davis FD . Perceived usefulness, perceived ease of use, and

user acceptance of information technology[J]. MIS quarterly, 1989, 13(3):319-340.

[11] Venkatesh V, Morris M G, Davis G B, et al. User acceptance of information technology: toward a unified view[J]. MISquarterly, 2003, 27(3):425-478.

[12] DeLone W H, McLean E R. Information systems success: the quest for the dependent variable[J]. Information systems research, 1992,3:60-95.

[13] Flanagan J C. Thecritical incident technique[J]. Psychological bulletin, 1954, 51(4): 327-358.

[14] Ryan R M, Deci E L. Self-determination theory and the facilitation of intrinsic motivation, social development, and well-being[J]. American psychologist, 2000,55(1):68-78.

[15] Sweller J. Cognitive load during problem solving: Effects on learning[J]. Cognitive science, 1988, 12(2):257-285.

[16] Kirkpatrick D L. Techniques for evaluation training programs[J]. Journal of the american society of training directors, 1959, 13: 21-26.

[17] Warr P, Bird M, Rackham N. Evaluation of management training [M]. London: Gower Press,1970.

[18] Phillips J J. ROI: the search for best practices[J]. Training & Development, 1996, 50(2):42-47.

[19] Kaufman R, & Keller J M. Levels of Evaluation: Beyond Kirkpatrick [J]. Human resource development quarterly, 1994, 5(4):371-380.